tu ôl i'n awyr

I'm rhieni

tu ôl i'n awyr

MEGAN ANGHARAD HUNTER

Argraffiad cyntaf: 2020

© Hawlfraint Megan Angharad Hunter a'r Lolfa Cyf., 2020

Ffuglen yw'r nofel hon. Mae unrhyw debygrwydd i ddigwyddiadau, cymeriadau a lleoliadau go iawn yn gyd-ddigwyddiad llwyr.

Cynllun y clawr: Steffan Dafydd
Llun y clawr: Nel Rhisiart

Rhif Llyfr Rhyngwladol: 978 1 78461 929 9

Dymuna'r cyhoeddwyr gydnabod cymorth ariannol Cyngor Llyfrau Cymru

Cyhoeddwyd ac argraffwyd yng Nghymru ar bapur o goedwigoedd cynaliadwy gan Y Lolfa Cyf., Talybont, Ceredigion SY24 5HE
e-bost ylolfa@ylolfa.com
gwefan www.ylolfa.com
ffôn 01970 832 304
ffacs 01970 832 782

RHAN I

Where are the wings
We ask for
Where are the wings
We beggin' for
Where are the wings
We die for

'Freedom in E minor', The Blue Jacks

*

Dwi ddim eisiau creu – dwi'n gorfod creu.
Creu yn unig sydd yn fy nal yn ôl rhag troedio ar lwybr
gwallgofrwydd.

Brenda Elias, cerflunydd

I

Anest

dwi methu cysgu. eto.

tin shit tin shit tin shit stiwpid pussy average shit

cau dy ffocin geg,

dwin gwbod dwi yn. dwin gwbod.

dwin

gwbod.

dwin disgwl tan dwin clwad car mamadad yn dreifio ffwr achos dwi ben yn hun wan. yn ty. ben yn hun. mam ar night shift. dad i ffwr. a alys yn maes b tro cynta bitsh lwcus achos nath mamadad ddim fforsio hi cwitio job hi fatha fi so on i methu talu amdana fo. so mond fi sy adra wan. yn ty. ben yn hun.

dwin neud gwely fi gynta. heb di neud o ers eijys ia, ers i mam dechra gofyn fi neud pan on i fatha deg. wedyn dwin codi pilows bach fi gyd off llawr a rhoi nw ar y gwely sy newy gal i neud. rhai sequins rhai velvet rhai bob lliw rhai sgwar rhai ddim yn sgwar. wedyn dwin sbio ar llawr a man edrych yn wag mewn ffor rong fatha warzone heb dead bodies mond gwaed so dwin taflu chydig o pilows nol ar llawr. so fod o i gyd ddim yn edrych mor rong.

wedyn

dwin gafal yn y llynia polaroids o eijys yn ol pan odd insta fi gyd efo llynia o holides yn llefydd sy digon poeth i chdi gal proper tan a hot chocolates posh a mirror selfies efo ffrindia mewn house parties. a dwin rhoid o bach idda nw fatha on in rhoi o bach i wincli cath fi pan odd hin cityn, cyn i hi fynd yn hen a troi fewn i ffocin saico syn hisian ar pawb syn trio twtsiad hi. dwim yn gwbod pam ffwc nesh i galw hin wincli ia. pump on i tbf, ond dal. nytar. swn in neud rwbath i fod yn bren plentyn bach eto tho, lle ma enwa fatha wincli dal yn swndion lyjit.

dwi gwbod man crinj ia, ond dwisio bod yn *hi* eto. yr hogan yn y polaroids. yr hogan syn edrych run fatha fi. yn gwenu fatha fi a run lliw gwallt a fi a corff rhy dal rhy hir rhy clymsi fatha fi. achos ma sbio arna hi wan fatha sbio ar corff rhywun arall sy tu allan pan dwi dan dwr. fatha dwin disgyn lawr lawr lawr dan mor a ma pobol erill i gyd ar lan mor ar y tywod yn yr haul a dwin disgyn ffwr oddi wrtha nw mots faint dwin cicio coesa fi a weifio breichia fi. mots faint o dwr syn mynd fewn i lyngs fi pan dwin trio gweiddi.

wedyn

dwin gafal yn siswrn nesh i nol o gegin gynna a torri y polaroids i gyd fewn i miliyns a miliyns o bits bach, trw gwynab fi a bwbs fi a bol fi a jins fi a rhoi y bits ohona fi ers talwm yn bin a mynd i bathrwm a troi gola ar i fi rhoi eyeliner ar ond dwin ffwcio fo fyny classic fi so dwi goro cal meicyp remover o cwpwr i gal o gyd off a rhoi o nol ar eto. ma pot bach eyeliner fi bron di gorffan.

dwin wast masif ia, wast o eyeliner. achos fatha, sa rhywun arall, rhywun call, rhywun da, di gallu iwsior eyeliner ma sa. dyn neu dynas neu plentyn neu person hen neu ci neu cath neu hamster dwim yn ffocin cerio ia. sa rhywun rhywun *rhywun* yn well na fi.

yn diwadd ma llgada fin edrych bach yn conked ond di o ddim yn fatha, mess *masif*. di o ddim fatha world war three nam byd, di o ddim *hynna* drwg. so mots os fod o bach yn conked na.

dwin rhoi gola off a briddio fewn y twllwch i gyd yn slo slo. ma paracetamol mewn cwpwr yn y bathrwm bach drws nesa i gegin.

wrth fi ddechra cerddad lawr grisia ma gola o stryd yn neud fi gallu gweld y gwyneba sy dros y walia i gyd rownda fi. gwyneba fo llgada zombies di marw yn sbio lawr arna fi o bob man. ma mam di cyfro bob insh o bob wal efo llynia o ni gyd, lot ohona nwn proffesiynyl. posh ia. dwi meddwl ma mam yn licio meddwl fod pawb syn dod i ty yn sbio ar y llynia i gyd a bod yn jelys o teulu bach perfect ni.

man disgysting.

dwin cyrradd bathrwm bach a agor y cwpwr sy ben y sinc. wrth fi nol paracetamol dwin nocio llaw masif fi mewn i potal gaviscon a man hitio llawr a neud ffwc o twrw fatha man cymyd y piss a neud fi jympio fatha ten feet ir awyr ond wedyn dwin cofio fod na neb

9

arall yma mond fi ond dal. dwi fatha 94% siwr fod dwi bron newy gal hartan.

dwi di neud i gyd or maths yn barod:

i gal gwbod y lethal dose, ti angan gwbod y LD50.

In toxicology, the median lethal dose, LD50 (abbreviation for 'lethal dose, 50%'), LC50 (lethal concentration, 50%) or LCt50 is a measure of the lethal dose of a toxin, radiation, or pathogen. The value of LD50 for a substance is the dose required to kill half the members of a tested population after a specified test duration. LD50 figures are frequently used as a general indicator of a substance's acute toxicity.

hynna o wikipedia.

ofiysli di nw methu experimentio ar *pobol* fela a lladd hannar nw so ma nwn gal y LD50 off llygod. bechod ia.

so, LD50 di 338mg/kg (hynna man deud ar wikipedia eniwe) a lethal dose = LD50 (mg/kg) lluosi fo mass of individual mewn kilograms.

so, lethal dose di 338mg/kg lluosi fo 54. 7kg = 18488.6mg. wedyn 28966.6mg rhannu fo 500mg (hynna faint o paracetamol syn pob tablet) = 37 tablet.

ond achos fod y lethal dose ddim yn accurate dwi mynd i gymyd bach mwy, just in case. odd na dau bocs 500mg yn cwpwr efo 20 tablet yn bob un ond un di agor yn barod so nesh i gal un bocs arall ddoe so genna fi 51 i gyd.

ngl dwin licio neud maths ia. dwim yn psychopath nam byd (dwim yn meddwl eniwe), dwi jyst yn licio bod na ateb bob tro a mond un ateb syn iawn, mond un ateb syn gallu existio. a os tin gwbod *sut* i ateb y cwestiwn ia, os tin dalld y fformiwlas, thats it. ti di gal o.

bechod dos nam fformiwla amdan sut i fod yn human.

dwin gal ffon fi allan a ma dulo fin swetian gymaint dwi bron yn dropio fo ar lawr cyn fi agor notes. dwi di preperio be dwi am rhoi yn y tecsts i pawb yn barod so dwin copi a pestior messages i fewn ir typing bar i sendio at mamadadaalys. wedyn dwin ista lawr ar set toilet a rhoi y tablets i gyd yn pot toothbrushes ni. man cymyd eijys i neud nw gyd allan achos ma bysidd fin ysgwyd fatha bag popcorn yn microwave.

shit.

shitshitshit

dwi methu ffocin gweld wan na achos ma na tears yn llgada fi ffs.

jyst gna fo pussy gna fo tin shit tin shit tin shit jyst gna fo

ma llaw fin ysgwyd gymaint wan ma chydig or tablets yn methur pot a disgyn ar lawr. idiyt.

dwin plygu lawr off toilet i nol nw a hynna pryd dwin clwad y swn mwya annoying efyr. dwin sbio fyny a gweld winclin sbio arna fin miwian pen hi off fatha sa hin gweiddi be ffwc ti neud cont? arna fi. man edrych yn pissed off ngl. dwi probybli di deffro hi o cysgu ar soffa. cont bach diog.

dwin sbio nol ar y tablets ar lawr a dulo fin ysgwyd amben y teils. ma chest fin brifo gymaint ia a trwm af, fatha ma na carrag masif yn styc yna. i wish swn in gallu tynnu croen fi off a chwalu ribs fi fewn i bits fathar polaroids so bo fin gallu gal y brifo i gyd allan a briddion iawn am y tro cynta ers fatha, idk. hir.

jyst. ffocin. gna fo.

ma winclin miwian eto a no idea pam ond dwin dechra chwerthin fatha dwin tripio bols tan dwi methu clwad hin neud twrw hi. dwin chwerthin tan dwi methu gafal yn y tablets im mwy a ma nw i gyd yn disgyn ar lawr fatha darna bach o sialc odd fi a alys yn iwsio i neud llynia ar palmant yn rha eijys yn ol a neibys i gyd yn deud fod nin plant bach mor dda ddim yn gwatsiad teli trw dydd. dwin chwerthin tan dwin crio eto ffs a probyblin messio fynyr eyeliner nesh i withio mor ffocin galad i neud i edrych yn disynt.

ffs. dwi mor shit (a ma hyn *yn* ffyni tbf), dwi mor shit ia, dwin gymaint o pussy

dwim ifyn fo digon o bols i *trio.*

Deian

Ma nhw'n ôl.

Ma'r Dwylo'n ôl ac yn dal cwsg yn bell, bell i ffwrdd oddi wrtha i. Eto.

Weithia (fel heno, fel rŵan) ma nhw'n dod yn ôl yn ara;

dwi'n gallu'u gweld nhw'n dringo dringo dringo ataf i drw'r tywyllwch. A wedyn – yn sydyn – ma'u gwinadd nhw'n crafu drwy fy nghroen fy nghnawd fy esgyrn at fy nghalon fy nghalon fy nghalon a gafal ynddi'n dynn a'i hysgwyd eto eto ac eto fel cloc larwm heb fotwm snooze.

Dwi'n estyn am y bocs ar y bwrdd bach wrth fy ngwely ond ma'r bwrdd yn wag heblaw am gloc digidol a chopi adfeiliedig o *Letters of Vincent van Gogh* a dwi'n cofio. Dwi'n cofio cofio cofio lle dwi, fy mherfedd i gyd yn troi tu chwith allan.

Dim meddyginiaeth heb oruchwyliad.

Na na na. Dwi'n cau fy nwylo mewn dyrna tyn i drio stopio'r crynu (na na na) ac yn sylwi fod y croen yn anwastad ar gledr fy llaw chwith: paent sych.

Peintio. Adra. Mam. Lowri. *Adra*.

Dwi isio

dwi isio mynd adra.

pathetig pathetig gwan ffag sensitif tawel gwahanol

Na. Na, dwi'n cofio. Dwi'n cofio van Gogh yn deud rhwbath yn un o'i lythyra fo, rhwbath am adra:

Now, far from home, I often feel homesick for the land of pictures.

Ia. Normal. Ma'n normal! *Dwi'n* normal (Ella. Na. Chydig bach?

Ella). Dwi'n cau fy llygaid ac yn trio cofio un o'r ymarferion anadlu – mewn yn gyflym drwy'r trwyn, allan yn ara drwy'r geg – ac yn anadlu nes bod fy ngheg i'n sych a churiad fy nghalon yn rhy dawel i fi'i glywed o.

Dwi'n meddwl (ella ella ella) dwi 'di bod yma ers tair noson? Neu wsos. Wsos, ella.

Byth yn cofio pam pam pam fedra i ddim cofio?

Ella ma Steddfod drosodd erbyn rŵan. Dwi ddim yn gwbod byth byth yn gwbod achos di Mam heb siarad am Steddfod efo fi o gwbl ers fi fod yma a dwi methu holi Jac a Gwion am Maes B heb ffôn, so dwi'n troi fy mhen i sbio ar rifa sgwaraidd coch y cloc digidol i weld yr amser: 3:18am. Heblaw am ola'r maes parcio sy'n rhydu drwy'r llenni tena, dyma'r unig ola yn y stafell.

Ella browngoch ydi'r paent ar fy llaw, fel y gola rhydlyd y tu ôl i'r llenni. Neu goch llachar fel rhifa'r cloc. Neu ella wyrdd gola, gola fel y cen sy'n tyfu ar greigia'r Wyddfa, yn uchel i fyny lle ma'r adar i gyd yn rhy chwilfrydig i hedfan i ffwrdd, hyd yn oed pan ti'n estyn llaw allan i'w cyfarch nhw! Neu ella paent glas ydi o, glas fel yr awyr ar ddiwrnod clir pan ma'r byd i gyd yn anadlu'n ddwfn ddwfn, ond yn dyner. Yn dyner fel sa fo mewn trwmgwsg.

Dwi'n anadlu'n ddwfn (chydig bach fel yr awyr, ella?) a llenwi cwpan o ddŵr. Wedyn dwi'n rhoi llyfr sgetsio a llond llaw o bensilia gwahanol yn y bag plastig Aldi oedd yn cario'r siarcol nath Mam roi i fi ddoe. Dwi'n licio'r sŵn ma'r bag yn neud wrth iddo fo symud, fel tân yn cynna. Dwi'n meddwl dwi'n licio lloria'r sbyty hefyd (mi ydw i, er ma dyluniad ciwbiaeth o'r 20fed ganrif ydi o a'r lliw fel samon di gorgoginio!) achos ma nhw fel afonydd, rhwydwaith o afonydd. Dwi'n meddwl ma sglein y teils glân sy'n neud iddyn nhw edrych fel dŵr, a holl offer olwynog y staff yn arnofio ar yr wyneb.

Tua hanner ffordd i lawr y coridor yma ma stafell wag neithiwr (dwi'n meddwl), heibio stafell egwyl y nyrsys. Dwi'n gallu clywed acen Saesneg cyflwynydd reality show drwy'r drws, sy'n gilagored er bod 'na keypad mawr metel dan y ddolen.

Dwi'n codi ar flaena fy nhraed i sbio drwy ffenest fach sgwâr y drws; ma'r gwely'n wag eto heno. Wedyn dwi'n llithro i fewn, yn trio bod yn fwy distaw na deilen yn disgyn.

'Be *ffwc?*'

Anest

ar ol fi siarad man edrych arna fi fatha ma gwallt fi di troi fewn i snecs a man jympio, ma dwr neu rwbath yn cwpan fon tollti a slapio ar lawr. man plygu lawr so mar gwelyn cuddiad lot ohona fo o lle dwin ista ar y shilff ffenast, ond dwi dal yn gallu gweld dulo fon nol notebook neu rwbath o bag plastic man hapnio fod yn cario a ripio papur allan i iwsio fo i trio sychur dwr fyny.

'dwi – dwi mor, mor sori…' medda fo mewn llais bach fatha pluan yn trio fflio ata fi trw storm neu rwbath. dwin jympio lawr off ffenast a nol y bocs tishws sy ar y bwr leaning tower of pisa wrth gwely fi.

'ynda,' medda fi, a lluchio y bocs ata fo. di o ddim yn dal fo tho, dwylo fom yn gafal yn im byd wrth ir bocs crasho disgyn wrth traed fo. 'so tim yn chwara rygbi then?' medda fi.

mar hogyn yn gwenu ond di om yn deud im byd, im yn ifyn sbio arna fi, mond plygu lawr eto i llnau rest or dwr fyny.

'sori,' medda fo eto rol rhoi y tishws glyb yn bin wrth y drws, 'on im yn meddwl fod na rhywun yma. mor sori, ym, na i... na i fynd wan...'

'na... witsia!' medda fi, gormod fatha titshyr. ych crinj. trio eto, 'witsia, plis? thing ydi ia, hyn dir thing mwya ecsiting sy di digwydd i fi ers fatha...' dwin chwerthin, '... ers fatha, dwmbo. eijys.'

man troi rownd yn slo slo.

'ym, ok?' medda fo, llgada fon fflio rownd bob man heblaw amdan gwynab fi.

dwin jympio nol fyny ar y shilff ffenast.

'so be ti efo yn hwnna?' medda fi a pointio at y notebook, sy nol yn plastic bag fo. sy dal yn dripian dwr dwi meddwl achos dwin gallu clwad o.

'ym, dim byd. mond... llynia.' man sbio lawr ar y bag. dwin gallu gweld fatha cyfyr du o llyfr fo notebook fo sketchbook fo whatever trwr plastic. 'dim byd.'

'o. cwl. so tin fatha, person talyntyd?'

man dechra cochi bechod a ysgwyd pen fon ffast. shit. dwi di neud on uncomfortable wan do. classic fi.

'come on,' medda fi, 'tin *dewis* neud llynia am tri yn bora. mewn ffocin sbyty. mond nytars talyntyd syn neud shit fela.' ffoc. 'ym, dwim yn trio galw *chdin* fatha nytar nam byd ofiysli… tin gwbod be dwin feddwl wt?'

ffoc.

man nodio eto, dal yn sbio lawr ar y bag a dim arna fi. ond thing ydi ia, os di rhywun ddim yn sbio arna *chdi*, man neud o lot fwy hawdd i chdi sbio arna *nw*. sterio. stalkio. hm. dwi ddim yn wiyd. idk.

man edrych chydig bach yn ffymiliyr ia. probybli di gweld on glan llyn eijys yn ol neu rwbath. di o ddim yn sbio stret arna fi, ond dwi dal yn gallu gweld llgada fo. ma nwn masif a tywyll a llwyd, fatha sut dwin imajinio mor yn nos ganol gaea. ma gwallt on dywyll fyd, bron yn ddu a man sbilio dros talcan o fathar oil tin gweld ar news withia, yn fflowtio ben y dwr a mynd yn styc yn plu pelicans. ond llgada fo di deffo y thing gora amdan gwynab fo, ond tbh ia, faint mor amal tin clwad pobol yn deud fod genna rhywun trwyn rili del? neu clust neu forehead? ella pobol fucked up efo fetishes wiyd ond sa neb yn cerio am pobol fucked up efo fetishes wiyd na. ma llgada… idk. ma llgadan gallu *deud* petha yndi, deud bob dim withia. ma bob dim arall am gwyneba pobol yn neud fi feddwl amdan mrs potato head odd genna alys ers talwm. on in heitior thing na ia. ffricio fi allan. pwy ffwc odd y weirdo nath rhoi googly eyes ar tatan? nytar ma siwr.

'faint oed ti?' medda fi. hynna thing normal i ofyn yndi? yndi.

'ym, 16?' medda fo. on in meddwl odd on llai ia ngl. ma deffon fwy byr na fi ond tbh di hynna ddim yn deud lot achos dwin sgeri o dal am hogan. man embarrassing. nesh i gal fy fforsio i chwara i tim netball ysgol yn blwyddyn 7 a 8 tan i nw sylwi fod coesa fi ddim rili fatha sut ma coesa fod a mwy fatha nwdls sy di cwcio gormod. dwin cofio disgyn drosodd fatha biliyns o withia mewn awr ifyn tho odd llawr gampfan fflat a smwdd. dwin cofio pawb yn chwerthin a gal llwythi o bruises ar penglinia fi odd yn neud fi rhy self conscious i wisgo shorts am rha cyfa. hynna di unig talynt genna fi ma siwr ia. disgyn drosodd ar llawr fflat.

ffs.

'ym, so faint oed *ti*?' meddar hogyn ar ol fod yn ddistaw am hir, fatha sa fo di meddwl lot cyn dysaidio gofyn.

'17,' medda fi a pwsho gwallt fi nol off gwynab fi. ffocin annoying yndi. swn in lyfio cal y confidence i torri fo gyd off. 'so, ym… pam ffwc odda chdi isio dod i stafall fi ganol nos?' gobithio fod dwin swndion curious a ddim yn fatha, intimydeiting nam byd.

'wel, ym, yn fama…' man weifio llaw rhydd fo at y walia '… dwi ddim yn licio sgetsio yn y stafall dwin cysgu ynddo fo?' man sbio lawr. eto. ysgwyd pen fo. eto. 'ia, dwi – dwin gwbod man rhyfadd, ond, dwim yn gwbod pam, ond man… man teimlon… anghywir? ella? dwim yn gwbod.'

dwin nodio. 'ok. neud sens.' di o ddim. ddim at all. ddim i fi eniwe. rhy stiwpid i ddalld shit artsy fela ma siwr yndw.

'sori,' medda fo. eto. 'am styrbio chdi. am y dwr fyd. na i – na i adal llonydd i chdi wan.'

'na man iawn, gei di aros os tisio sti, neud llynia ar gwely fi. os tisio ia.' dwin nodio pen fi at y gwely dwi heb di twtsiad eto.

man sbio fyny arna fi ond mond chydig bach. fatha milimityr. 'tin siwr?'

'aye, yndw.' wtf dwi newy ddeud *aye*? i *streinjyr*? ffs be sy rong efo fi? idiytidiytidiyt. 'dwi probybli ddim mynd i gysgu heno eniwe.'

man nodio eto a ista lawr ar y gwelyn slo slo fatha di om isio neud mess or sheets.

dwin troi i sbio allan o ffenast a clwad papur sketchbook fon sgratsio wrth i fo troi bob pejan. wedyn dwin codi coesa rhy hir fi fyny at y shilff ffenast so dwin gallu hygio nw. ma gola o car park hosbitol a stryd tu allan yn neud ir scars gwyn dan braich fi shainio. hyll mor hyll ffocin hyll haeddu fo haeddu fo haeddu fo.

ond dwi methu na achos natha nw gymyd *bob dim*. pan nesh i gal i a&e a deutha nw fod dwisio llyncu pils natha nw gofyn be di enw fi a oed fi a nesh i ddeud catrin, 18, achos on im isio nw ffonio mamadad achos sa nwn neud big deal allan o hyn i gyd a dwi ddim yn big deal at all. na i ddeud wrth mamadad fod on i goro aros efo ffrind neu rwbath idk. neith nw ddim gofyn lot. di nw byth yn.

so ar ol i nw gal fi ticio chydig o bocsys ar papur natha nw gymyd bob dim odd genna fi. hwdi fi achos bod na string yndda fo.

earrings fi. sgidia fi. ifyn ffon fi. dwim yn cerio amdan hynna i gyd tho, esbesiyli ffon fi achos i gyd fydd ar instagram a storys pobol heno fydd shit o maes b a sa gweld hynna i gyd yn neud fi deimlon ifyn fwy shit dwin meddwl ia. ifyn tho dwin gwbod fod on cymyd fatha awr i pawb dewis y llun gora i rhoi ar insta a dysaidio ar y caption mwya orijinyl (variation o *cyn iddi fynd yn fler* a emoji ciwt), ma dal yn shit gweld pawb arall yn sesho yn glityr nw a coesa sexy mewn denim shorts a jympys maes b a llgada del efo eyeshadow urban decay.

at least dir hogyn yma ddim yn maes b fyd.

Deian

Dwi'n cau fy llygaid. Cyfri i bump. Ac agor nhw eto – ond ma hi dal yma; 'nes i ddim ei dychmygu hi. Ma hi dal yma.

Dal yma!

Dwi'n gosod y llyfr sgetsio ar fy nglin ond yn cadw'r clawr ar gau (am eiliad, am rŵan, am *byth)* achos fedra i ddim fedra i ddim fedra i ddim. Os swn i'n ei agor o rŵan dwi'n meddwl sa pob llinell, pob lliw ar y tu fewn yn llithro o'r papur a sa pob dim dwi wedi'i greu ar y tu allan (y tu mewn i fi ar y tu allan. Fi, fy nghroen i tu chwith allan na na *na)* so 'na i ddisgwyl. 'Na i ddisgwyl tan ma fy meddwl i 'di stopio troi fel sa fo mewn peiriant golchi a fy nwylo i 'di stopio chwysu,

afiach afiach pathetig gwan ffag sensitif tawel gwahanol boring fel ma nhw'n neud bob tro. *Bob tro* ar ôl siarad efo person diarth.

O'n i'n rhy dawel? O'n, o'n yn amlwg. Yn amlwg! *Bob tro*. Rydan ni tua'r un oed so ella fydd hi'n deud wrth ei ffrindia i gyd 'mod i yma ac yn rhy dawel ac yn rhyfedd a fydd neb mewn unrhyw ysgol yng Ngwynedd isio siarad efo fi byth byth eto ond ella

ella fydd hynna'n iawn achos fydda i ddim yn gorfod siarad efo gymaint o bobl ddiarth wedyn? A fydd fy nwylo i'n aros yn sych?

Na na na. Overthinkio, gorfeddwl. Stopia.

Stopia.

Dwi'n cofio, dwi'n cofio yn un o'i lythyra ma Vincent van Gogh yn deud:

> *the portrait will tell you better than the letter how I am.*

so os fysa'r darlunia yn y llyfr sgetsio chydig bach yn well dwi'n meddwl fyswn i'n rhoi'r llyfr i'r hogan, i'r tudalenna siarad ar fy rhan i.

gwirion afiach pathetig gwan ffag sensitif tawel gwahanol boring

Dwi'n cau fy llygaid yn dynn, mor dynn â phosib heb i fi eu gwthio nhw'n bell bell yn ôl a'u colli nhw'n rhywle yng nghanol fy mhen (gobeithio fydd hi ddim yn sbio i fyny rŵan achos dwi'n siŵr 'mod i'n edrych yn wallgo, fy ngwyneb i gyd 'di gwasgu at ei gilydd fel'ma!!) ac yn trio un o'r ymarferion anadlu eto: i fewn yn gyflym, allan yn ara. Mewn yn gyflym. Allan yn ara. Ar ôl munud, dwi'n meddwl (neu ddau. Neu ddeg? Dwi byth yn gallu deud), dwi'n teimlo curiad fy nghalon yn arafu nes ei fod o'n teimlo fel llanw ar ddiwrnod braf a

fedra i (dwi'n meddwl).

Dwi'n agor clawr y llyfr sgetsio ac yn gadael i lot o'r tudalenna ddianc rhwng fy mysedd wrth i fi ruthro drwy'r llyfr – dwi'n casáu'r rhan fwyaf o'r llunia ac ma fy sgyfaint i'n trio rhedeg i ffwrdd pan dwi'n sbio arnyn nhw am rhy hir. Ella 'na i weithio ar drydydd fersiwn o ddarlun nes i o Begw pan oedd hi'n fyw. Dwi'n licio'r darlun yma achos ma Begw'n edrych fel sa hi'n neidio ar draws y dudalen, yn rhedeg ar ôl rhwbath sydd y tu allan i ffinia'r papur – pêl ella, dwi ddim yn cofio – ei chynffon yn pwyntio'n syth i fyny am yr awyr, ei thafod yn tywallt o'i cheg. Ond dwi'n troi ei thudalen hi hefyd nes i fi ffeindio un wag yng nghanol y llyfr; ma'r tudalenna yn y ffrynt a'r cefn i gyd wedi'u llenwi'n barod. Dwi'n gwbod fod o'n beth gwirion i feddwl

gwirion afiach pathetig gwan ffag sensitif tawel gwahanol boring

(a ddim yn neud dim synnwyr chwaith!) ond weithia dwi'n meddwl fod y tudalenna ar yr ymyl yn cael eu hesgeuluso, eu gadael ar ôl. Weithia dydyn nhw byth yn cael y cyfle i deimlo crafiad pensil neu'u rhwbio gan ddarn o siarcol. So dwi bob tro'n trio'u llenwi nhw gynta.

Dwi'n gosod min y bensil ar y papur. Dwi'n meddwl 'na i drio trio trio darlunio'r Dwylo eto, dyna ma Christine isio fi neud. Ma hi'n meddwl fydd eu gweld nhw o 'mlaen i yn fama, gweld yr holl eiria a theimlada ma nhw'n eu cario yn eu troi nhw'n ddiriaethol a fydda i bron, *bron* yn gallu gafael ynddyn nhw. Ma hi'n meddwl fydda i'n gallu'u rhwygo nhw'n ddarna hefyd, ond dwi ddim yn gallu cofio rhwygo unrhyw beth yn ddarna o'r blaen, *erioed*!

llwfrgi llwfrgi gwirion afiach pathetig gwan ffag sensitif tawel gwahanol boring

Dwi'n syllu ar y dudalen wag am hir rhy hir rhy hir rhy hir wrth ddisgwyl i'r Dwylo gipio'r bensil o fy llaw a chyflwyno'u hunain – nhw a'r geiria a'r teimlada maen nhw'n eu cario. Dwi'n gwasgu'r bensil ac yn disgwyl nes ma blaena fy mysedd yn brifo a fy llaw yn crynu cyn troi'n ôl at Begw wrth adael smotyn o fin y bensil ar y papur, smotyn bach bach. Bach fel hiraethu am y byd o dir planed arall.

Dwi angen rhoi mwy o gysgodion i lun Begw dwi'n meddwl, ond achos dydi hi ddim yma (ddim go iawn) dwi'n gorfod dychmygu o ba gyfeiriad sa pelydra'r haul yn dod a lle sa nhw'n disgyn arni hi. Ar ôl neud ei thrwyn, ei chlustia a'i choesa ffrynt hi, dwi'n clywed sŵn, sŵn fel adenydd yn trio cyrraedd yr awyr trwy wydr ffenest, ac yn codi fy mhen. Yn ara (ara ara ara) achos os dwi'n dychryn yr hogan mi fydd hi'n sbio'n ôl arna fi. Ara, ara, ara.

Ma hi'n ista ar y silff ffenest fel sa hi'n barod i hedfan i'r nos; dwi'n hanner disgwyl gweld adenydd yn rhwygo defnydd ei chrys-t. Ma hi'n droednoeth, a dwi'n gallu gweld lliw ar ewinedd ei bysedd traed. Ma 'na liw gwahanol ar bob un dwi'n meddwl, y glityr ar rai ohonyn nhw'n ffrwtian wrth i ola ambiwlans fflachio heibio tu allan. Hi sy'n neud y sŵn wrth chwara efo dolen y ffenest, yn tapio'r metel efo'i bysedd. Ella ma hi'n tapio rhythm cân.

'Clyfar 'dyn nhw ia,' medda hi wrth agor y ffenest mor bell â phosib – modfedd neu ddwy – cyn ei chau hi eto, 'rhoi pobol fatha ni ar y fourth floor.'

Dwi'n chwerthin, ond ma'n rhy fyr ac yn swnio fel sa fi'n trio chwythu cannwyll allan. *Rhaid i chdi ddeud rhwbath deud rhwbath unrhyw beth* ond dwi ddim dwi ddim dwi ddim yn gwbod be ma hi isio i fi ddeud! Ella dydi hi ddim isio ymateb o gwbl; ma hi'n dal i syllu drw'r ffenest. Dwi ddim yn gwbod pam fod ganddi hi gymaint o ddiddordeb yn yr olygfa tu allan chwaith – dim ond y maes parcio, y gyffordd a rhes o dai semidetached 'dan ni'n gallu'u gweld yng ngola'r stryd. Ond ma'r llenni'n lled agored so ma 'na ddigon o ola i fi weld Begw a'r hogan, digon o ola i fi allu gweld fod ei llygaid hi fel coelcerthi. Ac ma fel sa hi heb sylwi bod darn o'i gwallt hir, tywyll wedi disgyn dros ei hwyneb ers iddi hi dycio darn ohono fo y tu ôl i'w chlust hi chydig yn ôl.

Dwi'n gwbod dwi'n gwbod dwi'n gwbod dwi'n syllu am rhy hir

rhyfedd rhyfedd llwfrgi gwirion afiach pathetig gwan ffag sensitif tawel gwahanol boring

so dwi'n trio troi fy llygaid yn gamerâu i fi'i ddarlunio hi adra

Be?! Pam pam pam rhyfedd rhyfedd llwfrgi gwirion afiach pathetig gwan ffag sensitif tawel gwahanol boring

achos dwi'n gallu teimlo'i hyder yn codi ohoni'n dawel, fel mwg o fflam (pan fydda i'n darlunio hyn dwi'n meddwl 'na i ddefnyddio pastels i lapio'r mwg o'i chwmpas fel sgarff!). Ac er 'mod i'n gallu gweld ei braich hi – y creithia ma hi'n trio'u cuddio yna – a'r lludw sy'n llechu'n rhywle y tu ôl i'r fflama yn ei llygaid, dwi methu peidio. Dwi methu peidio methu peidio methu peidio teimlo eiddigedd yn tyrchu rhywle y tu ôl i fy asenna, bron fel sa'r Dwylo 'di dod yn ôl.

Anest

dwin tapio rythm riff anifail ar handlan y ffenast. man mynd rownd a rownd pen fi ifyn tho dwi heb di grando ar caneuon hen candelas ers maes b fatha eijys yn ol. dwin sbio fyny ond dwi mond yn gallu gweld fatha deg o ser achos mar gola lliw pipi or hosbitol ar stryd yn cuddiad nw gyd. dwin mynd i ofyn wrtha fo? why not ia.

'hyn yn randym ia, a gaddo di o ddim am y rheswm ti meddwl, ond tin gwbod sut i gal ar y to?' medda fi.

man sbio fyny a ir ochor, *dal* ddim ar gwynab fi. dwi ddim *hynna* hyll nadw! dwin meddwl man trio ddim gwenu tho, fatha, man brathu lips fon gwulod chydig bach a hynna dwin neud pan dwin trio ddim gwenu. ffoc dwisio marw chwerthin ia. ma siwr fod on meddwl bo fin ffocin nyts.

'ym, nadw,' medda fo, distaw fatha pluan eto, 'sori.'

'ok, mots,' medda fi a sbio nol allan o ffenast ar y ser shit. gobithio di o methu deud faint mor disypointed dwi.

ffoc dwi mynd i ofyn idda fo? dwi *rili* mynd i? dwi efo im byd i golli na? fuck it. 'be ti meddwl ma nwn deud tho?'

'ym, sori… pwy?'

dwin tapio anifail ar y gwydyr wan, 'y ser ia,' medda fi. di o ddim yn deud im byd am fatha munud so dwin troi rownd i sbio nol arna fo. ma llgada fon mynd ifyn fwy hiwj, mor hiwj ma nw bron yn byta gwynab o i gyd. bechod. probyblin meddwl bo fi am ytacio fo fatha tin gweld pobol mewn llefydd felman neud mewn ffilms withia. dwin trio eto eniwe. 'os sar ser yn gallu siarad, be tin meddwl sa nwn ddeud?'

man sbio lawr ar llun fo, eyebrows fo at i gilydd fatha sa fon meddwl yn rili rili galad.

dwin troi rownd so ma coesa fin hongian off y shilff ffenast. 'achos, dwin meddwl ia…' dwin neud cefyn fin syth a tycio gwallt tu nol i clustia fi so fod dwin edrych fatha titshyr malu cachu go wir. '… dwi meddwl sa nwn flin efo ni sti. achos climate change a shit fela. achos da ni fatha – tin clwad pobol yn deud o constantly ia – da ni fatha parasite i byd ni neu whatever, neud i bob dim fynd yn extinct. a ffocinel, hynna i gyd heb ifyn dechra ar politics ni! to be honest, ella ma nwn chwerthin am bena ni chydig fyd. ond mostly blin. achos hynna i gyd a pobol shit fatha fi sy methu existio fatha pawb arall.'

dwin sbio nol ar yr hogyn. ma di dechra chwara efo sketchbook fo, yn rhedag pensal fo fyny a lawr y thing metal cyrli syn dal y pejans at i gilydd. mar swn bach yn annoying ngl, yn neud twrw fatha machine gun yn mynd off chydig o floors odana ni. shit. dwi deffo di dychryn o do. deud gormod. eto. *idiyt*.

'sori,' medda fi a troi nol i sbio allan o ffenast, 'gei di fynd nol i neud llynia chdi wan.'

'ym, na. man ok.' man gafal yn plastic bag fo a dechra rhoi bob dim i fewn yndda fo. 'fyddan nwn checkio stafelloedd mewn munud eniwe.'

'shit, ia,' medda fi, 'ok.'

man sbio fyny arna fin ffast, wedyn cochi eto bechod pan man sylwi fod da nin sbio stret fewn i llgadan gilydd. man gwenu lawr ar draed fo. *gwenu*! di o ddim yn meddwl dwi gymaint a *hynna* o saico then!

'ym, diolch. am adal fi aros am chydig.'

dwin codi sgwydda fi. 'no worries. tin mynd i ysgol rownd fama by the way?'

'yndw, yn dyffryn?' medda fo.

'no way! dwin symud i fanna yn september, dechra sixth form eto achos nesh i failio exams fi gyd yn six one so dwi resittio bob dim.' dwin chwerthin. mae o kind of yn ffyni tho ia. heblaw amdan fod dwi jyst *methu* consyntretio ar im byd a ma bob dim yn gymaint.

o ffocin. mynadd. ifyn brwsio dannadd. tbh (a ma hyn yn ffocin disgysting) dwi ddim yn meddwl fod dwi di brwsio dannadd fi at all wsos yma. ffocin sgym. 'so na i weld chdi yna ia?'

'ia,' medda fo, llais fo chydig fatha pluan yn twtsiad gwynab fi wan, ond ddim mewn ffor creepy. dwim yn meddwl. idk. ych stopia.

dwin chwilio pocedi fi am ffon fi wedyn cofio bo nw di cymyd o.

'eniwe, anest.haaaf dwi ar snapchat. efo tri a yn haf. cofn tisio adio fi, achos da ni run ysgol a bob dim.'

di hynnan wiyd? na. run ysgol. a fatha, di nabod pobol ddim yn *ddrwg* na.

'iawn,' medda fo, 'diolch.'

di o ddim yn deud enw fo wrtha fi nam byd, mond agor y drws yn slo slo so di o bron yn neud dim swn at all. pro. dwin quite jelys ngl. i wish swn in gallu symud rownd yn distaw fela heb disgyn drosodd a deffro cymru i gyd. ond cyn i fo gadal man stopio a troi rownd jyst digon i fi weld gwynab fo a man agor llaw fon slo slo, fwy slo na odd on agor drws. a wedyn man gwenun sbio lawr ar llaw fo, gwenu fatha fod o ddim yn gwbod dwin sbio, fatha ma na sicryt sbesial yn llaw fo fatha sicryt sa pawb yn wisbro amdan amser chwara yn ysgol bach.

a wedyn man cau drws efo dim swn at all

a i gyd genna fi neud i witsiad tan asesmynt fin bora wan di sterio allan o ffenast a *teimlor* ser yn jyjo fi.

tin clwad pobol yn deud ia, pobol yn deud fod isio lladd dy hun yn selffish. bo chdin gadal pobol ar ol a yndi ma probyblin ffocin imposibl dealio pan ma rhywun yn dysaidio gadal heb explainio pam yn iawn i neb a heb deutha neb bo nwn brifo. di om yn ffer, dwin ffocin gwbod hynna ia. ond dwi hefyd yn gwbod fydd y byd lot gwell hebdda fi, fydd mamadadaalys lot gwell hebdda fi i ffwcio teulu bach perfect nw fyny. dwin gwbod hynna fyd.

so tbh, mae o opysit i selffish yndi.

fatha, man rong fod plant bach disynt yn marw o canser a shit fela cyn dysgu fod sion corn ddim yn wir a dwi dal yman wastio eyeliner pobol. di om yn iawn. di om yn ffer. idda nw. idda plant bach.

di om yn ffer.

2

Deian

Mewn cyfieithiad o lythyr i'w frawd, Theo, ma Vincent van Gogh yn disgrifio'r wawr:

it is precious and already very dear to me.

A fama, yn gwylio bob dim – tywod, môr, cerrig, gwylanod, cymyla, gwymon, gwair – *bob dim* yn deffro ar gyfer yr haul, dwi'n meddwl (dwi'n meddwl) dwi'n deall. Dwi'n deall pam fod van Gogh wedi disgrifio'r wawr fel sa fo'n sgwennu am hen ffrind. Achos ma gola'r haul yn edrych fel llefrith dyfrllyd yn yr awyr ond wrth i'r pelydra dywallt ar y tonna ma brig bob ton yn goleuo, yn gwenu. So ma bron (bron iawn. Ella?) fel sbio ar dorf ddiddiwedd o ffrindia.

plentynnaidd. plentynnaidd rhyfedd llwfrgi gwirion afiach pathetig gwan ffag sensitif tawel gwahanol boring

Dwi'n gwthio'r pâr o dreinyrs gwyn i ganol y brwyn môr o 'mlaen i. Hyd yn oed ar bâr o sgidia, ma'n anodd rheoli'r môr wrth ei ddarlunio fo. Fel arfer, dwi'n licio defnyddio paent achos dwi byth yn gallu deud lle ma'r brwsh yn mynd ac i ble fydd o'n fy arwain i,

painting is unlike anything else

ond heddiw 'nes i ddefnyddio beiros lliw ar y sgidia achos ma'n haws llunio petha fel heulwen ar don efo beiro, yn enwedig ar ddefnydd fel'ma.

Dwi'n ista'n ôl ar y tywod a chodi fy ffôn i dynnu llun o'r sgidia i roi fyny ar Instagram. Dwi byth yn gallu meddwl am caption clyfar, caption doniol so dwi'n dewis emoji tonna yn lle sgwennu rhwbath. A haul? Na, hynna'n ormod. Mond tonna. Dwi'n llenwi'r sgidia efo'r holl feiros ac yn eu codi nhw'n ofalus trwy ddefnyddio'r cria rhag ofn fod yr inc dal yn wlyb. Wedyn dwi'n dechra cerdded 'nôl adra.

Ma 'na naw tŷ bach yn wynebu'r môr, ond dwi'n meddwl mai'n tŷ ni sy fwya llachar. Ma Lowri'n deud ei bod hi'n cofio'r diwrnod pan nath Mam yrru i B&Q i ddewis y paent ar gyfer y walia tu allan, a dod yn ôl efo'r lliw melyn mwya llachar oedd hi 'di'i weld, erioed! Pan oeddan ni'n mynd â Begw am dro ar hyd yr arfordir, dwi'n cofio sylwi ar ein tŷ ni bob tro pan o'n i'n troi rownd, dim ots pa mor bell oeddan ni 'di cerdded. Ar ôl darllen y llyfr o lythyra van Gogh am y tro cynta, dwi'n cofio gofyn i Mam os oedd hi 'di penderfynu peintio'r tŷ'n felyn fel'na i efelychu'r 'Yellow House' lle roedd van Gogh yn byw efo Paul Gauguin am chydig o fisoedd. Dwi ddim yn cofio'n union be oedd ei hateb hi, ond dwi'n meddwl mai mond licio'r lliw oedd hi.

Ma'r giât sy'n arwain fewn i'r ardd yn felyn hefyd ond dydi hi heb gael côt newydd ers blynyddoedd; dwi'n gallu gweld gwythienna'r pren drwy'r paent so ma'n edrych chydig bach fel cefn dwylo Taid. Ma 'na chydig o dywod wedi glynu at sodla'r sgidia newydd so dwi'n eu gadael nhw tu allan. Dwi'n agor y drws, yn deffro'r clycha gwynt nath Mam neud blwyddyn dwytha mewn gweithdy hyfforddiant Therapi Celf ar gyfer Alzheimer's.

Pan ma'r clycha'n tincian, ma Mam yn codi ei phen o'r bwrdd gegin lle ma ei llyfr sgetsio bach coch yn llydan agored, mỳg YesCymru yn ei llaw. 'Hei, jyst mewn pryd! O'n i am ddod allan i chwilio amdana chdi.' Ma hi'n gosod y baned ar y bwrdd ac yn codi i nôl padell ffrio o'r hob. Dwi'n gallu ogla bacwn. 'O'n i isio neud rwbath sbesial i chdi 'li, dwrnod cynta Chweched!'

'Diolch,' medda fi wrth nesáu at y bwrdd i gau ei llyfr sgetsio. 'Ogla da!'

Dwi'n gollwng y llyfr ar y soffa a dechra gosod y bwrdd. Dwi'n sylwi ar sosban llawn wya 'di sgramblo ar y cownter hefyd, ac yn gwenu (sy'n teimlo chydig bach fel agor llenni); ma Mam 'di dechra cymryd mantais o absenoldeb Lowri a'i diet figan.

'Be oeddach chdi'n neud tu allan?' medda Mam ar ôl i ni ista lawr. 'Peintio?'

Dwi'n sychu saim cynnes o fy ngên ac yn deud wrthi hi am y sgidia. Ma Mam yn gwenu wrth ysgwyd ei phen a dwi'n gweld yr arian yn ei gwallt tywyll yn mynd ar dân lle ma'r haul yn ei chyffwrdd hi. Ma hi'n deud 'mod i'n ei hatgoffa hi o Nain. Dwi'n sbio i lawr ar fy mhlât ac yn tresio ymyl y serameg efo'r gyllell.

'Ti'n gwbod be, sa hi'n deffro cyn i fi ddechra cal fy hun yn barod i'r ysgol, sti, a…' Ma hi'n ysgwyd ei phen eto ac yn rhoi gwên fawr i'r stribed ola o facwn ar ei phlât, '... a sa hi 'di bod yn cyfansoddi ar y to neu rwbath hurt fel'na. God, oedd gin Dad gymaint o fynadd efo hi!'

Dwi'n licio gwrando ar Mam wrth iddi siarad am Nain. Dwi'n licio gwylio Mam wrth iddi siarad am Nain. Ma fel sa'r aer yn llawn lliwia pan ma hi'n siarad amdani hi, neu gerddoriaeth. Neu ella'r ddau. Neu ella ma'r ddau yr un fath weithia? Dwi ddim yn gwbod.

A weithia, weithia ma clywed am Nain hefyd yn neud i fi deimlo'n fwy *normal*, dwi'n meddwl. Ella. Fel dwi'n llai rhyfedd nag ydw i go iawn.

pathetig gwan ffag sensitif tawel gwahanol boring plentynnaidd rhyfedd llwfrgi gwirion afiach

Ma Mam yn troi ei watsh i edrych ar yr wyneb (ma'r strap yn rhy llac iddi a ma hi 'di bod yn deud ers misoedd ei bod hi am fynd â'r watsh yn ôl i'r siop yn dre ond heb gofio neud eto).

'O, god, well i chdi ddechra neud dy hun yn barod ia, 'na i fyth fadda i fi fy hun os ti'n hwyr ar y diwrnod cynta. Gawn ni'r leftovers i de wedyn, iawn?'

Dwi isio deud wrthi hi nad hi fydd yn gyfrifol os dwi'n hwyr so ddyla hi ddim poeni. *Fi* sy'n gyfrifol a *fi* ddyla fod yn poeni dwi ddim dwi ddim dwi ddim isio hi boeni (na na na). Ond dwi ddim yn deud hynny wrthi hi achos ma hi 'di dechra clirio'r platia'n barod a hi sy'n iawn – fedra i ddim methu'r bỳs. 'Na i drio cofio deud wrthi hi wedyn, ar ôl ysgol. 'Na i drio cofio.

*

Dwi'n gosod mỳg o goffi ar y ddesg ac agor fy laptop i wylio'r fideo YouTube nes i ffeindio neithiwr: *How to tie a tie*. Ma acen Seland Newydd y dyn yn y fideo (neu Awstralia ella? Dwi byth yn gallu deud y gwahaniaeth!) mor anghyfarwydd â defnydd stiff y crys gwyn newydd a'r tei polyester sy'n llithro rhwng fy mysedd fel paent gwlyb. Dwi'n cofio cerdded heibio i stafell y Chweched wrth drio ffeindio'r dosbarth coginio ar y diwrnod cynta ym Mlwyddyn 7, yn teimlo fel crwban efo'r rycsac mawr ar fy nghefn. Dwi'n cofio gwingo rhag y chwerthin uchel a rhythm caled y gerddoriaeth oedd yn tasgu drosta fi drwy'r ffenest agored fel diferion o heulwen. Dwi'n cofio sbio fyny ar ddisgyblion y Chweched yr wythnos yna hefyd, a sylwi eu bod nhw ddim yn blant fel y gweddill ohonan ni; efo'u beirf a'u teis a'u ffolders trwm, trwm yn dynn yn eu breichia, roeddan nhw'n *oedolion*. Yn dduwia. Ond heddiw, dwi ddim yn teimlo fel duw o gwbl. Dwi prin yn gallu tyfu mwstásh hyd yn oed!

pathetig gwan ffag sensitif tawel gwahanol boring plentynnaidd rhyfedd llwfrgi gwirion afiach

'Barod?' Ma Mam yn galw arna fi o'r gegin.

Dwi'n estyn am fy mag ysgol newydd (sy'n dal i ddrewi o bolyester ffresh) a chamu i fewn i'r coridor. 'Yndw, dwi'n meddwl.'

Dwi'n gwylio Mam yn cau caead ar focs tupperware sy'n llawn wy 'di sgramblo, yn llithro'i ffôn allan o'i phoced ac yn pwyntio'r camera tuag ataf i cyn i fi sylweddoli be ma hi'n neud; ma Mam yn arbenigo mewn tynnu llunia cudd ohona fi. Dwi'n troi rownd i drio stopio'i chynllun hi, ac i guddio fy ngwên (dwi methu peidio).

'Mam. Plis. Paid. 'Na i fethu'r bỳs!'

'Na, na, neith o'm cymyd eiliad 'li...'

Dwi'n troi'n ôl i'w gwynebu hi'n ara (ond ddim yn rhy ara – dwi dal ddim isio methu'r bỳs!) a gweld Mam yn tynnu ei sbectol i graffu ar sgrin ei ffôn.

''Na fo, perffaith!' medda hi, yn pwnio'r awyr fel sa hi'n gwylio rygbi. Swn i'n betio holl facwn *a* phaent olew'r byd fydd y llun ar Facebook heno efo llwythi o comments gan ffrindia Mam a theulu pell dwi rioed 'di'u cyfarfod o'r blaen. Ma hi'n rhoi ei sbectol yn ôl ar ei thrwyn ac yn gwenu wrth sbio ar y llun. Fel ma nhw bob dydd, ma ei sbectol yn hongian rownd ei gwddw ar gadwyn o beads coch sy'n fach ac yn sgleiniog fel cerrig bach yn y môr. Dwi'n cofio mor flin oedd Lowri pan nath Mam ddechra gwisgo'r gadwyn; dwi'n cofio hi'n deud fod Mam yn codi cywilydd arni hi, yn deud fod y sbectol yn edrych fel un hen ddynas rŵan a doedd y rhieni eraill ar iard yr ysgol gynradd ddim yn gwisgo'u sbectol ar gadwyn fel hi. 'Nes i ddeud wrth Lowri wedyn fod Mam yn licio'r gadwyn achos hi nath ei gwneud hi, ond dwi ddim yn meddwl fod Lowri wedi fy nghlywed i. A 'nes i ddim ailadrodd y geiria. So 'nes i adael Mam i lawr.

llwfrgi gwirion afiach pathetig gwan ffag sensitif tawel gwahanol boring plentynnaidd rhyfedd

Dwi'n gadael Mam i lawr yn aml, dwi'n meddwl.

Ma hi'n rhoi'r ffôn yn ei phoced ac yn fy ngwasgu'n dynn. 'Dwi mor, mor falch ohona chdi sti, Dei. Mor, mor falch.'

Ma'i gwallt yn llenwi fy nghlust, ond dwi dal yn gallu deud fod ei llais fel darn o eda sy'n trio codi'n tŷ ni. Dwi'n tynnu i ffwrdd oddi wrthi ac yn edrych ar fy sgidia, a dwi'n meddwl dwi'n gallu gweld fy ngwyneb i'n gwyrdroi fel 'The Scream' gan Munch yn yr adlewyrchiad.

'Cofia sbio fyny os ti'n gallu, iawn, sbio fewn i llgada pobol? Ma pobol yn licio hynna sti, pan ti'n siarad efo nhw. Dwi'n gwbod ti'n grando, bob tro, ond 'di pawb ddim yn gallu deud, nadyn?'

Dwi'n nodio ac yn codi fy mhen i edrych i'w llygaid hi, heibio gwydr ei sbectol. Ma nhw'n lasach na fy llygaid i, bron fel lliw'r moroedd trofannol ar y rhaglenni natur ma hi'n licio ar Netflix. Achos ei fod o mor anodd cyfleu eu lliw nhw mewn darlun, mond llygaid Mam dwi'n peintio pan dwi'n ei darlunio hi, a gadael bob dim arall yn amlinelliad. Ma hi'n ymestyn ei gwddw i sbio ar gefn fy mhen. Ac yn dechra chwerthin.

'Be?' Dwi'n codi llaw at fy ngwallt.

'Dim byd, cariad,' medda hi a rhoi cwtsh cyflym i fi eto. ''Na i weld chdi am chwartar i bedwar, ia?'

'Ia,' medda fi. Dwi'n gwenu arni am eiliad ac yn agor y drws ffrynt.

Dwi ddim yn troi rownd wrth ddechra cerdded, dim un waith, ond dwi'n gwbod bod Mam dal yn sefyll yn nhrothwy'r drws. Dwi'n gwbod ei bod hi dal yna'n sefyll am amser hir hir hir, yn bell ar ôl i fi ddiflannu i blyg y lôn.

*

Dwi'n gosod yr headphones dros fy nghlustia wrth gerdded at y safle bỳs; gobeithio gobeithio gobeithio mi fydd hyn yn stopio'r disgyblion eraill rhag siarad efo fi. I fod yn onest, dwi ddim yn meddwl (ella, ella) fydd neb isio siarad efo fi be bynnag, ond ma'n well bod yn rhy saff! Ma 'na griw mawr o ddisgyblion iau yn sefyll rownd pen draw'r arhosfan yn sbio ar eu ffôns ei gilydd, rhai'n ista ar y pafin gwlyb er fod y meincia metel yn wag.

Ma caneuon Y Cyrff ar Shuffle wrth i'r bỳs ddringo dros speed bump a stolio i stop. Dwi'n disgwyl nes bod pawb arall wedi camu i fewn cyn dilyn a dangos fy mhas bỳs i'r gyrrwr. Ma'n nodio heb sbio i ffwrdd o'r windscreen ac wrth i fi drio stwffio'r pas yn ôl i fewn i fy waled, ma'n llithro o fy mysedd – *pathetig bysedd pathetig pam di nhw ddim yn gweithio fel bysedd pobl eraill* – ac i'r llawr, fy nghalon i'n taro llawr y bỳs efo fo. Dwi'n plygu at lawr y bỳs yn gyflym gyflym i'w nôl o'r mwd a'r gwair ac yn disgwyl nes dwi'n saff yn fy sêt arferol yn agos at y ffrynt i roi'r pas yn ôl i fewn yn y waled, yn ofalus. Yn ara. *Yn ara.*

Dwi'n gallu clywed chwerthin y tu ôl i fi er gwaetha'r gerddoriaeth; ma'n swnio fel drain chwe troedfedd. Ydyn nhw'n chwerthin am fy mhen i? Nathon nhw fy ngweld i'n colli'r pas ar lawr?? Dwi'n sylwi bod fy llaw yn crynu wrth i mi roi'r waled yn fy mag a dwi'n gwasgu fy mysedd i'n dynn dynn dynn nes bod fy llygaid yn dyfrio.

pathetig gwan ffag sensitif tawel gwahanol boring plentynnaidd rhyfedd llwfrgi gwirion afiach

Dwi'n rhoi pause ar Y Cyrff i wrando ar fy anadl. Rhy uchel dwi'n anadlu'n rhy uchel ydw i'n anadlu'n rhy uchel? Fyddan nhw'n sbio os dwi'n anadlu'n rhy uchel!

Na. Plis, na.

I fewn yn gyflym, allan yn ara. Mewn yn gyflym. Allan yn ara.

Ma'r bỳs wedi cyrraedd y stop nesa. Criw mawr o blant yn dringo i fyny mewn cwlwm. Cwlwm o chwerthin dreiniog.

Dwi'n teimlo'r Dwylo.

Na na na stopia.

Dwi'n teimlo'r Dwylo yn tynhau eu bysedd am fy nghalon na na *na* ydi hi'n curo'n rhy gyflym?

Na. Paid. Plis. Plis stopia.

Dwi'n gwasgu fy llygaid ar gau. Dim ots dim ots dim ots os ma fy ngwyneb i'n gwasgu at ei gilydd yn rhyfedd. 'Na i drio ymarfer arall: mewn am bump eiliad… dal am dri… allan am saith. Dwi'n gosod fy llaw ar fy nhrowsus ysgol, ar fy mhoced.

Gwasgu gwasgu gwasgu. Teimlo cysur ymylon y bocs tabledi drwy'r defnydd.

Mewn am bump eiliad... dal am dri... allan am saith.

Ma 'na haen o anwedd oer ar y ffenest. Dwi'n gorffwys fy nhalcen ar y gwydr ac yn gwasgu'r bocs nes ma'r ongla'n pigo cledr fy llaw. Gwthio'r botwm Play. Sain i fyny. Mewn am bump eiliad... dal am dri... allan am saith. Yr unig beth sy'n dangos i fi 'mod i'n rhan o fyd pawb arall rŵan ydi dirgrynu injan y bỳs. Heblaw am hynna, dim ond Y Cyrff a fi sy'n bodoli.

Ma'r bỳs yn stopio eto a dwi'n agor fy llygaid. Ara. *Ara.*

Ydi hwnna'n — ?

Dwi'n trio sbio'n agosach, yn gwthio fy nhrwyn yn erbyn gwydr y ffenest. Ma 'na rwbath llachar yn tyfu trwy rwyg yn nharmac y lôn.

Yndi – dant y llew!

Sut ma 'na blanhigyn wedi gallu goroesi yng nghanol y lôn? Dwi'n agor sip poced fy nghôt ac yn codi fy ffôn i dynnu llun o'r blodyn drwy'r ffenest. Ma'n dal ei ben yn uchel, yn falch, er gwaetha'i gartra anarferol, fel milwr yn gwrthsefyll ei ffawd ar faes y gad. A dwi'n meddwl, dwi'n meddwl dwi'n ei edmygu fo. Ma hynna'n rhyfedd, dydi, rhy ryfedd? Edmygu rhwbath sy ddim yn gwbod ei fod o'n bodoli?

plentynnaidd rhyfedd llwfrgi gwirion afiach pathetig

Na, na, ma van Gogh yn deud yn ei lythyra fod petha'n fyw
weithia (ella, ella) hefyd:

> *why am I so little an artist that I keep regretting*
> *that the statue and the picture are not alive?*

So dwi'n cario mlaen i sbio ar y blodyn nes ma'r bỳs yn gadael
eto. Ella 'na i drio sgwennu cerdd amdana fo wedyn; dwi'n
gallu gweld rhai o'r geiria'n barod, yn goleuo fesul un y tu ôl i
fy llygaid fel sêr yn deor.

Anest

shit.

mar bys di cyrradd yn barod so dwin goro sbrintio dros y lon a
bron tripio dros ffocin dandelion yn tyfu ganol lon. cwilydd. ma
rhai pobol yn sterio trw ffenast bys.

dwi ddim yn fit at all ia, ma ifyn dulo fin swetian a neud y pres yn
lyb wrth fi rhoi o i dreifar. ych. ma slygs efo canser probyblin fwy
ffit na fi. di slygs ifyn gallu cal canser? idk.

ma na chydig o seti sa neb yn ista ar yn ffrynt ond dwim isio pawb
feddwl bo fi *hynna* sad so dwin gofyn i hogyn syn ista rwlan canol
os ga i ista efo fo. man tynnu un o airpods fo allan achos nath om
clwad a dwin goro gofyn eto a man gwenu a nodio. man ddel tbf,
am hogyn cymraeg.

ar ol fi ista lawr a stwffio bag fi rhwng coesa fi (sa literally dim lle yma i coesa fi achos mar hogyn yn edrych fatha mae o at least 6 foot fyd), thing cynta dwisio neud di rolio slifs crys gwyn fi fyny achos dwi meddwl genna fi ffwc o sweat patches dan armpits fi ond wedyn dwin cofio bo fi heb di rhoi foundation ar braich fi a dwi ddim isio pawb gweld scars fi. ffoc na. a hefyd dwim isio rolio un o slifs fi fyny a ddim y llall achos dwin meddwl neith hynna fatha chwalu balyns y universe neu rwbath. di o jyst ddim werth o na.

so i gyd dwin neud di tynnu ar y lastic band rownd rist fi. natha nw rhoi pamfflet am self harm i fi yn hosbitol a odd on deud fo chdin gallu iwsio lastic band i neud leins bach coch ar braich chdi yn lle iwsio siswrn neu cyllall.

dwin sbio fyny a tynnu ar y lastic band yn trio ddim snapio fo

a gweld yr hogyn bron stret ywe.

fatha, on i ofiyslin gwbod fod on mynd ir ysgol yma achos nesh i ofyn idda fo a on i di kind of gesio fod o mynd i fod ar run bys a fi fyd achos dwi di bod yn low key stalkio fo ar snapmap so dwin gwbod lle man byw a bob dim (wrth lan mor aparyntli? nyts!).

man ista fatha pedwar set o flaen fi a dwin gallu gweld fod na chydig o lliw glas gola yn cefyn gwallt o. gobeithio fod o di trio rhoi o yna achos ma na gormod o bobol yn y byd sy jyst yn llwyd fatha ma nwn trio troi fewn ir concrit a mwg ceir a bob dim. dwin gallu gweld refflecshyn fo yn ffenast fyd a man edrych fatha man tynnu llynia or ffenast. normal.

ma bys yn dechra symud a dwin trio dal llgadar hogyn yn refflecshyn y ffenast, yn weifio chydig, ond man sbio lawr wan, probyblin sbio ar y llynia ma di tynnu.

dwin clwad pawb yn siarad rownda fi yn deud hyn cont a hynna cont. ffs on in meddwl odd faman wahanol i ysgol hen fi ia. dwin tynnu earphones fi allan a yntanglo nw. deffon gofyn am airpods fatha presant dolig. dwin cuddiad ffon fi or hogyn del a dewis can off playlist throwbacksss!! fi achos dwim isior unig hogyn del yn ysgol ma feddwl bo fin sad yn grando ar boybands off x factor sy ddim yn existio ddim mwy. a ifyn tho dwin gwbod wan fod y caneuon yn shit, ma grando arna nwn neud fi deimlo chydig bach fatha on in teimlo adag nath y caneuon ddod allan, neu neud fi gofio *sut* on in teimlo. fatha dwin sefyll mewn gola fatha y gola tin gweld yn y llynia o chdi ar holides yn tenerife pan odda chdin llai. rwbath fela. idk.

*

dwin gwbod stret ywe dwim isio trio gal y pobol ma i licio fi.

thing ydi ia, ma pawb di sepyreitio mewn sgwods fatha odd pawb yn ysgol hen fi. ma pobol sixth form i gyd di mynd i rwm sixth form dwi meddwl ond ma na grwps o plant llai di sbredio dros bob man fatha tumours bach hyd y coridors yn disgwl i gloch cofrestru fynd.

dwin gwenu tan ma bocha fin lladd wrth fi gerddad hyd coridor i rysepshyn achos dwin gwbod fod edrach fatha sut dwin teimlo tu fewn jyst yn neud bob dim yn lot fwy shit i pawb ia a ma jyst yn annoying goro dealio fo hynna. dwin meddwl amdana fo fatha neud meicyp a pyrffiwm ar ben dead body mewn ffiwnyryl open casket. sa neb isio gweld croen neicyd llwyd a ogla corff person go wir yn rotion slo bach na. shit nan disgysting. so tin cyfror croen ar smel efo meicyp a pyrffiwm neu whatever ma pobol ffiwnyryl yn iwsio a ma pawb yn hapus.

ond fatha, dim hapus *hapus* achos ffiwnyryl di o. ofiysli. ond hapus*ach*. llai disgysted. whatever.

ond dwim yn dalld ia. dwim yn dalld pam ffwc dwin teimlo felma achos di teulu fi ddim mewn debt nam byd a di mam fi heb di marw mewn car crash fatha mam hogan dau blwyddyn llai na fi yn ysgol dre a dwi heb di gal fy bwlio mwy na pawb arall nam byd fela so di o ddim yn ffer ar plant erill yn ysgol syn mynd trw *shit*, di o ddim yn ffer arna nw fod dwin teimlo felma achos genna fi ddim reasons dramatic i heitio bywyd fi a dwi *ddim yn ffocin dalld pam*. di om yn neud sens a ma hynnan pissio fi off mwy nam byd.

heblaw amdan fatha, sam byd sbesial amdana fi. dwi ddim yn ddel fatha genod erill ar instagram. ddim yn secsi fathar genod syn mynd yn famous. ddim yn ffyni fatha ma hogian ffyni. ddim yn jiniys fathar genod syn mynd i oxford a cambridge a bod yn doctors a lawyers fatha ma alys isio neud a cal llwythi o bres a bywyda ymeising ma nwn gallu postio amdan ar storys nw. dwi jyst yn fi. a man afiach. man afiach bod yn fi achos dwi methu ffocin newid y shit yndda fi syn neud fi ddim yn sbesial nadw so be di pwynt? dwi jyst fatha… idk. fatha cachu ci. dim byd sbesial na attractive nam byd. jyst rwbath ma pobol yn hapnio sefyll ar weithia a rygretio fo.

a ffs. dwin gwbod fod on fucked up, isio bod yn sbesial. isio neud rwbath pwysig. dwin gwbod sa mamadad a titshyrs i gyd yn heitio fi am isio bod, *angen* bod fela. ond thing ydi ia, ella hynna pam da ni gyd yn neud o? ella hynna pam da nin yfad a smocio a ffwcio a mynd yn high. trio anghofio da ni. trio anghofio fod da ni ddim yn sbesial a trio anghofio fod da ni di rhoi give up ar a levels a unis achos da nin gwbod da ni ddim digon clyfar i fod y gora a neud diffryns yn y byd so be ffwc di pwynt wedyn achos mar byd bron yn chwalu yndi diolch i mamadads ni a ffrindia nw gyd so efor amsar sy ar ol da nin goro trio bod yn sbesial *wan* neu anghofio bo ni ddim yn sbesial *wan* neu otherwise sut ma neb yn gwbod fo ni yma go wir a sut ffwc da ni fod i wbod fod nin existio go wir os sa neb yn gwbod amdana ni?

idk. dwi jyst ddim yn gwbod ia. dwi jyst ddim.

*

dwin cofio lle ma rysepshyn achos nesh i fisitio fo yn rha efo dad. ffwr ir chwith o cyntedd. dwin goro mynd stret yna yparentli, lle ma pennaeth sixth form yn disgwl amdana fi. i neud fi 'deimlon gartrefol', shit fela.

ma pennaeth sixth form, gwyneth roberts-jones, efo blazer a sgert yn matsio (sy way rhy dynn am oed hi. no yffens miss.) a pixie cut efo highlights blonde.

idk. di hi probybli ddim yn bitsh. ella. idk.

pan dwin cerddad trw drws rysepshyn ma gwyneth yn gwenu arna fi mewn ffor stretchy a tyn syn neud fi feddwl amdan lastic band fi a achos ma llgada hin edrych bach yn ded ma hin edrych ifyn fwy saicotic na wincli a tbh dwi bach yn ofn. kind of teimlo fatha dwi newydd double tapio llun rhywun ar instagram o fatha dau blwyddyn yn ol.

'anest haf gruffudd?' medda hi heb stopio gwenu. terrifying!

dwin rili tempted i rhoi dyrtan i hi a deud rwbath sarcastic achos natha ni meetio dros rha so di hi deffo heb di anghofio enw fin barod ond dwim isio risgio symud ysgol *eto* so dwin nodion slo a gobeithio bo gwen fin edrych yn fwy lyjit na un hi.

'gwych!' medda hi a clapio dulo hi foi gilydd. ffs. 'cymra sedd yn fanna tra da nin disgwl am un disgybl bach arall.' ma hin pwyntio at chydig o cadeiria plastic brown cyn dechra siarad am love life un or titshyrs sysnag (dwin meddwl?) efo genod rysepshyn. neu pobol y cwm ella. probybli siarad am pobol y cwm.

i trio ffindio rwbath i entyrteinio fy hun efo, dwin troi pen fi i sbio ar y pobol erill syn ista ar y cadeiria efo fi. ma na tri sixth former newydd fatha fi yn ista ar y cadeiria, i gyd ar ffons nw ofiysli. ma dau o nwn edrych fatha ma nwn cymyd llynia i sendio i rhywun ar snapchat a un arall efo coesa fo di stretsio allan bob ochor mor gymaint sa fo probyblin gallu ffitio ysgol i gyd rhwng coesa fo a cryshor bildings i gyd efo thighs fo fyd. gym lad. man grando ar miwsic efo un earphone i fewn a ifyn tho ma na fatha dau cadar rhwng fi a penglin fo dwi dal yn gallu clwad lyrics music fo a ogla ffags off y fo.

ar ol grando ar at least tri can drake (diolch i gym lad) a un hogan arall gyrradd efo gwynab coch coch a tei di ffwcio fyny ifyn fwy na un fi, ma pump ohona nin followio gwyneth fyny grisia at rwm sixth form. dwin gallu teimlo lleisia deep hogian neud ir llawr stici vibratio a clwad miwsic cymraeg (bwncath ella? idk, miwsic cymraeg i gyd yn swndio run fath weithia) reit o ochor arall y coridor. ma hils gwyneth ar y llawr yn neud fi feddwl amdan swn metal gilotin yn dod lawr ar ben gwddw fi. dwin ok. dwin ok, dwim yn terrified. dwin ok.

ffoc.

ma gwyneth yn agor drws rwm sixth form heb nocio a mar miwsic di stopion barod. ella fod nw gyd di yfolfio sixth sense i dytectio gwyneth. da ni gyd yn cerddad fewn tu ol i hi fatha ffocin defaid yn disgwl i gal u lladd a ma hin deud enwa ni i pawb ond dwi methu grando ar be ma hin deud wedyn achos ma pawb yn sterio arna ni fatha da ni newy chwalu trwr wal tu nol i ni fathar monster o stranger things a ma bach yn sgeri ia ngl.

dwin trio cofio faint o hein dwi di sesho efo o blaen. tbf ma seshys cae dyffryn yn class. sam byd gwell na piso tu nol i wal carrag efo dafad yn sterio arna chdi, tortsh ffon chdin neud llgada fo edrych fatha man possessed. ffoc, a rhedag ffwr o ffarmwrs! odd noson ynan nyts ia.

ond ma siarad efo pobol pan tin sobor yn wahanol tho achos tin person gwahanol yn sobor wyt. as in, di ffrindia sesh a ffrindia ffrindia ddim run fath *at all*. a dwi mond efo snapchat pedwar o hein dwin meddwl. so beisycli swn in ffocd os swn i *isio* neud ffrindia.

dwin sbio rownd ar pawb i weld pwy sy efo gwyneba dwin nabod a dwin gweld fod y lle yn hiwj, bron dau waith seis rwm sixth form dre, efo soffas syn edrych fatha sa charity shops yn rejectio nw mewn cylchoedd o sgwods gwahanol bob man. ma pobol 6.2 i gyd di dwyn y soffas efo traed fyny am ben byrdda coffi a 6.1 newydd yn edrych yn uncomfortable af yn sefyll efo cefna nw erbyn y walia yn dillad newydd nw, lot o nw efo teis fathar hogan efo gwynab coch. mar hogyn syn ista yn yr armchair yn edrych fatha fo sy biar alexa ar y bwr tu ol i fo (syn chwara billie eilish yn fwy distaw wan).

di om yn cymyd hynna hir i fi ffindio *fo*, o hosbitol. efo gwallt glas yn cefyn pen fo. dwin meddwl na deian di enw fo, hynna man deud ar snapchat fo eniwe. man sefyll mewn cornal efo dau hogyn arall 6.1. dwin meddwl. ma un or hogia erill, yr un gwallt jinj, yn dangos rwbath ar ffon fo ir un arall syn edrych fatha man chwara rygbi a ma boi rygbin chwerthin. di nw ddim yn dangos y ffon i deian. dickheads.

dwin sterio arna fo i weld os neith o edrych fyny achos dwi dal yn sefyll ganol y stafall fo gwyneth yndw ond man sterio ar rwbath ar y carpad. ella sterio ar un or chewing gums sy di mynd yn ddu rol bod ar lawr ers fatha 20 years. di om yn ifyn sbio fyny pan ma gwyneth yn deud enw pawb i rhoi ni mewn dosbarthiada cofrestru. ma hin deud fod dwin cofrestru efo mr hywel roberts yn stafall rg5. tbh man swndio mwy fatha spaceship na dosbarth mewn ysgol.

swn in neud rwbath i fod mewn spaceship wan ia. neu ifyn jyst yn gwelyn binjo tv show scifi shit ar netflix. sa hynna digon da tbh.

Deian

Paid â neidio paid â neidio paid â neidio paid.

Dwi'n neidio chydig bach pan ma'r gloch yn canu ac yn dilyn Jac a Gwion i'r coridor. Ma fy nghalon i'n curo mor gyflym dwi'n meddwl ei fod o'n neud i fy nghrys i symud; gobeithio gobeithio gobeithio (*plis*) fydd neb yn sylwi.

Ma pawb yn rhuthro fel afon trwy'r drws, fel afon sy'n llifo fewn i'r môr. Dwi'n meddwl swn i'n licio gwthio'n eu herbyn nhw, yn erbyn y lli, neu ella, ella hedfan uwch eu penna nhw fel gwylan a gwylio'r tonna heb wlychu. Ond ma'r lli'n rhy gry a dwi ddim yn meddwl swn i'n gallu tyfu adenydd hyd yn oed os swn i wir isio neud.

Ond ma hyn yn well, dwi'n meddwl. Dwi'n *gwbod* ma hyn yn well! Achos yn un o'i lythyra, ma van Gogh yn deud ti angen arsylwi a dadansoddi i fod yn artist. So weithia, pan dwi'n poeni 'mod i'n neud y penderfyniad anghywir, dwi'n siarad efo fi fy hun (yn uchel, weithia. Os dwi ar fy mhen fy hun)

gwallgo gwallgo pathetig gwan ffag sensitif tawel gwahanol boring plentynnaidd rhyfedd llwfrgi gwirion afiach

ac yn deud 'mod i angen bod yn dawel a dadansoddi ac ildio i'r lli os dwi isio bod yn artist, a

life carries us along so fast that we haven't the time to talk.

– yn ôl van Gogh!

So wedyn dwi'n gwbod 'mod i'n neud y penderfyniad iawn.

★

Miss Cerdd sy'n dysgu'r Bac i ni, a dwi'n meddwl dwi'n teimlo bechod drosti hi chydig bach:

Dydi hi ddim wedi sylwi fod hanner y dosbarth ar eu ffona a'r gweddill ohona ni'n sibrwd ymysg ein gilydd, y taflenni gwaith ar ddull creu holiadur heb eu cyffwrdd ar ganol bob bwrdd. Dydi hi heb sylwi ei bod hi 'di anghofio diffodd monitor y bwrdd gwyn chwaith so ma pawb yn gallu ei gweld hi'n sgrolio trwy Gmail. Dwi isio deud wrthi hi, dwi isio (go iawn go iawn), ond dwi ddim.

llwfrgi llwfrgi gwirion afiach gwallgo pathetig gwan ffag sensitif tawel gwahanol boring plentynnaidd rhyfedd

Dwi'n sbio i ffwrdd ac yn trio ysgwyd pob llun a gair o fy mhen i ddilyn sgwrs Jac a Gwion. Nathon nhw fynd i barti mewn tŷ yn dre tua pythefnos yn ôl (ers pryd ma nhw efo ffrindia yn dre?) a ma nhw'n rhannu llunia o'r parti.

'Hi'n ffit yndi.' Ma Gwion yn symud ei gadair at Jac i sbio ar y llun ar ei ffôn.

'Mm,' medda fo.

Lawr lawr lawr dwi'n sbio *lawr* achos dwi ddim yn meddwl bod gen i'r hawl i wrando ar y sgwrs yma. Dwi'n trio chwerthin yn y llefydd iawn ond ma fy mol i'n llawn cerrig a dwi'n poeni fod

Gwion 'di tyfu llygaid x-ray dros yr haf ac yn gallu gweld *bob un*. Weithia dwi'n meddwl (na na na) dwi'n *edrych* fel virgin a ma pawb yn gallu deud 'mod i ddim wedi cyffwrdd hogan o'r blaen wrth sbio arna fi

pathetig gwan ffag sensitif tawel gwahanol boring plentynnaidd rhyfedd llwfrgi llwfrgi gwirion afiach gwallgo

ond ella ella ella (plis, plis) ma hynna'n amhosib?

Ond ma nhw'n trio, dwi'n meddwl. Ma nhw'n trio disgrifio Maes B i fi a dangos rhai fideos doeddan nhw heb roi ar eu Storys nhw a'r group chat ond fedran ni ddim fedran ni ddim fedran ni ddim siarad yn union fel oeddan ni'n siarad blwyddyn dwytha (na na na) achos ma'r byd yn teimlo fel sa fo 'di rhwygo o dan ein traed ni, y ddau ohonan nhw ar un pegwn o'r ddaear a fi ar y llall a

one cannot be at the pole and the equator at the same time

a dwi'n meddwl – dwi'n gwbod – ma fy mai i ydi o i gyd.

hunanol hunanol llwfrgi gwirion afiach gwallgo pathetig gwan ffag sensitif tawel gwahanol boring plentynnaidd rhyfedd

Dwi'n tynnu un o'r taflenni ataf i o ganol y bwrdd a'i throi i'r ochr wag. Dwi'n sbio i fyny i sicrhau fod Miss Cerdd yn dal i sbio ar Gmail cyn tynnu fy ffôn allan fel ma pawb arall 'di neud ac agor Photos i sbio ar y llunia o'r dant y llew eto. Dwi'n balansio fy ffôn ar fy mhen-glin ac yn trio drafftio cerdd, pob llinell orffenedig yn neud i dân gwyllt redeg trwy wythienna fy mysedd.

*

Ma Jac a Gwion wedi penderfynu prynu cinio ysgol blwyddyn yma yn lle bocs bwyd achos ma nhw'n deud fod pawb yn y Chweched yn cael sgipio'r ciw cinio. Doedd gen i'm syniad a (na na na) ben fy hun (na na *na*!) fydd rhaid i fi ista ar fy mhen fy hun yn y ffreutur wrth iddyn nhw nôl cinio (fedra i ddim fedra i ddim!) so dwi'n deud fydda i'n disgwyl amdanyn nhw yn y llyfrgell.

Ma Jac yn rhedeg ei fysedd drwy'i gwiff cochlyd, fel ma'n neud weithia pan ma'n gorfod siarad o flaen y dosbarth, neu o flaen grŵp o genod 6.2 bora 'ma. 'Ai, sounds good,' medda fo.

'Iawn, gweld chdi wedyn ia?' Ma Gwion yn edrych ar fy nghlust wrth siarad efo fi ac yn cydio yn strapia'i fag ysgol fel sa fo'n poeni fod rhywun am gipio'r bag o'i sgwydda llydan. Ma nhw'n cerdded i ffwrdd i ymuno efo ciw byr o ddisgyblion Chweched

a dwi'n boddi

Na. Na dim rŵan.

a sut sut sut

plis na na na plis na

sut ma lleisia'r ffreutur yn gallu swnio fel tân a swnami ar yr un pryd?

Ma'n ddiwrnod chips so ma'r ciw cinio'n hir, hir ac yn cuddio'r allanfa. Dwi'n sbio i lawr lawr lawr wrth wasgu heibio grŵp o hogia iau. Ma gan un o'r hogia keyring Fortnite ar sip ei fag; dwi'n gallu teimlo'r metel oer trwy ddefnydd fy nghrys. Dwi'n teimlo'r Dwylo'n cau am fy ngwddw a dwi'n gorfod gorfod gorfod anadlu'n gynt anadla'n *gynt!*

Toileda. Dwi'n symud at y toileda mor gyflym â fedra i heb dynnu sylw neb. Dwi'n stwffio llaw i fewn i boced fy nhrowsus ysgol a gwasgu'r bocs bach cardbord. Ma'r ymylon miniog yn brathu fy nghroen a dwi'n gobeithio gobeithio gobeithio (plis) fydd y boen yn fy stopio i rhag llewygu.

Na dim rŵan plis na na na plis na

Llygaid i *lawr.*

Carped piws wedi gwisgo

paneli pren seimllyd

teils llwyd.

Dwi'n gwthio'n erbyn drws y ciwbicl agosaf heb stopio i weld os ydi'r llythrenna bach yn deud VACANT neu ENGAGED. Wedyn dwi'n gollwng fy mag ar y llawr gwlyb a chloi'r drws. Yn galed. Rhy galed? Ella dwi'n sownd yma rŵan a fydd yr athrawon yn chwilio amadana i trwy'r pnawn a byddan nhw'n ffonio Mam a fydd hi'n poeni a fydda i'n gorfod treulio gweddill fy mywyd mewn sbyty.

Stopia stopia stopia.

Dwi'n gwthio cledra fy nwylo i fewn i fy llygaid stop stop stop!

Ma nhw'n wlyb. Ma fy nwylo'n wlyb. Dwi'n crio. Dwi'n *crio*??

pathetig PATHETIG gwan ffag sensitif tawel gwahanol boring plentynnaidd rhyfedd hunanol llwfrgi gwirion afiach gwallgo

Dwi'n cicio wal y ciwbicl embaras embaras mor embarasing! Pam pam *pam* fedra i ddim bod fel Jac a Gwion?? Pam fedra i ddim rhwygo'r Dwylo ohona i fel tynnu chwyn a chael pridd llyfn normal fel pawb arall yn y byd, pridd llyfn normal efo digon o le i dyfu, i *fi* dyfu, fi *go iawn* ac nid fi sy'n *wallgo pathetig gwan ffag sensitif tawel gwahanol boring plentynnaidd rhyfedd hunanol llwfrgi gwirion afiach*?

Dwi'n taflu caead y toilet i lawr ac yn ista ar y plastig simsan. Tynnu'r bocs allan. Ei agor o. Ysgwyd un i fewn i fy llaw. Dau. Tri?

Dau.

Dŵr. A llyncu.

★

Ma'r papur bach yn y bocs yn deud fod y cyffur yn effeithiol ar ôl tua 30 eiliad, ond dydi o ddim yn teimlo fel 30 eiliad. Ma'n teimlo fel deg gwaith, can gwaith, mil gwaith 30 eiliad nes ma'r Dwylo'n llacio'u gafael a dwi'n gallu llenwi fy sgyfaint eto, i lawr lawr lawr at waelod fy stumog. Dwi'n codi fy mhen yn ara

ac yn gweld 'mod i'n boddi eto, ond nid mewn fflama chwerthin a tonna torri ar draws. Boddi mewn geiria:

Ma 'na graffiti wedi'i naddu gan gwmpawd yn dyddio'n ôl i 2004, negeseuon dienw mewn priflythrenna blêr yn contio Catrin a galw Sarah yn slyt, enwa a dyddiada yn dystiolaeth fod Dan a Harri a Kieran wedi byw

We are surrounded by poetry on all sides.

So fedra i, fedra i…

Dwi'n nôl y daflen Bac efo'r gerdd anorffenedig ar y cefn ac ar ôl chwilio yng ngwaelod fy mag, dwi'n ffeindio'r beiro Sharpie o'n i wedi'i daflu i fewn neithiwr ar gyfer gwersi Celf. Dwi'n copïo'r geiria o'r papur dros y negeseuon sy wedi pylu ar hen ddrws y toilet. Ma'r pren yn anwastad mewn rhai llefydd lle ma'r paent 'di plicio i ffwrdd so dwi'n gorfod tresio dros rai o'r llythrenna eto ac eto i roi cyfle iddyn nhw fod. Dwi'n plygu'r papur, ei stwffio'n ôl i fewn i'r bag ac yn tynnu fy ffôn allan i sbio ar y llun o'r blodyn dant y llew eto. Wrth afael yn y ffôn efo fy llaw chwith, dwi'n plannu amrywiada o'r dant y llew rhwng llinella'r gerdd (rhai bach, rhai mawr, rhai cefngrwm a rhai sy mor llydan â'r haul), yn tyfu ei goesyn nes ei fod yn lapio o gwmpas prif adeilad yr ysgol ac agor ei betala hir nes ma pob blodyn yn tywynnu. Ma'n rhyfedd, dwi'n gwbod (dwi'n gwbod dwi'n gwbod), ond ma bron fel sa nhw'n gwenu arna fi fel y tonna bora 'ma.

the scenery has told me something, has spoken to me.

Bron.

rhyfedd hunanol llwfrgi gwirion afiach gwallgo pathetig gwan ffag sensitif tawel gwahanol boring plentynnaidd

Dwi'n gollwng y Sharpie yn ôl yn fy mag ac yn gorfod disgwyl chydig cyn agor fy mocs bwyd achos ma fy nwylo i'n ysgwyd fel sa 'na dân gwyllt o dan fy nghroen eto. Dwi'n gallu teimlo dwylo'n gafael yn fy nghalon hefyd, ond nid y Dwylo. Dwi'n meddwl bod y dwylo yma efo bysedd wedi'u gwneud o gymyla.

Ella fel'ma ma'n teimlo i fod yn high. Cael sex. Syrthio mewn cariad.

pathetig gwan ffag sensitif tawel gwahanol boring plentynnaidd rhyfedd hunanol llwfrgi gwirion afiach gwallgo

Pan ma'r tân gwyllt i gyd wedi diffodd ac ma fy mysedd i fel rhai pawb arall eto, dwi'n ista ar y sêt toilet i fyta wrap cyw iâr a gyrru neges i Jac a Gwion ar y group chat ar Snapchat. Dwi'n deud 'mod i ddim am eu gweld nhw wedyn achos dwi 'di anghofio am gyfarfod sy gen i efo Gwyneth Rob (ma hyn yn hanner gwir – ma hi 'di gofyn i mi fynd i'w swyddfa hi yn ystod Gwers 5).

Cyn rhoi'r ffôn yn ôl yn fy mhoced, dwi'n ystyried tynnu llun o'r drws ar gyfer Instagram, ond yn dewis peidio; fydd llun ddim yn drewi o amonia'r urinals. Fydd llun ddim yn poeri swˆn sgrechian a chwerthin drwy'r ffenest gilagored tu ôl i fi. Fydd llun ddim yn arw dan fy mysedd fel paent pliciedig y drws.

Achos weithia (dwi'n meddwl, ella) ma celf yn treiddio mor ddwfn i'r byd o'i gwmpas – yn suddo'n bell, bell yn ôl i'r byd ma 'di tyfu ohono – 'di hyd yn oed camera 8 megapixel iPhone ddim efo'r nerth i ddal gafael ynddo fo.

For poetry is so deep and intangible that one cannot define it.

Anest

dwin grando ar miwsic ganol byta cinio fi yn cantin a ddim yn sylwi fod amser cinio drosodd tan ma un o genod cinion tapio ysgwydd fi ganol mopior llawr.

shit. dwi mynd i fod yn hwyr i meetio gwyneth. dwin goro sbrintio i rysepshyn i ofyn lle ma offis hi a sbrintio (jogio erbyn wan tbh) fyny grisia ata hi.

dwin swetio mor gymaint pan dwin cyrradd drws hi. deffo angen dechra mynd i gym ia. dwi probybli ddim am ond withia man haws yndi, haws deud clwydda a confinsio bren chdi i feddwl fod ti *yn* cerio amdan corff chdi. wedyn tin anghofio amdana fo tan tro nesa tin sylwi faint mor ffocd ma calon a lyngs a coesa chdi a tin goro deud run peth i bren chdi eto. a eto. a eto.

dwin clwad drws hin agor fatha milisecynd rol fi rhoi bag fi lawr a restio pen fi ar y plastic syn cyfro llynia o trip sgio.

dwin clwad llais gwyneth cyn gweld hi, fatha os sa waitrose yn siarad cymraeg, 'diolch am ddod, deian. wela i din fuan?'

dwin jympio chydig bach a hitio cefn pen fi ar y plastic tu ol i fi a ma fatha *aw* ond *fo* sy na. *eto*.

ma deian yn jympio chydig pan man sywli arna fi fyd (thank god), a sbio stret fewn i llgada fi efo llgada hiwj fo. wedyn man sbio ffwr yn ffast a sterio ar y llynia sgio ar y wal. di om yn sbio arna fi eto ifyn pan dwin sgwisho heibio fo i gal fewn i offis gwyneth.

ok then. at least dim fi dir unig person fucked up yn y shithole ma.

*

on in gwbod. on in gwbod odd gwyneth yn actio o flaen dad. di ddim yn ifyn trio cuddiad y stres ar gwynab pam-ffwc-nesh i-dysaidio-bod-yn-titshyr hi. dwin ista mewn cadar plastic brown o flaen desg hi. wel tbh dim desg di o, dim rili. bwr di gal i ddwyn o dosbarth di o. dwin gallu gweld sophie 10/14 a llynia o coc a bols di sgwennu ar y bwr, bron a ffeidio fatha sa nw di trio llnau y sgwennu ffwr a dwin goro cau ceg fin dynn dynn i stopio fi chwerthin. ma jyst yn ffyni yndi, meddwl amdan gwyneth yn ista yn offis hi drw dydd efo llynia coc a bols dros desg hi.

ma hin deud 'iawn' a briddio allan yn slo fatha ma adylts yn neud withia i adal chdi wbod heb idda nw ddeud im byd bod chdin wastio amsar nw, ifyn tho nath hi *ofyn* i chdi fynd ata hi yn lle cynta. ffs.

'sut tin teimlo erbyn hyn, anest? dechra setlo?' ma llgada hin symud ffwl sbid o llgada fi a at y cloc tu ol i fi a nol ata fi bob fatha dau secynd. ma hin neud fi feddwl amdan mam pan mai di gal dwrnod rhy hir yn gwaith a dim digon o amser i gal coffi.

dwin codi sgwydda fi. 'ia, iawn diolch. llai o bobol na ysgol o blaen so… haws fatha, ia. haws.'

haws be, fuck knows. haws gal clostryffobia. haws bod yn inbred. haws meetio sheep shagger go wir. tbf, di o heb di bod mor ddrwg a hynna tho. sa neb yn cerio amdana fi so dwin gallu ignorio pawb fatha ma nwn ignorio fi a neud be bynnag ffwc dwisio. ben yn hun. dwim yn meddwl im byd i neb fela. hynna dwin haeddu. haws fela yndi.

'dda gen i glywed,' medda gwyneth a briddio allan yn slo eto, yn chwthu bocha hi allan tro ma. omg ma hin siarad fatha rhywun off rownd a rownd! 'ti di cael dy amserlen, do?'

dwin nodio.

'gret. a tin gwbod pa dy tin perthyn iddo fo? ar gyfer y steddfod ysgol?'

dwin nodio eto. a eto. ma hin deutha fi am y nyrs sex ed syn dod bob amser egwyl dydd mawrth a cwnselydd bob bora dydd gwenar. dwin stopio grando ar ol chydig a sbio ar y bobls ar blazer hi lle mar material di dechra mynd yn rili tena. wedyn fath tri munud ar ol fi stopio grando ma hin neud ffys masif o sbio ar wats bach hi ifyn tho dwin gwbod ma na cloc tu ol i fi.

'dyna ni, mi fydd gen i gyfarfod arall mewn munud, gen i ofn.'

bechod. ciwt fod hin meddwl fod y sgwrs pointlys yma yn 'gyfarfod'.

ma gwyneth yn dal drws hin gorad i fi. 'diolch am ddod, anest,' medda hi. ma hin gwenu a dwin gallu gweld chydig bach o lipstic brown ar dannadd hi fatha sa hi di bod yn byta cachu. 'pob hwyl efo dy astudiaetha.'

3

Deian

Dwi ddim yn mynd 'nôl i stafell y Chweched; ma Jac a Gwion
efo gwers ddwbl Add Gorff a dwi ddim, dwi *ddim* yn mynd i
gerdded i fewn ar ben fy hun (na na na *na*).

Ma'r cymyla wedi creu clytwaith sy'n cuddio lot o'r awyr
(dwi'n gallu gweld cumulus, stratus... ddim yn cofio dim un
enw arall) ond dwi'n meddwl ma chydig o eda'r haf yn dal i
bwytho drwy'r gwynt. So dwi'n ista i lawr ar y cae pêl-droed
y tu ôl i'r dosbarthiada cyfrifiaduron, yn gwylio dosbarth
(Blwyddyn 8 ella?) yn chwara rounders yr ochr arall i'r cae.
Ma'r cae ar allt yn fama so pan dwi'n codi fy mhen chydig bach
dwi'n gallu gweld un darn o'r môr, fel sa fo ar ei gwrcwd y tu
ôl i doea'r tai, yn chwara cuddio.

*plentynnaidd rhyfedd hunanol llwfrgi gwirion afiach gwallgo
pathetig gwan ffag sensitif tawel gwahanol boring*

Weithia (fel rŵan, yn fama), dwi'n gallu gweld haena a haena
o atgofion yn gorwedd dan y gwair fel hen gotia o baent;
dwi'n cofio dod yma i gael gwersi pêl-droed bob dydd Iau ar
ôl ysgol efo bob hogyn arall ym Mlwyddyn 4. Dwi'n cofio'r
treining cynta, gweld pawb efo'u crysa LFC a Man U ac
Everton ac erfyn ar Mam i adael fi wisgo hen grys-t Man U
Dad i'r treining nesa, ond 'nes i newid yn gyflym ar ôl i Lowri

chwerthin arna fi, ar y defnydd oedd mor hir nes ei fod o'n cuddio fy mhenglinia.

Dwi 'di darllen tudalen a hanner o *Letters of Vincent van Gogh* pan dwi'n clywed llais cyfarwydd y tu ôl i fi, llais sa'n gallu llenwi'r gorwel y tu ôl i'r tai i gyd.

'Deian?' Wrth i fi droi rownd dwi'n ei gweld hi – Anest – yn cerdded ataf i, cynnwys ei chas pensiliau'n clecian wrth i'w bag ysgol daro'i chefn. 'Hynna ydi enw chdi ia?'

Dwi'n nodio (un waith). 'Ym, ia?'

Ma Anest yn tynnu ei chôt law (un ysgafn a melyn; bron yn union fel hoff liw Vincent van Gogh)

  the sky is reflected – yellow – in a puddle after the rain.

ac yn ista arni hi ar y gwair efo chydig o droedfeddi rhyngtha ni. Dwi'n clapio fy llyfr ar gau; dwi ddim isio iddi hi weld y sgriblo blêr sy wedi troi'r tudalenna i gyd yn gofnod diriaethol o'r tu fewn i fi. Y tu fewn i fi ar y tu allan (na na na). Tu chwith allan. *Fy nghroen i* tu chwith allan.

Na na na

'Be odd Gwyneth isio fo chdi then? Ti'm yn newydd 'fyd na?'

Ma hi'n tynnu potel anferth o sudd coch allan o'i bag a dechra'i yfed. Ma'n edrych fel sos coch wedi'i gymysgu efo gwaed. Dwi ddim 'di gweld sos coch wedi'i gymysgu efo gwaed o'r blaen (mewn ffilm ella? Dwi ddim yn meddwl!), ond dwi'n dychmygu sa fo'n edrych yn debyg i gynnwys ei photel hi. Dwi'n ysgwyd fy mhen a sbio i lawr ar y llyfr ar fy nglin.

Deud rhwbath ti'n gorfod deud rhwbath unrhyw beth

'Ti efo free lesson wan?' medda hi.

'Ym, ia. Yndw.' Dwi'n meddwl dwi'n siarad yn rhy dawel. Dwi'n meddwl. Ydw i? Ydi o'n rhy hwyr i fi ddeud 'yndw' eto rŵan? Dwi'n gwasgu'r llyfr, yn trio gwneud fy mysedd, fy nwylo, fy mreichiau, *fi* yn anweladwy. Anadlu fewn. Troi ati hi (chydig bach). Siarad. *Siarad!* 'Ti? Efo... efo free lesson 'fyd?'

Anadlu allan.

'Na. Dwi fod efo Maths eto ond dwi'n heitio'r titshyr yn barod. As in, rili, *rili* heitio hi. Ma hi'n newydd a fatha mond newydd graduatio o uni ond yn meddwl fod hi lot gwell na ni jyst achos ma hi 'di rhoi pres i rhywun i neud PowerPoints i hi am fatha tri blwyddyn.' Ma hi'n codi ei sgwydda a llyncu mwy o sudd. 'I don't know. Licio maths tho.' Dwi'n codi fy mhen (modfedd? dwy?) wrth iddi chwerthin, ac yn ei gwylio hi'n taflu ei phen yn ôl efo llygaid ar gau. Ma'n edrych fel sa hi'n neud hwyl am ben yr awyr. 'Dwi ddim yn fatha psychopath na'm byd, dwi jyst yn licio fod 'na fatha fformiwla i bob dim a mond un ateb iawn.'

Ma hi'n troi ataf i ac ma darna hir o'i gwallt yn chwythu ar draws ei hwyneb fel bysedd pianydd.

'Odda chdi'n gwbod ia, fod os sa ni'n ffindio aliens neu nw'n ffindio ni neu whatever sa ni probybli'n siarad efo nw efo maths?' Dwi'n ysgwyd fy mhen. 'Aye. Achos ma maths a rheola maths run fath bob man…' Ma hi'n ymestyn ei breichia hir allan i bob ochr i drio dangos 'bob man' i fi, diferion o sudd yn glawio dros y gwair o'i chwmpas, '… ifyn yn sbês! Dwi isio gallu siarad efo aliens ia.'

the whole of life is just a matter of the right equations.

Dwi'n sbio i fyny at y coed ar ochr arall y cae, yn dychmygu'r pryfid yn dringo ar y rhisgl a dwi'n gweld bob dim – y dail, y briga, y morgrug – wedi'u neud allan o rifa a fformiwlâu a llythrenna algebra. Pan ma Anest 'di gadael, 'na i sgwennu'r syniad i lawr ar Notes yn fy ffôn i gofio'i ddarlunio pan dwi adra.

'Swnio'n ddiddorol,' medda fi, ond ma hi'n darllen y label ar y botel; dwi ddim yn meddwl ei bod hi wedi clywed. *Siarada'n. Uwch.*

gwallgo pathetig gwan ffag sensitif taw—

'Be ma llyfr chdi amdan?' medda hi. Dwi'n sbio i fyny eto. Ma hi'n pwyntio at fy nglin efo caead plastig y botel. 'Edrych fatha ma di bod trw lot yndi!'

Dwi'n sbio ar y clawr tywyll a'r llythrenna bach gwyn: *Letters of Vincent van Gogh*. Anrheg gan Mam ar fy mhen-blwydd yn 13 oed. Fy hoff lyfr, dwi'n meddwl, os ydi cyfres o lythyra'n cyfri fel llyfr. Pan o'n i'n ei ddarllen o am y tro cynta, dwi'n cofio fy llygaid i'n teimlo fel sa nhw newydd ddysgu sut i lyncu heulwen so dwi 'di'i gario fo i'r ysgol bron bob dydd ers hynny, er ei fod o'n neud fy mag i lot trymach. Dwi 'di'i ddarllen o gymaint rŵan nes fod y clawr a llawer o'r tudalenna'n edrych fel dail crin, ond ma'r geiria'n dal mor gynnes ag oedden nhw pan oedd y llyfr yn newydd. Mewn gwers Hanes ym Mlwyddyn 9 roeddan ni'n gorfod dychmygu cyfweliad efo unrhyw berson hanesyddol, a 'nes i benderfynu holi van Gogh am ddyfyniad o un o'i lythyra:

> *I'm an artist... those words naturally imply always seeking without ever fully finding. It is the very opposite of saying 'I know all about it, I've already found it.'*

Dwi ddim yn cofio'r sgwrs ddychmygol i gyd, ond dwi'n meddwl 'nes i sgwennu rhwbath tebyg i hyn:

Fi: *Ti'n deud mewn llythyr fod artist yn chwilio am rywbeth drwy'r amser ond byth yn ffeindio'r peth mae'n chwilio amdano fo. Fysa chdi'n dweud fod hynna'n debyg i'r ffordd mae dau fagned yn gwthio'n erbyn ei gilydd?*

Vincent: *Na, fyswn i ddim yn dweud hynny. Mae fel sbio trwy ffenest aneglur, yr olygfa tu hwnt i'r gwydr wedi'i chuddio gan law. Mae'n bosib cyffwrdd y gwydr a gweld dy adlewyrchiad wedi'i anffurfio ynddo, ond fedri di ddim estyn trwyddo at beth bynnag sy'n disgwyl ar yr ochr arall, os oes rhywbeth yn disgwyl o gwbl.*

Fi: *So be ydi'r pleser mae hynny'n ei roi i chdi? Y chwilio am rywbeth wnei di ddim ei ffeindio?*

Vincent: *Mae pleser yn y chwilio gan dy fod ti'n cloddio'n ddyfnach yn ebargofiant yr ymwybod, ac felly'n ddyfnach at ddealltwriaeth nad oes neb wedi'i brofi o'r blaen, heblaw amdanat ti dy hun yn yr eiliad honno.*

Doedd gen i ddim syniad sut i ymateb i hynny. Dwi dal ddim yn gwbod sut. Dwi'n meddwl bod arna i ormod o ofn i drio meddwl am unrhyw ymateb. Neu ella ddim digon clyfar dwi. Dwi'm yn gwbod. Ond erbyn rŵan dwi ddim yn meddwl fysa van Gogh 'di swnio fel'na beth bynnag, yn ymhonnus ac amwys fel *Guernica* Picasso. Na na na dwi ddim yn meddwl fysa fo 'di swnio fel'na o gwbl!

Dwi'n codi'r llyfr i ddangos y clawr i Anest. 'Ia. Yndi. Ym, dwi'n darllan o lot. *Letters of Vincent van Gogh.*'

'O. Fo ath yn nyts a torri clust o off ia?' Ma Anest yn oedi a dwi ar ganol meddwl am ateb pan ma hi'n siarad eto. 'A fatha... lladd ei hun?'

Dwi'n plygu un o gorneli papur y clawr, yn neud siâp triongl bach. 'Ym, ella? Ma rhai pobol yn meddwl o'dd o'n bipolar neu efo psychosis a ella epilepsi... a rhai pobol rŵan yn meddwl gath o'i saethu ella? Ond ma'n, ma'n anodd gwbod go iawn.'

'Shit. Bechod.' Ma hi'n chwara efo caead y botel, yn ei droi ar agor a'i gau eto. 'Neis meddwl tho yndi, fod o dal 'di gallu neud llynia fatha'r un swirly efo sêr, ifyn tho o'dd o bach yn fucked up...' ma hi'n chwifio'i bysedd at ei thalcen, '... yn fama.'

Dwi'n nodio ac yn plygu cornel arall. Ma'r ddau ohonan ni'n dawel wrth i Anest orffen ei sudd ac ma'r disgyblion ar ochr arall y cae yn sgrechian. Ella fod rhywun wedi cael rownder.

'Ga i ofyn rwbath idda chdi?' medda Anest a sychu ei cheg efo llawes ei chrys gwyn newydd, yn ei staenio'n goch. Dwi'n nodio; dwi ddim yn cofio'r tro dwytha i rywun ofyn gymaint o gwestiynau i fi y tu allan i therapi. ''Di'r paent glas ar cefyn pen chdi'n fatha… delibryt?'

Be?

'Be?' medda fi, *van Gogh* yn disgyn i'r gwair wrth i fi godi fy nwylo at fy ngwallt. Ma Anest yn chwerthin am ben yr awyr eto.

'Oh my god paid â poeni, iawn? Ma'n edrych yn iawn, onystli! O'n i jyst yn wyndro os na mistêc o'dd o neu ddim.'

Dwi'n codi'r llyfr. Taflu fo i ddyfnderoedd fy mag. Cau'r sip yn dynn. A dwi'n sylwi bod fy nwylo'n ysgwyd.

gwirion gwirion afiach gwallgo pathetig gwan ffag sensitif tawel gwahanol boring plentynnaidd rhyfedd hunanol llwfrgi

Fel clawr papur llyfr, dwi isio plygu fi fy hun drosodd a throsodd a throsodd tan dwi'n belen fach fach o bapur, yn ddigon bach i fynd ar goll. Ydi'r paent 'di bod yna *drwy'r dydd*?? Nath Mam sylwi? Pam nath hi ddim deud rhwbath cyn i fi adael?

rhyfedd hunanol llwfrgi gwirion afiach gwallgo pathetig gwan ffag sensitif tawel gwahanol boring plentynnaidd

Dwi'n troi fy nghefn ar Anest rhag ofn iddi sylwi ar y larymau tân yn fy llygaid. Ella fod pawb yn yr ysgol wedi sylwi. Ella'u bod nhw wedi bod yn chwerthin ar fy mhen i'r holl amser!

'Ym, dwi angen nôl mwy o cranberry juice,' medda Anest. ''Na i weld chdi fory ia?'

Cau llygaid. Anadlu fewn. Anadlu allan. Wedyn dwi'n troi rownd at Anest ond ma hi 'di rhedeg hanner ffordd ar draws y cae cyn i fi ymateb.

Anest

odd rhywun di goro deutha fo ia. ac odd o *yn* edrych yn dda. da gwahanol. da intrysting. da da.

ma gwallt fin fflio rownd gwynab fi so dwin tynnu y lastic band off rist fi a iwsio fo i neud gwallt fi mewn ponytail. ma na mond fatha 35 munud ar ol o ysgol ond dwi di gal digon o rhoi pyrffiwm a meicyp ar am heddiw. am yr wsos. am y flwyddyn. am byth.

ffs.

dwin cerddad i premier yn ganol pentra ond di nw ddim efo cranberry juice so dwin dysaidio cal bys syth i dre a cerddad ir ty hen yn y coed o fanna. ty hen *fi*.

methu ffocin disgwl pasio test dreifio ia. dwin leanion erbyn plastic y bus stop (sa neb yn ista ar y bench ond man edrych yn disgysting. misio gwbod be ma pobol di bod yn neud ar hwnna tbh) wedyn sbio ar ffon fi i weld os genna fi messages newydd. fydd mamadad ddim adra am hir ofiysli. a alys. fydd alys ddim yn cerio lle dwi. rhy brysur efo bywyd normal hi, yn stydio so fod hin gal bywyd gwell na normal pan ma hi di tyfu fyny. so neb yn cerio lle dwi a tbh ma hynnan ok. idk. man ok.

*

felma sut nesh i ffindio fo, ty hen fi yn y coed:

rha. dwrnod risylts 6.1. stido bwrw. odd mam ar y ffon efo dirprwy ysgol a dad ar ffon fon searcho ysgolion sy efo sixth form gwell na ysgol dre so nesh i gal bys i rwla randym a nesh i aros ar y bys tan i fo fynd out of service a nesh i weld y layby ar giat ar coed a dechra cerddad ata nw achos odda nwn edrych yn creepy af a neud fi feddwl amdan series true crime rili shit ond rili da nesh i watsiad chydig yn ol ar amazon prime a nesh i jympio dros y giat a cerddad lawr y path creepy ymeising tan i fi ffindior ty. ty *fi*.

dwin dod yma at least un waith bob wsos dwin meddwl, a man rili rili pwysig fod dwin trio ddim symud *dim byd*. hynna pam dwi bob tron ista ar y cadar sy di gal i tynnu allan yn barod, byth yn symud y rhai sy di cal u rhoi o dan y bwr. thing ydi ia, sa fon teimlon rong i symud rwbath achos ma bob dim di aros jyst fel ma nw ers hir hir hir a man swndion ffwc o stiwpid ond sa symud rwbath yn teimlo fatha deffro curse neu rwbath. hefyd ngl dwi bach yn superstitious a chydig yn ofn ir hen ddynas neu whatever odd yn byw yma o blaen ddod nol i hauntio fi. misio shit fela ar ben bob dim arall na. no way.

Deian

Dwi'n clywed llais Mam wrth i fi agor y drws ffrynt. 'Hei, sut o'dd o?'

Dwi'n cau'r drws yn galed (ond ddim rhy galed, dim digon caled i falu'r drws, dim digon caled i boeni Mam); ella fedra i dorri bysedd y Dwylo fel'ma.

'Ym, o'dd o'n iawn,' medda fi, a sefyll yn nhrothwy'r gegin. 'Diolch.'

Wrth basio Mam at y soffa, dwi'n cadw fy ngolwg ar y teils glas (tywyll, fel storm law sy'n para am byth) a'r rŷg lliwgar (holl gynnwys siop floda trwy paper shredder) achos ma'r môr yn llygaid Mam yn gallu fy nhynnu o dan y lli weithia. Ond dwi'n sbio i fyny am eiliad (dwi methu peidio) ac yn gweld ei bod hi'n ista wrth y bwrdd gegin, pentyrrau o beads coch ac oren o'i blaen hi; pan dydi hi ddim yn sbio ar lyfra sgetsio myfyrwyr celf y coleg Chweched yn dre ma hi'n neud gemwaith i'w gwerthu ar Etsy. Os swn i ddim 'di bod yn y sbyty, sa hi 'di gwerthu chydig ar faes y Steddfod.

Bai fi ydi o fod hi heb fynd.

my pictures do not sell... that they are not selling at the moment distresses me because you suffer for it.

hunanol hunanol llwfrgi gwirion afiach gwallgo pathetig gwan ffag sensitif tawel gwahanol boring plentynnaidd rhyfedd

Fel arfer ma hi'n chwara cerddoriaeth wrth weithio (Motorhead neu Mozart – dim byd rhwng y ddau. Byth.), ond ma hi'n gwylio'r teledu heddiw; rhaglen BBC News am fforestydd glaw, dwi'n meddwl. Dwi'n gadael i fy mag ysgol syrthio i'r llawr ac yn ista ar y soffa ond fedra i ddim gwrando ar be ma'r cyflwynydd yn ei ddeud, er ei fod o'n siarad mor daer i fewn i'r camera ma fel sa'i lygaid o'n deud y geiria.

'Be nath ddigwydd, cariad?'

Dwi'n trio sbio trwy'r chwys ar dalcen y cyflwynydd i ffeindio fy adlewyrchiad yn y sgrin. Ma coesa cadair Mam yn sgrechian ar y llawr ac ma fy sgyfaint i'n teimlo'n fawr, yn rhy fawr, ac yn *fudr*; ma fel sa haid o golomennod yn sownd ynddyn nhw. Dwi'n disgwyl disgwyl disgwyl nes ma Mam yn ista wrth fy ymyl i cyn i fi ofyn,

'Pam 'nest ti'm deud… am y paent yn gwallt fi?'

Ma'r cyflwynydd yn cyfweld dynes sy'n gweithio mewn lloches ar gyfer sloths. Yn ei gwylio hi'n bwydo un ohonyn nhw. Ma'r ddynes efo tatŵ y tu ôl i'w chlust ond ma'i gwallt hi'n cuddio'r rhan fwya ohona fo – sa'n gallu bod yn arwydd bass clef. Neu swastika. Dwi ddim yn siŵr pa un.

Ma Mam yn estyn am y remote o fraich y soffa ac yn diffodd y teledu. 'Nath rhywun ddeud rwbath? Rhwbath cas?'

Dwi'n ysgwyd fy mhen ac yn sbio i lawr ar fy nwylo; dwi 'di penderfynu 'mod i ddim isio gweld fy adlewyrchiad yn y sgrin ddu. Ma fy mhen i'n llawn ffilmia bach fel sa fi'n cerdded trwy'r ardal deledu yn Currys PC World, pob sgrin yn dangos clip o bawb yn chwerthin ac yn pwyntio wrth i fi gerdded heibio iddyn nhw yng nghoridora'r ysgol. Yn siarad amdana i ar Snapchat heno. A Messenger a Facetime. Ella bod rhywun wedi rhoi llun ar eu Story nhw. Fideo ar TikTok. 'Na i sbio trwy Storys pawb ar Snapchat ac Instagram eto wedyn, rhag ofn.

'Dei, ti'n cofio be ddedodd Christine wsos dwytha, dwyt? 'Nest ti ddeutha fi fod hi 'di deud fod o'n bwysig wynebu'r sefyllfaoedd anghyfforddus 'ma ia, gwynebu nhw *go iawn*? A hefyd...' Ma hi'n gwthio'i sbectol at dop ei phen ac yn troi i fy wynebu i. '... A hefyd, ti'n gwbod be? Ma pawb yn styc yn eu bydoedd bach eu hunan rili, dydi? Ma rhan fwya o bobol yn rhy brysur yn meddwl am eu bywyda'u hunain i sylwi ar y petha 'ma ar y tu allan i'w byd nhw.' Ma hi'n chwerthin. Ma ista wrth ymyl Mam wrth iddi chwerthin weithia fel teimlo ewyn ton yn tasgu drosta i ar ddiwrnod poeth. 'Ma pawb yn y byd yn hunanol go iawn sti.' Ma hi'n cribo'r gwallt i ffwrdd o fy llygaid efo'i bysedd. 'Iawn?'

Dwi'n sbio ar wyneb Mam ac yn disgyn o dan y tonnau yn ei llygaid, yn tynnu cynhesrwydd y dŵr amdana i fel gwisgo côt sgio. Dwi'n nodio. Ma hi'n sbio'n ôl dros ei hysgwydd ar y cloc uwchben y lle tân.

'Yli, fydd Lowri isio Facetimeio mewn munud. Nath hi ddeud fydd hi'n dechra yfad efo criw'r fflat tua 5:30, do?'

Dwi'n nodio eto. Ond cyn nôl ei ffôn o'r bwrdd gegin, ma Mam yn rhoi'r popty mlaen i ddechra cynhesu gweddill brecwast bora 'ma. A

(dwi methu peidio)

dwi'n gwenu.

Anest

pan dwin finally gal at ty hen fi yn ganol y coed dwin goro tynnu a
tynnu ar y drws fo dau llaw fi achos mar thing yn einshynt a dwin
ista lawr ar y cadar sy di cal i tynnu allan a gwatsiad y llwch yn fflio
rownda fi am chydig. di llwch yn disgyn yn edrych fatha ashes yn
disgyn? felma odd auschwitz yn edrych fatha pan odd ashes i gyd
yn disgyn lawr? ffoc. fucked up fod rwbath syn edrych yn neis yn
gallu digwydd mewn lle fela.

dwin lyfio fama ia. achos mae o fatha mar ty di mynd ar goll ganol
mynd am dro yn ganol y coed. a achos ma bob dim, y tebot ar y
bwr, y slipars fflyffi wrth y gwely, y dishes dal yn y sinc, bob dim
yn edrych fatha nath y person odd yn byw yma ben i hun bach
bechod jyst marw neu gadal heb ifyn gorffan golchi llestri a pawb
di anghofio amdan y ty. neu ella achos odd gan y person ddim
ffrindia a neb di cerio digon i gymryd y stwff i ffwr. achos mond
hynna ydi o i gyd wan ia. mond stwff. a eijys yn ol odd rhywun *bia*
fo i gyd. fatha, *belongings* oedda nw. a wan mond *stwff* pointlys.
wiyd. bechod fyd tho.

os dwi digon stiwpid i fyw i fod yn hen ella fela fydda fin marw.
ych.

ond y rheswm mwya pam dwin lyfio fo ia ydi achos ma bob dim
union union union run fath a pan nath y person adal heblaw

amdan y llwch a mold. fatha nath y ty i gyd dysaidio fynd yn styc
yn yr amsar nath y person adal, 60s neu 70s neu whatever instead
o symud fewn i y blwyddyn nesa ar un nesa ar un nesa fatha bob
dim arall yn y byd. a dwin licio hynna ia. dwin licio teimlo fod
amser yn mynd yn styc idda fi fyd pan dwin dod yma a fod bywyd
a anifeiliaid a pobol a bob dim jyst tu allan ir ty yn witsiad,

witsiad amdana fi.

dwin gwbod fod on stiwpid. bwlshit. bwlshitbwlshitbwlshit

ond ma darn bach bach ohona fin deud bob tro fod sar byd *byth*
yn witsiad amdan rhywun fatha fi achos nath y byd ddim ifyn
witsiad am rhywun fatha iesu na. neu idk ella nath y byd witsiad
amdana fo, pan nath o ddod nol yn fyw a neud miracles a shit fela
ia. ond ma hynna i gyd yn debatable yndi so idk.

eniwe. dwi ddim yn 5 ddim mwy ond withia ma dal yn neis smalio
yndi. a idk, ti byth yn gwbod.

4

Deian

Daeth y post yn gynnar heddiw ac ma Mam yn sbio ar y parsel sy'n disgwyl amdani hi ar y bwrdd gegin.

Gan Dad, medda hi.

Gan Dad

Ma'r geiria'n fawr, yn rhy fawr, yn llenwi'r stafell i gyd a fy ngwthio'n erbyn y wal a dwi'n methu symud. Methu symud methu symud methu symud.

Dwi'n ei gwylio hi'n nôl siswrn i dorri'r selotêp. Wedyn ma hi'n tynnu rhwbath allan, rhwbath mawr a sgwâr a fflat.

Record.

Cerddoriaeth. Dim byd am flwyddyn (dim byd, *dim byd*) ac ma'n gyrru cerddoriaeth, cerddoriaeth i stopio'r statig.

Anest

dwi heb di ifyn agor llgada fi eto. heb di ifyn nol ffon fi i rhoi larwm fi ar snooze ifyn tho man dy sadwrn. dwi dal yn gallu teimlo nightmare yn cleimio dros croen fi gyd fatha miliyns o worms bach a dwin gwbod. dwin gwbod fo heddiwn dwrnod shit. dwi jyst yn gallu teimlo fo. neu ddim teimlo fo. teimlo y *dim byd* masif a ma fatha fod y carrag yn chest fi di dysaidio sbredio dros corff fi gyd a dwin gwbod.

ffoc.

*

ma mam yn dod fewn (heb nocio ofiysli. bitsh.) a dwin cau laptop fin ffast achos dwim isio hi wbod fod dwin gwatsiad yr un shit true crime eto a eto.

'pam nes di gau laptop chdi fela?' dwi mynd i ddeud o? probybli ddim.

'habit?' medda fi.

'tin watsiad porn?' omg dwin *goro*. rhy tempting.

dwin codi sgwydda fi. 'so os dwi yn?'

'anest!' ma hin deud enw fi fatha mai newy ffindio fi yn rar efo gwaed dros dillad fi gyd a chainsaw yn dulo fi yn sefyll drws nesa i llwythi o mwd. yndw. dwi deffon gwatsiad gormod o true crime.

ma mam yn cau llgada a briddio allan am hir hir, gwallt nath hi lliwio eijys yn ol yn edrych yn dypresd fatha y bloda ma nain bob tron dod efo hi. 'dwi *ddim* yn y mood i gal chat ma efo chdi wan, iawn?'

ti ofiysli yn y mood. chdi nath ffocin dechrar chat.

dwisio deud hynna ia, rili isio, ond dwi ddim achos ma ffraeo efo mam yn exhausting a dwi ddim efo mynadd i hynna heddiw.

so ma mam yn gadal, yn cerddad dros y pilows ar llawr fi fatha na boms di nw.

a ma dad yn nocio chydig wedyn. *nocio*.

ngl dwi ddim yn heitio dad.

'mm,' medda fi.

ma dad yn dod fewn i stafall fi chydig fatha sut nath deian neud yn hosbitol.

'ani? tin iawn? ti heb adal stafall chdi heddiw.'

dwi ddim yn heitio dad, ond dwin deutha fo fod genna fi period cramps (which genna fi ddim) a man gadal i rhoi heating pad yn microwave i bol fi. thing ydi ia, dwi heb di rili gal period fi ers eijys, ella achos dwi kind of heb di bod isio bwyd ers lot. di bwyd jyst ddim yn neud be ma fod i neud efo fi. ma jyst yn neud fi deimlon bloated a tew a afiach.

pan ma dad yn dod nol a rhoi y pad i fi man gofyn cwestiwn dwi di bod yn dredio:

'so sut odd o? wsos gynta ysgol newydd?' ffoc.

'ym, canolig?' medda fi.

ma dad yn chwerthin. ma chwerthin dad yn swndio fatha sut sar lleuad yn swndio os sa fon dechra chwerthin rhwbryd. idk.

'man rhaid fod on mynd reit dda os tin dechra deud geiria fel canolig!'

dwi bron yn gwenu. bron. 'cau dy ceg.'

aye. dwi ddim yn heitio dad. dwin tynnu dwfe fi fyny at gen fi.

'pam ffwc natho chdi dysaidio byw fama?' medda fi.

dwim yn ofn deud geiria fatha ffwc o flaen dad ia achos di o ddim yn lost cause fatha ma mam yn. man ista lawr ar gwulod gwely fi wrth ymyl traed fi a mar springs o dan y matres yn neud twrw.

'wel, on i isio dy fam i fod yn hapus, don.'

'tin hapus?'

ma dad yn chwerthin eto a ma gwely fin symud gymaint, mar headboard yn hitio erbyn wal fi. dwi angen gwely newydd ia.

'dwin hapus fod mam chdin hapus. a ma hynnan ddigon i fi.'

ych. dwi *byth* isio bod mor neis a dad.

*

so beisycli dwin cofio sbio ar website nhs cyn rha ia a gweld

having low self-esteem feeling irritable and intolerant of others
having thoughts of harming yourself changes in appetite or weight
lack of energy changes to your menstrual cycle disturbed sleep
avoiding contact with friends

a wedyn on i fatha

ok. fi.

ond wedyn oni fatha na, na na na dwi methu deud wrth neb *no.*
way. achos sa pobol fatha alys probybli fatha pam tin teimlo fela?
genna chdi fuck all i fod yn dypresd amdan a wedyn swn i fatha
aye tin iawn so dwi jyst di torri then do? so idk.

be ffwc sy rong efo fi?

Deian

Ma'r llythrenna ar y cefn bron mor fach â gronynna o dywod
ond ar ôl craffu chydig dwi'n gallu gweld fod y record o'r 30au,
gan fand jazz o'r enw The Blue Jacks. Ma 'na bump trac ar
y record, y rhan fwya wedi'u dylanwadu gan ragtime dwi'n
meddwl – cerddoriaeth sy'n neud i chdi ddawnsio tan ti'n
hedfan. Ond ma 'na un gân sy chydig yn wahanol, yn swnio
fel mêl cynnes yn fy nghlustia ac yn datod yr aer o'm cwmpas
i tan iddo fo ddangos lliwia miloedd a miloedd o fachludoedd:
'Freedom in E minor'.

Does 'na ddim llawer o wybodaeth am The Blue Jacks ar y we, dim brawddeg ar Wikipedia hyd yn oed. Yr unig beth dwi'n gallu ffeindio ydi paragraff llawn teipos yn nyfnderoedd Reddit, a dwi'n meddwl, dwi'n meddwl mai dyma'r unig bump cân iddyn nhw recordio, *erioed*.

Dwi'n gafael yn ymylon y gorchudd cardbord ac yn tresio amlinelliad y staenia melyn sy'n tyfu o'r corneli. Ella, pan oedd y record yn newydd, nath rhywun ei ddefnyddio fo fel coaster ar gyfer cocktails mewn clwb dawnsio yn Efrog Newydd neu Chicago. Ella, ar un adeg, roedd o yn yr un ddinas â Louis Armstrong neu Fletcher Henderson. Ella yn yr un stafell â nhw. Ella naethon nhw afael ynddo fo yn union fel dwi'n neud rŵan!

Dwi'n meddwl sa'r byd yn cael ei ailbeintio os sa defnydd fel'ma'n gallu siarad a dwi isio deud hynna wrth Dad *rŵan* a diolch iddo fo rŵan a siarad am 'Freedom in E Minor' efo fo rŵan (rŵan rŵan rŵan).

Dwi'n meddwl dwi 'di dechra gafael yn y cardbord yn rhy dynn so dwi'n ei daflu fo ar y gwely cyn i fi rwygo fo.

Anest

dwi ar waiting list blwyddyn o hir i gal cbt so ma hosbitol di referrio fi i group therapy thing i under 25 year olds bob wsos mewn neuadd mewn pentran sir fon on i ddim yn gwbod odd yn existio. dwin sendio tecst i mamadad yn deud fod dwi efo lesyn maths arall ar ol ysgol bob dydd mercher. dwi meddwl fydd nwn hapus amdan hynna ia. rwbath i gal fi pasio exams.

dwin trio cyrradd bach yn hwyr so dwi ddim yn goro siarad efo neb, ond di o *dal* heb di dechra. ma na tua deg person yma syn edrych tua run oed a fi a da ni gyd yn ista ar cadeiria syn teimlon fwy calad na plastic a san gallu dwyn teitl cadeiria ysgol mewn competition am y cadeiria mwya hyll yn y byd. on im angen poeni am siarad tho achos ma pawb yn ista efo at least dau cadar rhwng y nw ar person nesa, a ma pawb yn yfoidio sbio ar i gilydd fatha sa sbio fewn i llgada rhywun arall yn neud i nw explodio neu rwbath. pawb heblaw amdan y dynas syn istan ffrynt. ma hin sbio rownda ni gyd efo gwen mor hiwj ma fatha ma hin dangos i hun a ma hi efo sbectols sy neud i llgada hi edrych yn masif, ond ddim mewn ffor ciwt. mewn ffor *terrifying*.

yn ganol y stafall fatha dau row o flaen fi ma na projectyr einshynt yn dangos powerpoint i ni ar y wal melyn afiach tu nol ir dynas. (dwin gesio na gwyn odd y paent o blaen ond wan man edrych fatha llefrith san hymian.) mar slide show yn dangos llynia o celebrities a quotes genna nw ymyl y llynia mewn font comic sans. fatha ma nwn trio deud yli, fy pob dim yn iawn sti achos ma hogan gath fourth ar britains got talent sy mond efo pump brain cell yn cal yr un struggles a chdi! iei!

ffs.

mar ddynas yn sbio ar watsh hi wedyn sbio ar y cloc syn styc ar 8:42 a nol ar watsh hi. dal yn gwenu a sbio rownda ni gyd. ma hin dechra ffricio fi allan for real ia so dwin sbio lawr fatha pawb arall. di hin *trio* bod yn terrifying? di hyn rhan or therapi?

ma hin sefyll (here we go) a deud na enw hi di leanne. ma hin clinical psychologist yn –

mar drws yn bangio ar agor a ma na hogan yn cerddad fewn. dwin meddwl yr hogan mwya del dwi di gweld yn sir fon o blaen. efyr. del mewn ffor syn neud chdi deimlon shit am chdi dy hun achos tin gwbod ti byth mynd i edrych fela ifyn os tin spendio pres pawb yn y byd i gyd ar plastic surgery ond ti dal methu ddim bod fatha *waw*. achos ma genna hi gwallt du sy deffon rhy shaini i fod yn go wir fatha ma fod mewn advert loreal (syn teimlo fatha ma hin dangos i hun achos ma gwallt fin greasy af achos dwi heb di gael shower ers fatha pedwar dwrnod. ffocin sgym.). a ma hi di siafio gwallt ar un ochor o pen hi (syn teimlo fatha man dangos i hun fyd achos sa neb efo digon o confidence i neud shit fela na), yn dangos llwythi o earrings silfyr ciwt yn clust hi. a ifyn o set fi yn cefyn stafall dwin gallu deud fod ma llgada hin gold syn sgeri af ac yn ymeising run pryd achos sa neb yn y byd efo llgada *gold*! dwin neud gwddw fin fwy hir a dwin prowd am y tro cynta yn bywyd fi fod dwin edrych fatha jiraff a –

aye. on in meddwl. ma hin gwisgo crocs. *crocs gwyrdd*. ond dwi ddim yn teimlon flin na disgysted na disypointed. at all. wtf. shit. ydw i *hynna* fucked up?

ma leanne yn gwenu arna hi am digon hir i fod yn creepy (dir ddynas man ifyn *gallu* blincio?) a cario mlaen i siarad am job hi.

dwin trio grando ia. am chydig. ond ma bren fi di dysaidio fod yn lightbulb sy bron di marw heddiw, switsio on a off on a off a dwi methu consyntretio arna hi. a mar hogan efo crocs gwyrdd yn chwara fo gwallt hi constantly, yn tycio gwallt ar ochor sy heb di siafio tu nol i clust hi a dangos lot o earrings silfyr ar clust arall hi. wedyn ma hin tynnu fo off tu nol i clust hi a dechra eto. a eto. a eto. sy bach yn annoying ia.

ar ol way rhy hir da nin gal brec o deg munud a dwin checkio ffon fi. mond fatha hanner awr sy di pasio. ffs. ma leanne yn agor bag hi a tynnu tun o celebrations allan ond pan ma hin agor o a rhoir tun ar cadar gwag yn y ffrynt dwin neud gwddw fin hir eto a gweld na custard creams sy na a nid choclet. wtf leanne, ffwcio fo brens pobol fela.

ond tbh dwi heb di gal custard creams ers mynd lawr i aros efo nain eijys yn ol so dwin codi fyny i nol chydig achos dwisio gweld os di nwn blasu fatha ty nain a dwin dwyn mor gymaint dwin gallu dal yn llaw fi.

dwin pasior hogan ar ffor nol i cadar fi a dwin gallu gweld thing shaini ar sleeve bomber jacket hi: fflag pride di neud allan o jewels plastic. mar jewels bach yn conked fatha dannadd person hen cyn i nw gal dannadd ffec, sy neud fi feddwl fod hi di rhoi o ar i hun. ciwt.

mar hogan yn sbio fyny arna fin sbio arna hi a shitshitshit dwi di sbio ar hin rhy hir wan a ma hin codi un eyebrow ond achos dwin twat dwi ddim yn sbio ffwr a mynd nol i cadar fi fatha rhywun normal, dwin aros ynan sterio a meddwl *waw* achos wtf. ma hin styning *a* ma hin gallu codi un eyebrow! rhai pobol yn gal y lwc i gyd yndi.

*

wtf

dwi methu stopio meddwl am hi ar y ffor adra. yr hogan. gwallt hi fatha advert. earrings fatha ser taini yn wincio arna fi trw gwallt

hi. a llgada hi. llgada *gold* hi. wtf. dwisio gwbod pwy di hi! dwisio
nabod hi ifyn tho dwin gwbod fod hynnan rong achos di om yn
ffer i rhywun fatha hi nabod rhywun fatha fi a

dwi methu. dwi methu nabod hi ond

dwi methu

methu stopio meddwl amdana hi.

be ffwc sy rong efo fi?

5

Deian

Ma 'na bedwar ohonan ni 'di dewis Cymraeg fel pwnc AS a dwi'n cyrraedd pum munud yn gynnar i gael sêt yn y cefn.

Ma Miss yn dechra'r wers yn syth pan ma'r gloch yn canu, yn rhoi tudalen yr un i ni o gerdd wedi'i ffotocopïo, ac yn gafael yn y copi ola yn ei dwylo ei hun wrth sefyll o flaen y bwrdd gwyn. Dwi'n darllen y teitl: 'Yr Wylan' gan Dafydd ap Gwilym.

'Sa rhywun isio trio'i ddarllen hi?' medda hi.

Na.

Pen i lawr. Anweladwy. Dwi'n anweladwy anweladwy anweladwy wrth ganolbwyntio ar y sgraffiada sy dros y bwrdd, yn canolbwyntio fel sa fi'n trio'u cofio nhw i'w darlunio wedyn. Pen i lawr lawr lawr nes bod Miss 'di diflasu ar y tawelwch.

'Iawn, 'na i ddechra 'ta...'

Dwi ddim yn deall hanner y geiria canoloesol ond dwi'n meddwl, dwi'n meddwl dwi dal yn gallu clywed y gynghanedd yn troi aer y dosbarth o lwyd trwm yr ysgol i amryliw, chydig fel pan dwi'n gwrando ar 'Freedom in E minor' neu pan ma Mam yn siarad am Nain.

Sa'n amhosib neud llun o gynghanedd, dwi'n meddwl, ond ma Brenda Elias, artist o Feirionnydd, wedi trio troi o'n *gerflun*! 'Nes i weld ei gwaith hi am y tro cynta yn y Lle Celf yn Steddfod; rhubana o aloi metel wedi'u plygu a'u clymu fel llawysgrifen i fewn i strwythura 3D; pob un yn rhan o'r un cyfanwaith, fel y gyfres o 14 paentiad nath Vincent van Gogh o berllan yn Arles. Roedd un o'r cerflunia bron mor fawr â'r dosbarth ac un arall yn llai na fy nwrn. Wrth i fi agosáu wedyn 'nes i weld geiria wedi'u naddu ar y metel, geiria'n gorwedd ar draws a dros ei gilydd so oedd o'n amhosib i fi'u darllen nhw. Dwi'n cofio meddwl o'n i rioed 'di gweld neb yn cyfuno celf weledol ac ysgrifenedig fel'na o'r blaen (oedd o'n teimlo chydig fel sa hi 'di gafael yn ymylon yr awyr a'i ymestyn chydig bach!) a dwi'n cofio penderfynu yn fan'na, wrth wrando ar y glaw yn taro'r to, ma hi oedd fy hoff artist.

Anest

dwin grando ar miwsic wrth fi byta cinio fi yn cantin a ddim yn sylwi fod amser cinio drosodd tan i un o genod cinio tapio ysgwydd fi ganol mopior llawr. *eto*. dwi probyblin dechra pissio nw off.

shit dwi mynd i fod yn hwyr i cerdd ond dwi marw isio piss so dwin rhedag fewn i toilets gynta, toilets hogia. thing ydi ia, dwin iwsio toilets genod *a* hogia achos di om yn ffocin ffer fod na ddim toilets gender neutral yn ysgol so dwi di dysaidio neud fatha protest bach fy hun i pobol trans a nonbinary a bob dim.

ma na hogyn bach yn sychu dulo fo pan dwin rhedag fewn a man gollwng y papur ar lawr pan man gweld fi a sterio efo ceg fo di agor yn hiwj. bechod.

goro meddwl am explanation yn ffast cyn fi traumatisio fo am rest o bywyd fo. 'ym, dwin hermaphrodite,' medda fi. dwi ddim yn hermaphrodite, ond man ffyni gweld eyebrows fon mynd at i gilydd a ceg fon agor ifyn mwy. ella neith o googlo hermaphrodite cyn mynd i gwers 5. os man gwbod sut i sbelio fo.

dwin cau drws y toilet a

ffoc.

ma ceg fin agor ifyn mwy nar hogyn bach dwi meddwl achos ma rhywun di sgwennu rwbath masif ar y drws, rwbath mewn sgwennu sownd posh fatha odda ni di gal yn fforsio i neud yn ysgol bach.

Y Milwr Unig

Ar faes y gad,
dim ond ti
sy'n dal i sefyll.
Cryfder dy goes
trwy gryfder concrit,
a dy wyneb melyn, brau
yn tynnu'n drymaidd at y pridd
o dan ormes tarmac.

ffoc. shit nan intense ia. angen chillio. ond dwin gwbod na poem di o a dwin meddwl dwin gal bach o ptsd i gcses cymraeg. dwi ddim yn dalld o at all ia, ond dwin gesio fod o amdan bloda achos ma na llynia bloda rownda fo i gyd. ymeising. on im yn gwbod fod na pobol yn ysgol syn gallu neud shit felma! so dwi methu rysistio nol ffon fi a tynnu llun ohona fo.

Deian

Dwi'n meddwl na naw sy 'di dewis stydio Celf ond dwi 'di cael bwrdd cyfa i fi fy hun. Ma Llŷr Lewis a phawb arall wedi heidio ar un bwrdd; ma nhw'n edrych (chydig bach, bach) fel gwylanod yn cwffio dros focs polystyrene ar iard yr ysgol, ella (ella?). Llŷr ydi capten y tîm rygbi, dwi'n meddwl. A dwi'n gwbod dwi'n gwbod dwi'n gwbod ma'n gas i feddwl hyn

cas cas hunanol llwfrgi gwirion afiach gwallgo pathetig gwan ffag sensitif tawel gwahanol boring plentynnaidd rhyfedd

ond dwi'n meddwl (ella, ella. Dwi'm yn gwbod. Ella?) fod Llŷr a rhai o'r lleill ella 'di dewis Celf achos ma nhw'n gwbod fydd syr yn gadael iddyn nhw siarad yn ystod y gwersi (ella ella ella?)?

cas hunanol llwfrgi gwirion afiach gwallgo pathetig gwan ffag sensitif tawel gwahanol boring plentynnaidd rhyfedd

Ma'r dosbarth Celf bron mor fach ag un o'r storfeydd, ond ma'n edrych fel sa fo dwywaith ei faint go iawn achos yr holl ddrycha gwahanol sy'n gorchuddio un wal. Celf disgyblion sy'n cuddio gweddill y plaster; ma mwy a mwy o ddarna celf yn cael eu hychwanegu bob blwyddyn – bloda'n blaguro – so rŵan ma'r drws, y coridor a drysa'r dosbarthiada D a T i gyd fel gardd.

Dwi'n tynnu'r headphones o fy mag a dechra gwrando ar y playlist *celf!!* dwi 'di neud ar Spotify – y rhan fwya'n gerddoriaeth o video games a remixes offerynnol o ganeuon Bruce Springsteen a'r Beatles. Ar gyfer y darn terfynol blwyddyn yma, swn i'n licio gallu datgymalu cerdd a throi'r geiria'n gerflun sy'n agor yr awyr i fyny chydig mwy, fel ma Brenda Elias yn gallu neud, ond fedra i ddim *gweld* fi fy hun ar y tu allan fel'na (na na na!). Rhy agored rhy amlwg rhy *fi*! Pan dwi'n peintio neu'n darlunio dwi'n gallu cau'r llyfr sgetsio'n gyflym os ydi Mam neu Lowri'n cerdded fewn i fy stafell heb nocio, neu wasgu'r papur yn fy nwrn a'i daflu i'r bin ailgylchu nes ei fod o mond yn bodoli fel anwedd anadl ar ffenest fy meddwl, yn llai arbennig na'r pamffledi Dunelm Mill ma Mam yn eu cael drwy'r post.

So dwi ddim yn meddwl dwi'n mynd i neud cerflun; 'na i beintio'r darn terfynol blwyddyn yma. I ddechra 'dan ni'n gorfod ailddychmygu gweithia gan artistiaid enwog, a gynta dwi 'di dewis copi wedi'i brintio o *Anxiety* gan Edvard Munch.

Dwi'n sylwi ar y bobol yn y llun yn gynta. Pobol yn sefyll ar bont dwi'n meddwl, yn wynebu'r person sy'n sbio ar y peintiad. A tu ôl iddyn nhw ma'r awyr, a llyn neu'r môr. Môr, ella. Ma'r awyr yn goch fel sudd cranberry Anest – ella ma'r haul yn machlud, y gola'n adlewyrchu yn het sidan un o'r dynion ar y bont. Dwi'n cofio gweld y darlun yma am y tro cynta pan oeddan ni'n dysgu am Munch ym Mlwyddyn 8; o'n i'n meddwl fod gwaedu'r awyr yn rhy ffyrnig, yn rhy *fyw* i gymharu efo'r bobol ar y bont efo wyneba gwelw a dillad tywyll. Do'n i ddim yn deall sut sa rhywun yn gallu gweld mwy o dân yn yr awyr na mewn *llygaid* pobol! Ond rŵan dwi'n meddwl (ella. Dwi'n meddwl. Dwi ddim yn gwbod. Ella) fod Munch wedi gallu mynd ar goll yn y machlud (achos ma mynd ar goll yn gallu bod yn beth da weithia, dwi'n meddwl) i drio dianc o'r llygaid gwag ar y bont. Ella. Dwi ddim yn gwbod.

Ella?? Ond dwi'n gwbod fedra i ddim. Fedra i ddim fedra i ddim fedra i ddim smalio 'mod i'n gallu gweld be oedd o'n gweld achos fo oedd *Edvard Munch*, a dwi'n *fi*! A fedra i ddim newid fi fy hun i fod fel'na, i weld be oedd o'n ei weld, hyd yn oed pan dwi'n trio trio *trio* bod a meddwl ac ymddwyn a pheintio a symud a siarad ac anadlu a byw fel person arall, fel person gwell.

Ma syr yn codi bawd arna fi dros benna'r gwylanod ac yn gwenu fel sa ni'n rhannu cyfrinach, syr a fi. Dwi'n tynnu'r headphones i lawr.

'Ti'n iawn, mêt?' medda fo. Dwi'n gwenu'n ôl ac yn nodio.

Dwi'n licio syr Celf achos ma'n siarad efo ni fel sa ni'n ffrindia ac yn ystod y gwersi TGAU, roedd o'n rhannu baria o siocled family size efo ni bob wythnos. Weithia mae o hyd yn oed yn deud ein bod ni'n cael gadael y dosbarth i gael ysbrydoliaeth achos ma'n deud fod trio neud gwaith yn y dosbarth yn gallu bod 'fatha trio neud gwaith mewn food processor' weithia

(Dwi dal ddim yn gwbod yn union be ma hynna'n feddwl, ond dwi methu peidio gwenu bob tro ma'n ei ddeud o!).

Ar ddiwedd y wers heddiw ma syr yn rhannu bag o Maltesers rownd y dosbarth, ond cyn mynd at fwrdd y gwylanod ma'n gosod y bag o 'mlaen i,

a dwi'n teimlo

plentynnaidd plentynnaidd rhyfedd cas hunanol llwfrgi gwirion afiach gwallgo pathetig gwan ffag sensitif tawel gwahanol boring

dwi'n teimlo fel sa 'na gwlwm o oleuada Dolig wedi goleuo i fyny tu fewn i fi, yn union lle ma fy nghalon i fod.

6

Anest

dwi di gal invite ar facebook i parti 18th yn clwb. penblwydd dafydd a amy. pwy ffwc di dafydd a amy? dwin sbio ar profile pics nw a dwin meddwl dwi di gweld gwyneba nw o blaen yn rwm sixth form. dwin meddwl. no idea sut ma nwn gwbod pwy dwi ar facebook tho, achos genna fi ddim llun o fi fatha profile picture.

dwin stalkio profile amy a sleidio trw profile pics hi gyd. ma genna hi gwallt efo highlights blond sy usually di cal i cyrlio a neclys efo calon a enw hi arna fo. bechod. ella genna hi amnesia neu rwbath a anghofio enw hi lot.

methu rysistio parti clwb tho achos di nw ddim yn checkio id chdi so tin gallu meddwi tan tin troi fewn i person arall a sa neb yn cerio.

Deian

Notification. 1 Notification. Dwi'n agor Facebook.

You have been invited to Parti 18th Dafydd a Amy !!! at Clwb Football on 3rd of October

Dwi'n sgrolio trwy'r holl enwa ar y rhestr Invited. Gweld dros dau ddeg o enwa anghyfarwydd

Na na na stopia dim eto dim eto

a ma'r Dwylo, ma'r Dwylo'n dechra cau am fy mhen fy nghalon fy sgyfaint

Na na dim rŵan dim eto stopia

ond rywsut, rhywsut dwi'n dal dal dal i sgrolio. Wedyn ista lawr ar sêt y toilet. Llygaid wedi cau, wedi *cloi*.

Stopia.

Stopia. Agor llygaid, *agor*. Stopia.

Dwi ddim yn cofio siarad efo Amy o'r blaen. Erioed. A 'dan ni 'di bod yn yr un flwyddyn ysgol ers i ni fod yn 11 oed!

rhy ryfedd rhy rhy ryfedd cas hunanol llwfrgi gwirion afiach gwallgo pathetig gwan ffag sensitif tawel gwahanol boring plentynnaidd

Ma 'na 207 o bobol wedi cael gwahoddiad a llai na chwarter ohonan nhw'n ffrindia efo fi ar Facebook dwi'n meddwl, so fedra i ddim fedra i ddim fedra i ddim ond

Seen.

ma pawb yn gallu gweld, pawb yn gallu deud 'mod i di gweld yr invite a mond pump person sy wedi rhoi eu henwa o dan Maybe so dwi'n gorfod pwyso rhwbath arall pwyso rhwbath unrhyw beth a fydd pawb, *pawb* yn y parti so os dwi ddim yn mynd mi fyddan nhw i gyd yn gwbod. Mi fyddan nhw'n gwbod na *fi* dwi! So (na na na) dwi'n ymuno

dwi'n ymuno efo'r rhestr Going.

Going.

Wrth sgrolio trwy enwa pawb sy ar y rhestr Going dwi'n gweld Anest, meme o Gareth y Mwnci dwi'n cofio'i weld ar *Hansh* fel llun proffil yng nghanol pawb arall a dwi'n meddwl (am ryw reswm),

dwi'n meddwl ma'n teimlo chydig fel gweld y blodyn dant y llew yn tyfu trwy'r tarmac.

Anest

ma group therapyn entertaining heddiw. for real.

ma heating di torri ar lle fatha bod yn ganol volcano so nath leanne agor ffenast. wedyn ar ol chydig nath na hogia bach dechra chwara tu allan a neud twrw so nath leanne rhoi pen hi allan o ffenast a gweiddi arna nw. a pan nath hi troi rownd nol ata ni odd sbectols hi bach yn conked so odd y lensys masif yn neud i llgada hi edrach fatha googly eyes. nesh i smalio gal coughing fit so bo fi ddim yn dechra marw chwerthin. ma nwn usually twats bach coci yndi, ond heddiw dwin gweddio am y tro cynta yn bywyd fi, yn diolch i duw yr hogia bach am sendio nw i chwara tu allan i ffenast neuadd pentra random yn sir fon.

amser brec ma leanne yn rhoi pacad hannar gwag o party rings ar y bwr. heb di gal heina ers ysgol bach so dwin mynd fyny i nol rhai ond ma lot o nw di torri so pan dwin byta nw mar cryms yn ffocin multiplyio a disgyn dros dillad fi a dros llawr i gyd. i wish swn i efo digon o confidence i gweiddi fewn ir awkward silence a deud i pawb fod dwi *ddim* yn messy eater (ddim *hynna* messy) achos y party rings i gyd sy di malu, nid fi! (nid ceg fi eniwe.)

odd hi, yr hogan efo crocs gwyrdd, yn hwyr eto heddiw a nath hi ista run lle a tro dwytha. yn ffrynt wrth y drws. dwin cerddad rownd so bo fin pasio hi ffor nol i cadar fi yn cefyn a dwi fatha

be ffwc tin neud as in

be

ffwc?

stopia

shitshitshitshit wtf

be —

'ym, youre not wearing crocs today.'

ow. mai. ffocin. god.

bedwineudbedwdineudbedwineud

idiyt. idiyt mwya sy di existio efyr. wtf. sa neb arall yn siarad ers i brec dechra achos nath leanne rhoi give up ar small talk hi wsos dwytha a ma na eco wiyd yn y lle ma so ma bob gair dwin deud yn swndio fatha wylfan explodio.

mar hogan yn gwenu. codi un eyebrow eto. (show off.) a 'racist,' medda hi, wedyn sbio nol ar ffon hi. ar instagram.

'ym, what? i…'

'dwin siarad cymraeg, sti. jyst achos dwim yn wyn ddim yn meddwl dwim yn siarad cymraeg.'

ffoc. *ffoc.* 'o, ym, sori, on i ddim —'

ma hin gwenu eto, llgada wiyd hin blaindio fi ond dwi ddim yn sbio ffwr. cwilydd.

'joc,' medda hi. ma hin gwenu.

gwenu.

plisplisplis duw nei di existio so fo chdin gallu neud fin infisibl neu troi fi fewn ir llawr neu shit fela plisplis rwbathrwbathrwbath plis diolch amen.

dwin trio chwerthin ond dwin meddwl dwin swndio mwy fatha dolffin yn gal i ladd.

'ym, ok then, tim yn gwisgo crocs heddiw?' medda fi. finally.

ma hin sbio lawr ar traed hi. treinyrs. ella mai di bod yn gym.

neu ella ddim, mond pobol sy efo shit nw at i gilydd syn mynd i gym.

'aye, dwi ddim.' (sut ma hin neud i *aye* swndio mor... dda?) 'rhai brawd bach fi odda nw. on i di goro rhedag allan o ty achos on in hwyr a heina odd y sgidia agosa ata fi.'

dolffin dal heb di marw. ffs. 'o, iawn. dalld.'

ma hin gwenu eto ond yn sbio nol ar ffon hi. dwin goro mynd wan yndw. conversation di gorffan.

dwi di neud fatha tri step pan dwin troi nol yn ffast, yn pivotio i sbio nol arna hi fatha on i fod i neud pan on in chwara netball eijys yn ol (idiyt)

ond ma coes fin mynd yn styc yn coes cadar

idiyt. stopia

a dwi bron a disgyn ar bena hi a beisycli bron yn rhoi lap dance i hi

waw. waw o waw o waw.

ond dwin stopio jyst in time a woblo a mar hogan yn rhoi ffon hin pocad i hi iwsio dulo hi i cyfro ceg hi achos ma hin chwerthin. ond dwi ddim yn cerio ia. dwim yn ffocin cerio achos ma laff hin swndio fatha glaw di neud allan o silfyr neu shit fela, fatha glaw di neud allan o earrings hi. deud o jyst deud o neu fydd bywyd fi drosodd am fuck all jyst deud o.

'ti efo… ti efo snapchat?' medda fi.

ma hin sbio fyny. codi un eyebrow eto. dal yn gwenu. 'ym, yndw?'

dolffin yn gal i stranglo wan dwi meddwl.

'ia, ym, be di snapchat chdi?' ma ceg fi di troi fewn i mini sahara desert. 'plis.'

pam ffwc dwi methu siarad yn normal efor hogan ma?

ma hin chwerthin eto. gwell na rhoi dyrtan i fi yndi? gwell na ffoc off?

'rashmi shukla 29,' medda hi a sbio nol lawr ar ffon hi eto.

'ym, diolch,' medda fi, a cerddad mor ffast dwin gallu nol i cadar fi heb tripio eto. dwin teimlo fatha kid bach sy newy fynd i ffrynt y dosbarth i ofyn am help gan titshyr.

dwi methu ifyn smalio consyntretio ar leanne yn hannar ola therapi. dwi di ffindior hogan (sy efo enw wan yndi. rashmi.) ar instagram fyd. a facebook. a tiktok (di hi ddim yn postio fideos tho). dwi ifyn di ffindio finsta hi. thank god sa neb yn ista tu nol i fi yn gwatsiad fin stalkio hi.

be. *ffwc*. sy rong efo fi?

*

stret ar ol i leanne ddeud thanks for coming today guys dwin beisycli sbrintio trw drws a i bus stop a gal bys i dre wedyn cerddad ir layby lle mar ty hen yn y coed, calon fin mynd mor ffast dwisio chwdu a dwin cleimio dros y giat at y llwybyr lle mar coed mor agos at y llwybyr ma fatha ma nwn trio hygio fi neu mygu fi a dwin goro gweiddi wrth fi dynnu drws y ty bach i agor o achos mar thing yn *styc* (pam ffwc dwi bob tron slamio fo?) a dwin ista lawr ar y cadar wrth y bwr a gafal yn gwynab fi efo dulo fi sy rhy fawr rhy hyll a dwin briddio fewn fewn fewn im yn cerio am y llwch yn symud rownda fi bob man a mynd fyny trwyn fi a ceg fi a neud on anodd briddio achos dwi –

ffoc ydw in gay ella dwin gay. ella dwin lesbiyn. sut tho? dwin meddwl am michael b jordan withia pan dwin masturbatio. ar hogyn o california syn neud fideos stiwpid ar youtube a tiktok. dwin tynnu ffon fi allan a sbio trwr llynia ohona nw genna fi ar camra roll fi. wtf. ddim yn lesbiyn. deffo ddim yn lesbiyn.

ond

ffoc.

dwin cofio ia

dwin cofio sunbathio ar lan mor yn portugal a isio sterio ar coesa genod run mor gymaint a breichia hogia. a ohmygod y wet dream wiyd gesh i eijys yn ol am ista ymyl emilia clarke ar talk show a wedyn mynd i clybio efo hi a natha ni dechra copio off a on i fatha, ddim yn heitio fo.

wedyn dwin sbio ar profile pics rashmi ar facebook. llgada hi.

gwallt hi. piercings hi. gwddw hi. eyebrows hi. ifyn trwyn hi.

oh my god.

ella dwin bi. ohmygod

ohmygod dwin ffansio hogan dwin licio hogan *ohmygod*. sut ffwc dwi heb di sylwi o blaen? ma na gymaint o information am lgbqt+ ar internet be sy rong efo fi sut dwi heb di gwbod

shit. ond ma hynnan ok yndi. *shit*.

hyn yn ok. man ok. shit felman digwydd yndi. man normal. man ok. na, ddim ok, ymeising. achos dwim yn goro stressio am y ffocin pill.

wiyd tho. *wiyd*. dwin teimlo fatha ma calon fi newy agor fyny a dangos calon bach arall i fewn yndda fo neu rwbath trippy fela. fatha un o russian dolls creepy. fatha ma di bod yna hyd bywyd fi a odd genna fi ddim ffocin idea. ma calon newydd fi – wel, ddim newydd rili achos ma di bod yna hyd bywyd fi go wir do – yn brifo, ond brifo mewn ffor da fatha man rhy gynnas, fatha haul bach fy hun yn cnesu fi inside out. a ffoc dwi methu helpu fo dwi methu dwi methu dwi —

pussy

dwin dechra crio.

7

Deian

Car Mam. 'Di parcio tu allan i clwb. Noson y parti.

Dwi'n sbio lawr lawr lawr ar fy sgidia; dwi'n gwisgo'r sgidia gwyn, y rhai 'nes i addurno efo'r môr. Fedra i ddim cofio faint o weithia dwi di'u tynnu nhw i ffwrdd a'u gwisgo nhw eto achos dwi'n meddwl fydd cerdded fewn i clwb yn eu gwisgo nhw fel cyrraedd y parti ar ben eliffant oren a gweiddi trwy megaphone yn deud wrth bawb na *fi* ydw i, hogyn rhyfedd

rhyfedd drwg hunanol llwfrgi gwirion afiach gwallgo pathetig gwan ffag sensitif tawel gwahanol boring plentynnaidd

sy'n licio wastio amser yn sgriblo ar sgidia yn fwy na bod efo'i ffrindia.

Ond ma Christine yn deud dyla fi neud be dwi isio neud a gwisgo be dwi isio gwisgo a deud be dwi isio'i ddeud, poeni llai poeni llai poeni llai am bawb arall achos mond hanner ohona fi sy yma os dwi ddim yn neud a gwisgo a deud be dwi isio a dwi'n gorfod meddwl meddwl meddwl: be ydi'r peth gwaetha sa'n gallu digwydd?

A be bynnag, ma van Gogh yn deud:

It seems absurd to me that people want to
seem other than they are.

Ond dwi'n dal yn gobeithio, gobeithio (plis), fydd pawb 'di meddwi gormod i sylwi.

'Dwi'n gwbod fod cerdded fewn yn anodd, iawn? Ond unwaith ti yna gei di amser da, sti!'

'Nes i ofyn i Mam barcio wrth y palmant lawr y lôn o'r clwb so fydd pawb sy'n copio off a smocio a chwydu y tu allan i'r drysa ddim yn gweld 'mod i wedi cael lifft gan Mam ac yn cyrraedd *ar ben fy hun.*

'Iawn,' medda fi, 'ella.' Dwi'n teimlo chydig bach fel paentiad 'di'i neud efo techneg pointillism, fel sa fi 'di cael fy neud allan o smotia bach, bach llithrig o baent oer ac nid celloedd fel Mam fel Jac fel Gwion fel Dafydd fel Amy fel Anest fel pawb.

Ma 'na grŵp o genod yn pasio'r car; ma nhw'n gwisgo jîns du tyn ac yn toddi i fewn i'w gilydd fel menyn. Ella'u bod nhw 'di meddwi'n barod. Lawr lawr lawr sbia *lawr.*

llwfrgi gwirion afiach gwallgo pathetig gwan ffag sensitif tawel gwahanol boring plentynnaidd diwerth rhyfedd drwg hunanol

Dwi'n agor drws y car yn ara a chyffwrdd pocedi fy jîns eto. Ffôn, yndi. Walet, yndi. Tabledi, yndi. Ma Mam yn cyffwrdd fy mraich a dwi'n troi i sbio arni hi. Ma hi'n gwenu, ond ma 'na storm yn ei llygaid. Dwi heb ddarlunio Mam efo llygaid stormus o'r blaen. 'Na i drio trio trio cofio neud rhywbryd. Rhyw bryd.

''Nei di'm yfad, na?' medda hi. Dwi'n ysgwyd fy mhen. 'Ti'n addo? Mots be ma pobol yn gynnig i chdi, iawn?'

Ma alcohol yn amharu ar effaith y tabledi, ond dwi ddim yn meddwl swn i isio meddwi o flaen gymaint o bobl be bynnag.

Dwi'n trio nodio, ond ma cyhyrau fy ngwddw i'n teimlo fel metel. 'Gaddo.'

Ma Mam yn symud y gwallt o'i hwyneb – ma bron mor flêr â fy ngwallt i – a'i llaw yn cyffwrdd cadwyn ei sbectol ond dwi ddim yn gallu clywed y beads yn tincian; ma'r gerddoriaeth o'r clwb yn rhy uchel.

'Dwi'n gwbod gei di hwyl yna, cariad, ond ffonia fi'n syth os ti isio dod adra'n gynt, iawn?' medda hi. Ma hi'n gafael yn dynn yn yr olwyn a dwi'n meddwl dwi'n gallu gweld esgyrn ei migyrna trwy'r croen.

Bai fi.

hunanol llwfrgi gwirion afiach gwallgo pathetig gwan ffag sensitif tawel gwahanol boring plentynnaidd diwerth rhyfedd drwg

Nodia. *Nodia.*

Dwi'n nodio. Camu allan. Cau drws y car. Anadlu. Mewn am bump eiliad... dal am dri... allan am saith.

Symud *rŵan*. Un troed. Un arall. Anadlu eto. Ma rhywun yn

gweiddi enw rhywun arall ac ma'n swnio fel y sêr yn disgyn a dwi'n meddwl ma curiada'r gân (y gân y gân y gân pam dwi ddim yn nabod y gân? Pam pam pam 'nes i wrando ar The Blue Jacks gynna a nid trio dysgu geiria pob cân yn y charts ar fy ngo??) yn neud i'r palmant symud a dwi isio gwisgo'r cysgodion o'r gola stryd fel arfwisg a dwylo dwylo dwylo ydyn nhw'n crynu ydyn nhw'n gallu gweld nhw'n crynu a dwi'n eu stwffio nhw yn fy mhocedi a rhyfedd ydi hynna'n edrych yn rhyfedd a

stopia!

Mewn am bump eiliad… dal am dri… allan am saith. A dwi'n gwthio'r drws ar agor fel – plis plis plis – fel rhywun sy ddim yn fi.

★

Dwi'n sbio i lawr ar fy ffôn eto. Dim ateb gan Gwion so dwi'n trio peidio diflannu yng nghanol y syna i gyd:

gweiddi chwerthin sgrechian canu sgrechiancanu cânanghyfarwydd curocurocuro *cuzImmrbriiightsiiiide* fflyshotoilet tywalltdiod gollwngpres,

enfys. Enfys ar dân.

I drio edrych yn brysur, dwi'n gosod fy ffôn ar y bwrdd o 'mlaen i a sgrolio trwy'r llunia ar camera roll, wedyn Instagram; llygaid môr Mam a'r môr go iawn a Lowri'n chwerthin a'r cerddi ar walia fy stafell a dwi 'di bod yn y clwb ers canrifoedd a dwi isio dwi isio mynd adra.

pathetig gwan ffag sensitif tawel gwahanol boring plentynnaidd diwerth rhyfedd drwg hunanol llwfrgi gwirion afiach gwallgo

Ma 'na Notification yn neud i fy ffôn vibratio. Snapchat. Dwi'n agor y neges.

btw da ni ddim yn parti amy a dafydd, da ni yn ty owen hughes yn dre. come join os ti isho. genna nhw lsd so da ni aros fama

Mam. 'Na i ffonio Mam.

llwfrgi gwirion afiach gwallgo pathetig gwan ffag sensitif tawel gwahanol boring plentynnaidd diwerth rhyfedd drwg hunanol

Na. Ella fydd rhywun yn sylwi arna fi'n gadael. Yn deud wrth Jac a Gwion. Fyddan nhw'n gwbod 'mod i ddim yn gallu aros yma hebddyn nhw! Fyddan nhw'n gwbod na *fi* ydw i,

gwirion gwirion afiach gwallgo pathetig gwan ffag sensitif tawel gwahanol boring plentynnaidd diwerth rhyfedd drwg hunanol llwfrgi

so fedra i ddim ffonio Mam a fedra i ddim mynd i barti 6.2 yn dre llawn pobl o ysgolion eraill dwi heb eu cyfarfod o'r blaen so be be be dwi fod i neud?? Dwi'n dechra teipio:

Ok!

Na na na delete. Rhy, rhy frwdfrydig. Rhwbath angen deud

rhwbath unrhyw beth achos dwi 'di agor y neges so ma nhw'n gwbod dwi 'di darllen o rhy hir dwi'n cymryd rhy hir *teipia rwbath*!

Ok dwin aros fama, gobeithio gewch chi good time

Send.

Ma 'na hogyn a hogan yn disgyn i fewn i'r gadair dros y ffordd i fi a ma nhw'n edrych fel sa nhw'n trio gwisgo croen ei gilydd. I drio tynnu fy sylw o'r syna ma nhw'n neud (sut dwi dal yn gallu clywed y syna dros y gerddoriaeth??), dwi'n smalio tecstio Mam: *dwn toddi dwin todfi dwin roddi ond nethu mynd adra pam oam pam pam deian psm ti felms pam dwi iso troi fewn i rhwun arll help hepl pan*

Dwi'n deletio'r neges i gyd ac yn penderfynu trio sgwennu cerdd yn fy meddwl. Dwi'n licio sgwennu cerddi rhydd achos ma sgwennu cerdd rydd yn teimlo fel peintio y tu hwnt i bapur neu ganfas ac ar hyd y walia, yn ffibrau'r carped, dros y ffenestri a hyd yn oed ar y to weithia. Ond rŵan, dwi'n meddwl dwi am drio sgwennu cerdd sy'n odli. Rhwbath doniol, ella. Limrig! Rhwbath i gadw'r Dwylo mor bell i ffwrdd nes dwi angen binoculars i'w gweld nhw.

Ond fedra i ddim. Fedra i ddim sgwennu rhwbath doniol achos dwi rioed 'di sgwennu rhwbath doniol o'r blaen. Erioed! Dwi ddim yn cofio os dwi 'di neud i rywun chwerthin o'r blaen hyd yn oed,

boring boring plentynnaidd diwerth rhyfedd drwg hunanol llwfrgi gwirion afiach gwallgo pathetig gwan ffag sensitif tawel gwahanol heblaw am pan oedd Mam yn gorfodi'i hun i chwerthin ar bob un o'r jôcs roedd Lowri a fi'n cario adra efo ni o'r ysgol gynradd, yn chwerthin efo'i phen yn taro yn erbyn headrest y car a'i llygaid ar gau fel sa'r jôc yn wreiddiol.

Ma geiria'r limrig yn dechra casglu fel ffrindia meddw ar y llawr dawnsio o 'mlaen i ac nid fel sêr yn deor fel ma nhw i fod i neud, so dwi'n penderfynu arbrofi efo teimlad y geiria efo fy mys, yn ei ddefnyddio fel beiro i sgwennu ar fy jîns o dan y bwrdd.

Na. Dim digon da.

Dwi'n rwbio'r jîns efo cledr fy llaw fel sa fi'n rwbio'r geiria i ffwrdd. *Rhwbio geiria anweladwy??*

rhyfedd drwg hunanol llwfrgi gwirion afiach gwallgo pathetig gwan ffag sensitif tawel gwahanol boring plentynnaidd diwerth

Dwi'n defnyddio defnydd y jîns i sychu'r chwys o fy nwylo yn lle papur, ac yn trio edrych fel dwi *fod* yma wrth edrych o gwmpas y stafell

ac yng nghanol y llawr dawnsio (ond ar blaned arall dwi'n meddwl, go iawn), dwi'n gweld Anest.

Anest

shiiit

dwi meddwl dwi di sbilio chydig o doublevodkacranberryjuice ben hogan o dre a wan dwi mond efo hannar o ar ol shit dwi di colli stro fi fyd so dwi mynd i nol pedwar arall jyst in case. stros plastic di nw. wps. nid bai fi di o tho fod clwb ddim efo mynadd trio safior byd.

ma can o grease yn gorffan a

shiiit

can da. ffocin. tiwn.

dwin rhedag nol ar y dancefloor ond ma cwrw rhywun yn tollti ar braich fi pan dwin dechra dawnsio eto ffs fydd on stici drw nos wan.

mar dancefloor way rhy fach i dros 150 o bobol ia, barely digon o le i gal threesome tbh ond dwin dawnsio sut dwisio dawnsio eniwe a hitio pawb heb ddim trio tho (trio withia) ond dwim yn ffocin cerio ia achos ma pen fin teimlo fatha balwn yn fflowtio at y to isio gal trwydda fo. a dawnsio sut dwisio dawnsio yn stopio creeps a fuckbois feelio fi fyny. ma mam yn deud weithia dyla fi ddim 'gwisgo fatha slyt' achos ma hin meddwl fod o fwy likely i rapist ytacio fi os dwin gwisgo mewn ffor syn neud fi teimlo chydig llai hyll neu whatever. di hi ddim yn dalld fod o mots be ffwc tin gwisgo achos os tin hogan mar byd run mor gymaint o minefield os tin gwisgo bikini neu dillad sgio neu fuck all. vaj fi syn neud o mwy likely i rapist ytacio fi, nid ffocin fashion choices fi. mor unfair fod genod methu gwisgo be ffwc ma nw isio heb genod erill yn jyjo a hogia i gyd yn twtsiad chdi fatha ma nw bia chdi. man fucked up.

dwin downio rest o diod fi a lluchior cwpan plastic ar lawr a sgrechian y geiria i gyd achos hwn di can gym gora fi. os swn in mynd i gym ia. os swn in mynd i gym hwn sa can gym gora fi.

Deian

Dwi'n meddwl fod Anest 'di meddwi fel pawb arall, ond rhywsut (sut sut sut?), ma hi'n goleuo fel sa 'na drydan yn ei gwythienna hi ac nid gwaed fel y gweddill ohonan ni. Ella'i gwisg hi sy'n neud hi mor llachar; ffrog goch a threinyrs Adidas melyn. Neu ella y ffordd ma hi'n dawnsio sy'n neud y trydan; ma hi'n dawnsio fel sa hi newydd sylwi fod 'na adenydd yn cuddio o dan ei ffrog hi ac yn trio rhwygo'r defnydd i'w hagor nhw.

Dwi ddim yn sylwi 'mod i 'di bod yn sbio'n rhy hir rhy hir rhy hir

rhyfedd rhyfedd drwg hunanol llwfrgi gwirion afiach gwallgo pathetig gwan ffag sensitif tawel gwahanol boring plentynnaidd diwerth

tan ma hi'n agor ei llygaid. Yn fy wynebu *i*.

Dwi'n sbio i lawr ar fy ffôn, fy nghalon i'n dechra rhedeg ar ôl drymia'r gân. *Edrycha'n brysur.* Nath hi sylwi? Nath hi sylwi arna fi'n sbio arni hi?? Dwi'n meddwl

Na na stopia plis paid na

dwi'n meddwl dwi'n gallu gweld ei ffrog yn agosáu at y bwrdd lle dwi'n ista. Dwi isio bod yn baent sy'n plicio ar y wal y tu ôl i fi (symud methu symud methu symud).

Paid â sbio fyny. Ma hi 'di meddwi. Os ti'n cadw dy ben i lawr ella fydd hi ddim yn sylwi —

'Hei! Deiaaaan! Pam ti'm yn dawnsio?'

Dwi'n gafael yn dynn yn fy ffôn, digon tyn i'w dorri (ella ella?) so dwi'n llacio fy mysedd yn gyflym. Fedra i ddim fedra i ddim fedra i ddim torri fy ffôn; dim ffordd i gysylltu efo Mam wedyn.

'Ym, dwi'n... disgwyl am rywun.'

'Be?' Ma hi'n pwyso lawr yn ddigon agos i fi ogla'i hanadl hi. Ma'n ogleuo fel nodwydda mewn jeli coch; min alcohol yn cuddio mewn diod melys. Ella ma hi'n yfed sudd cranberry eto.

'Disgwyl am rywun,' dwi'n deud eto, yn *fforsio* fy mol fy sgyfaint fy mhibell wynt fy ngheg i wthio'r geiria allan yn *uwch*.

Ma hi'n gweiddi yn fy nghlust. *'Be?'* Ond cyn i fi droi fy mhen

fyny ati hi (modfedd, dwy, tair) i ateb am y trydydd tro, ma hi
'di gafael yn fy mraich efo llaw sy fel superglue a fy nhynnu
o'r gadair.

Fedra i ddim deud na. Fedra i ddim tynnu i ffwrdd. Fedra i
ddim stwffio fy ffôn i fewn i fy mhoced. Fedra i ddim symud
unrhyw beth heblaw am fy nhraed. Fedra i ddim fedra i ddim
fedra i ddim!

Sbia *lawr.*

Ma hi'n llusgo fi i ganol y dorf ac rydan ni bron yn baglu
dros draed noeth grŵp o genod sy'n dawnsio mewn cylch,
eu sodla uchel mewn cornel yn rhywle. Ma Anest yn dechra
sgrechian geiria'r gân a dwi'n sbio i fyny arni hi'n ara (ara,
ara, ara). Ma'i llygaid ar gau eto ac ma hi'n symud ei phen o
un ochr i'r llall, stribedi o'i gwallt tywyll yn dywyllach wrth
lynu i'r chwys ar ei thalcen hi. Dwi'n troi fy mhen chydig
bach (modfedd?) i'r chwith, ac wedyn i'r dde a dwi'n gweld
fod pawb yn sgrechian canu neu'n copio off neu'n dawnsio.
Fedra i ddim fedra i ddim fedra i ddim aros yn llonydd. Fydd
pawb yn sylwi!

boring plentynnaidd diwerth rhyfedd drwg hunanol llwfrgi gwirion
afiach gwallgo pathetig gwan ffag sensitif tawel gwahanol

Dwi'n ystyried copïo symudiada Anest (ella. Bron iawn. Am
eiliad?), ond ar ôl iddi hi daro pen rhywun ar ddamwain a
thywallt diod person arall dwi'n meddwl fod symud fy mhen i
rythm y gân yn ddigon. Y gân.

Ma'r gân yn newid, yn chwythu drws ar agor; Yws Gwynedd. Dwi ddim yn sylwi 'mod i'n gwenu nes ma Anest yn gweiddi yn fy ngwyneb i, 'Dwi'n lyfio Yws Gwynedd 'fyd!' cyn troi rownd a baglu i fewn i gefn Dafydd. Ma Anest yn stopio dawnsio i sgrechian 'sori' a

Na na na dim rŵan dim rŵan plis

a ma Nhw

Dos o 'ma dos o 'ma plis na NA na dim rŵan stopia stopia

ma Nhw yma na na na

toileda (lle, lle?). O 'mlaen i. Rhywle o 'mlaen i. Dwi'n meddwl (gobeithio gobeithio gobeithio).

Taro wal. Wal sy'n deud be ffwc ti'n neud mêt a...

'Paiyd, bechod!' Hogan. Llais hogan. Symud symud *rŵan*.

bechod bechod bechod PATHETIG pathetig gwan ffag sensitif tawel gwa—

Drws toilet. Drws ciwbicl. 'Di cloi. Un nesa. Agor. Talcen yn erbyn y drws. Anadlu nes bod fy nwylo'n ddigon llonydd i fi afael yn y clo.

Methu cloi. Wedi torri.

Dwi'n ista ar y llawr efo fy nghefn yn cadw'r drws yn ei le. Nôl y bocs. Tynnu dau dabled allan yn ara, ara achos ma fy mysedd i'n ysgwyd gymaint ma nhw'n teimlo fel bysedd cawr.

Llyncu. Cau llygaid. A disgwyl.

'Deiaaan? Fama ti? Dwi'n gallu gweld fo chdi'm yn cal cach sti!' Daeargryn yn y drws. Dwi'n plannu fy nwylo i fewn i'r llawr gwlyb a gwthio fy nghefn yn ôl.

Na nid fama dwi na na na

'Two seconds...'

Ma'r daeargryn yn symud i'r ciwbicl nesa. A'r wal blastig rhwng y ciwbicl nesa a fy un i. A dwi'n gweld pen Anest dros y wal, a wedyn ei breichia hi ei ffrog hi ei threinyrs hi. Ma hi'n neidio i fewn i'r ciwbicl ac yn gorffwys ei chefn yn erbyn y plastig, yn chwerthin fel swigod. Yn deud 'Haia', yn penlinio ar y llawr, pwyso dros y toilet a chwydu.

Dwi isio, dwi isio dal ei gwallt yn ôl ond fydda i methu ei chyrraedd hi; dwi ddim yn meddwl bod fy nghoesa'n cofio sut i fod yn goesa eto. Ma hi'n gorffen tagu ac yn codi ei llaw am y papur toilet, cyn sylwi fod y rôl carbord yn foel. Ond ma hi'n cadw ei braich allan yn yr awyr fel'na am chydig o eiliada, chydig bach fel braich Duw neu Adda (heb benderfynu pa un eto) ym mhaentiad *The Creation of Adam* Michelangelo ar do'r Sistine Chapel.

Ma hi'n sychu'i cheg efo'i llaw ac yn dechra pwyso ar sêt y toilet i helpu'i hun i godi ond yn penderfynu cropian ataf i yn lle. Ma hi'n ista i fyny ac yn llithro'n erbyn y llawr i ista wrth fy ymyl i, ei hysgwydd yn cyffwrdd defnydd fy nghrys-t. Dwi'n syllu ar y tsiaen fflysio, yn cyfri'r modrwya metel: 5 6 7 8 9 10 11 —

'Pam ti'n yfoidio fi?' medda hi. 'Pam ti'm yn — o shit, ti'n iawn, w't?'

Dwi'n troi ati hi. Ma hi'n syllu ar rwbath yn fy nglin. Dwi'n sbio i lawr.

Y bocs.

'Ym.' Dwi'n ei stwffio'n ôl yn fy mhoced mor galed ma'r cardbord tena'n plygu. 'Ym, yndw. Diolch.'

'Ti siŵr?'

Dwi'n nodio at y llaw sy dal yn fy mhoced. Ac yn troi fy mhen ati hi chydig bach (modfedd a hanner?) fel 'mod i'n wynebu'r rôl papur toilet gwag.

'Ym, sori.' Dwi'n cau fy llygaid. Yn dynn. Ma fy llais i'n swnio fel dwy fricsen yn crafu yn erbyn ei gilydd. 'Sori am neud i chdi fethu diwedd "Sebona Fi".'

Dwi'n teimlo ei hysgwydd hi'n symud yn erbyn fy un i wrth iddi hi droi. 'Be ti on am? Nesh i *ddewis* ffolowio chdi fama! A 'di "Yma o Hyd" heb 'di dod ar eto eniwe so ma'n ok.'

Ma hi'n pwyso'i phen yn ôl erbyn y drws (fel fi) i sbio o'i chwmpas.

'Ooooh my god yli, dan ni'n toilet hogia! Mots tho chos dwi meddwl ma 'na hogan yn y toilet yn fan'na…', ma hi'n pwyntio i'r chwith, '… eniwe, yn ffwcio rhywun. A dwi'n iwsio toilets hogia eniwe ia. Achos 'di o'm yn ffêr fod bob man im efo toilets gender neutral.'

Dwi'n nodio. Eto. Angen siarad. Deud rhwbath. Unrhyw beth. *Unrhyw beth!*

'Ym, ti… ti'n licio dawnsio?'

Be. *Be??!*

I am so amazingly ignorant.

Gwirion. Gwirion gwirion gwirion cwestiwn gwirion ma PAWB yn licio dawnsio pan ma nhw 'di meddwi, dyna ma Lowri'n ddeud!

gwirion afiach gwallgo pathetig gwan ffag sensitif tawel gwahanol boring plentynnaidd diwerth rhyfedd drwg hunanol llwfrgi

'Yndw!' Ma Anest yn troi ei chorff i gyd rownd ataf i, yn ista efo'i choesa wedi'u croesi fel sa hi yn y dosbarth meithrin. 'Ffoc, yndw!' Ma hi'n dechra bownsio ar ei heistedd. 'Esbesiyli pan dwi 'di meddwi ia, ma'n teimlo fatha, dwmbo… fatha…'

'Fatha ti'n trio agor adenydd chdi!' Ma'r geiria yn yr awyr cyn i fi sylwi 'mod i 'di'u deud nhw

na na na pam pam pam PAM fedra i ddim deud petha normal??

a dwi isio

isio

angen y geiria'n ôl, eu dwyn nhw o'r awyr a'u stwffio yn fy mhoced drws nesa i'r bocs.

rhyfedd mor rhyfedd rhyfedd rhyfedd drwg hunanol llwfrgi gwirion afiach gwallgo pathetig gwan ffag sensitif tawel gwahanol boring plentynnaidd diwerth

'Ia, I wish! I wish swn i efo wings.'

Dwi'n syllu ar y rôl papur toilet eto (byth byth BYTH am sbio fyny byth eto) so dwi ddim yn gallu deud os ydi Anest yn gwenu neu beidio.

Anest

ciwt fod o meddwl dwin dawnsio fatha genna fi wings. ffocin lyfio hynna ia. swn i lyfio fod yn creative fela. bren fi mor ffocin boring.

'ond,' medda fi a sbio lawr ar breichia fi (methu gweld scars afiach hyll fi achos mar ffrog efo slifs hir). di nw ddim yn edrych fatha breichia fi a man ffyni trio symud nw so dwin chwerthin fatha nytar cyn fi gofio fod dwi actually isio deud rwbath. ffs. 'ond os sa rhywun yn y byd efo wings tho sa fo *deffo* ddim yn fi na achos dwin kind of person shit, so.'

ffoc be ma bren tipsy fin neud ffoc stopia ohmygod so dwin dechra chwerthin fatha nytar eto, pen nol erbyn y drws a dulo dros bol fi a bob dim achos dwim isio fo deimlon awkward a dwisio fo anghofio am be dwi newy ddeud. ma di goro gwatsiad fin chwdun barod heno bechod.

ma deian yn deud rwbath ond dwi methu clwad o achos ma rhywun di agor drws toilets a llwythi o miwsic yn fflio fewn. 'be?' medda fi.

'dwi ddim yn meddwl tin… shit.'

dwin chwerthin eto. bechod. ond lwcus fyd ia, lwcus fod o ddim yn *gwbod* eto.

'hynna achos tim yn nabod fi.'

man codi sgwydda fo a sbio lawr ar sgidia fo a *wow*.

sgidia fo.

'oh my god dwin *lyfio* sgidia chdi!' medda fi. newid y conversation ond dwi *yn* lyfio nw tho! dwin meddwl ma na llun arna nw o mor a awyr a cymyla a ella seagulls taini, methu deud achos ma bob dim dal yn twistio rownda fi chydig bach ond dwin gallu gweld sgwennu arna nw fyd, sgwennu posh familiar dwi di gweld o blaen dwi meddwl. 'chdi nath neud nw?'

'ym, ia?'

'ohmygod,' medda fi, a nol ffon fi o bag bach fi. ma na crac bach newydd ar y sgrin yn gornal.

'chdi nath…' dwin trio ffindior llun yn ffast efo bysadd stici chwd fi, '… chdi nath neud hwn ar drws toilets hogia?' dwin leanio i ochor i dangos y llun idda fo. man nodio a gwenu fo un ochor o ceg fo fatha di om isio fi weld fod man gwenu. 'chdi nath sgwennu fo? poem di o ia.'

man sbio lawr ar sgidia ymeising fo. 'ia.'

'ok… ym, sa chdin gallu neud fatha ffafr i fi then? achos thing ydi ia, dwin sgwennu can i asesmynt cerdd fi, ond ma miss yn deud dwi angen geiria idda fo ond dwin shit efo geiria. *shit.* so… sa chdin gallu helpu fi plis? sa nin gallu meetio amser cinio neu rwbath?'

'ym, ok.'

dwin cadw ffon fin bag bach fi a sbio ar deian. man sbio fyny digon wan i fi gallu gweld fod on gwenu gymaint sa ceg fon gallu disgyn off a sa un ohona nin goro nol o off y llawr afiach a rhoi o nol ar gwynab fo. ych.

'dwi efo chdi ar snapchat yndw?' medda fi. man nodio eto, dal yn gwenu bechod, dal yn gwenu digon i neud i ceg o disgyn off.

ar ol ni ista am chydig yn deud im byd a walia a toilet a llawr yn sbinio sbinio sbinio a grando ar toilets yn fflysho a hogian gweiddi a hogian piso ma bren tipsy fin cofio amdan y meds yn pocad fo. 'hefyd ia,' medda fin slo, misio doublevodkacranberry ar sourz ffwcio for geiria, 'ym, tin mynd i therapi?'

usually swn i teimlo fatha ma gair therapi yn swingio nol a mlaen yn yr awyr ar fatha noose i crogi rhywun ar ol i pobol siarad amdana fo ond efo deian idk. di om yn rili teimlo fela. at all. man sbio lawr lawr a nodio. dwi meddwl man sbio ar pocad fo lle nath o rhoi meds fo gynna.

'chos ga i jyst deud ia fod man ok i chdi siarad amdan hynna efo fi iawn? a dwim yn cerio fo chdin cymyd meds so paid poeni am hynna i gyd achos dwin cal therapi fyd. group therapy. so…'

dwin codi llaw fi fyny i gal high five achos yay ma ddau ohona nin ffocd ond wedyn dwin cofio dwi newy fod yn chwdu. a gafal ar ochor toilet. yn toilet hogia. yn clwb. so dwin rhoi braich fi lawr yn ffast, ond ma deian di rhoi llaw fo fynyn barod oh my god bechod. odd o actually am high fiveio fi ar ol gweld fin chwdu reit o flaen o wtf!

Deian

Dwi'n gollwng fy mraich yn ara ac yn barod i fflysio fy hun i lawr y toilet pan ma fy ffôn i'n vibratio.

Tecst gan Mam. Ma hi 'di cyrraedd.

'Ym, dwi'n goro mynd ŵan,' medda fi. 'Sori.'

Ma Anest yn rowlio'i llygaid. 'Fuck's sake, ti'm yn goro deud sori am bob dim, sti. Ti jyst yn existio a ma hynna'n ocê. Hynna ma pawb arall yn neud. Iawn?'

Dwi'n nodio at fy sgidia ac yn codi, yn ara,

yn ara,

a rhywsut ma fy nghoesa'n gweithio eto.

'So 'na i weld chdi dy' Llun ia?'

Dwi'n nodio. Eto. Dwi'n chwilio ym mhob man, yr holl ffordd lawr at fysedd fy nhraed ond: dim geiria. Dim geiria yn unlle. Fory dwi isio creu darlun ohona fi'n trio rhwygo geiria o'r tu fewn i fi ac allan trwy fy ngheg. Ella fydd y geiria yna'n ffurfio cerdd, dwi ddim yn gwbod eto.

Ond, ond ydi hyn yn digwydd, *go iawn*? Ydi hi *isio* treulio amser efo fi?? Fi!! Ac nid achos ma hi'n teimlo bechod drosta fi, ond achos ma hi *isio*. Achos ma hi isio i fi *helpu* hi!

Wrth gerdded allan o'r toileda dwi'n cadw fy mhen i lawr ac yn canolbwyntio ar y cwpana plastig a'r straws a'r staenia gludiog achos dwi'n meddwl, dwi'n meddwl fod y wên ar fy wyneb i'n fwy llachar na'r haul.

8

Anest

dwin ista ar soffa yn living room efo dad yn bora rol gal paracetamol (mond dau) a chwdu (mond un waith! so far). dad 'isio chat bach'.

ffs.

nath o nocio ar drws fi way rhy gynnar, fatha 11am. wedyn nath o gerddad fewn heb fi ddeud tyd fewn a ifyn tho dwi ddim yn heitio dad nesh i feddwl basdad achos nath o ffocin deffro fi do a genna fi ddim mynadd at all neud im byd heddiw, ifyn llnau meicyp neithiwr off gwynab fi, a wedyn nesh i feddwl bas*dad* a swn i di chwerthin ar pun shit fy hun ond on im isio dad feddwl fod dwin nyts yn chwerthin am im byd achos ma hynnan wiyd a dwim isio fo meddwl dwin wiyd fela achos neith o boeni amdana fi wedyn a dwim isio fon poeni amdana fi ia achos dwin gwbod sa fo yn os sa fon gallu mind readio. ffoc dwi mor lwcus fod neb yn teulu fin gallu mind readio.

dwin sbio lawr ar dulo fi, ar y nail varnish bob lliw nesh i rhoi ar ddoe cyn y sesh. ma di dechra dod off yn barod ffs so dwin dechra pilior rest off.

dwin clwad fake leather y soffan neud twrw rhechu dan tin dad (dwi bron yn chwerthin am ben hynna fyd ond dwin fforsio fy hun i ddim neud achos sa dad yn meddwl dwi ifyn fwy nyts os sa fo meddwl dwin chwerthin ar shit syn swndio fatha rhechu fatha hogyn bach deg oed) wrth idda fo symud coesa endlys fo (byth mynd i forgivio dad am rhoi coesa fo i fi) a ifyn heb fi sbio arno fo dwin gwbod fod on rhoi o bach i cefyn pen fo lle man mynd yn bold.

'ma bob dim yn ok, yndi boi?' ma rwbath am llais fon neud fi isio stranglo fo.

dwin nodio. pilio nail varnish piws glityr. dwin meddwl ma di bod yn dror yn rwm fi ers on i fatha saith.

'achos… da nin poeni amdana chdi sti. dwim yn meddwl dwin cofior tro dwytha i chdi fyta efo ni!' man rhoi llaw fo ar penglin fi. petio fo fatha man petio ci.

ffoc. dwi goro deud rwbath yndw. 'yyy…' medda fi. ffs. dwi goro deud rwbath *call* nid jyst *rwbath*.

'dwin neud gwaith,' medda fi, 'gwaith ysgol.'

pilio nail varnish gwyrdd, dal sbio ar bysadd achos wedyn fydd o methu sbio fewn i llgada fi a gweld bo fin deud clwydda achos dwin shit yn deud clwydda ia. hynna chydig pam dwin trio yfoidio mamadadaalys gymaint dwi gallu. 'isio pasio blwyddyn yma so dwi di dechra neud notes ar gyfer exams yn barod. a ma na lot o lesyns extra ar ol ysgol fyd. man intense.'

dwin gallu gweld on nodio o gongol llgada fi. 'iawn. ia, man ysgol reit dda dydi?'

dwin brathu lips gwulod fi i stopio fi chwerthin. eto. hyn yn torture ia.

'ani, cofia ddeutha ni os ma unrhyw beth yn poeni chdi, iawn?' swn in gallu iwsio gwallt fi i stranglo fo.

dwin nodio. genna fi llaw cyfa efo gwinadd heb lliwia wan so dwin tynnu troed fi fyny ar soffa i dechra pilio nail varnish off bys mawr troed fi.

ma dad yn petio penglin fi eto a codi a cerddad ffwr ond dwisio fo aros. dwisio fo aros *gymaint*. dwisio fo grabio pen fi efo dulo fo a *fforsio* fi siarad fewn i llgada fo so fod on gallu deud fod dwin deud clwydda. dwisio dwisio dwisio

ond dwi methu na. achos dwi ddim werth o idda fo poeni fela. achos ma ifyn basdad yn haeddu plentyn gwell na fi.

Snapchat 23:53

Anest: haia! hwn di link i can fi i chdi dechra meddwl am geiria os tisho
Deian: Heia! Diolch :)
A: tin free amser cinio dy llun btw??
Deian: yndw! ti?
A: yndw! so tin ok i meetio amser cinio d llun i meddwl am geiria?
D: *Deian is typing*
A: btw tin gwbod am dosbarth sa ni gallu mynd i??
D: Yndw! ella dosbarth cerdd 4A ella? achos mae o fel arfer yn wag dwin meddwl!

A: ideal, see you amser cinio dy llun then!
D: Iawn, edrych mlaen :)

Deian

Dydi hi ddim yn canu geiria, mond deud www a aaa a hymian yr alaw ac mae'i llais hi'n *dda* ond ddim mewn ffordd fydd yn ennill unawd merched yn steddfod ysgol achos dwi'n meddwl sa hynna'n rhy beryg; fysa'i llais hi'n neud i'r ffenestri a'r drysa i gyd chwythu ar agor. Dwi'n meddwl ma'n debyg i'w llais hi pan ma hi'n siarad – fel y gorwel – ond ma fel petai'n peintio'r gorwel wrth iddi hi ganu, nid jyst ei lenwi fo.

Dwi'n gwasgu Play eto. Eto. Ac eto. Ac eto.

Dim geiria. Dwi ddim yn gweld geiria eto ond dwi'n agor llyfr sgetsio ar fy nesg ac yn gadael i'r bysedd cymyla fy arwain i *bob man* (fel yn y toileda yn yr ysgol!) a dwi'n gweld bydoedd dwi heb ddychmygu ers blynyddoedd, breuddwydion o'n i 'di anghofio, teimlada oedd 'di gadael am byth a llunia sa *neb 'di'u gweld o'r blaen* (erioed!!) a dwi'n defnyddio pensil i sgetsio ond rhywsut (sut?) ma'n teimlo fel dwi'n peintio efo lliwia sy 'di bod yn cuddio ym mhocedi'r gwynt tan rŵan a dwi'n gadael y gadair ac yn sefyll ac wedyn yn hedfan (Ella. Bron. Ddim go iawn. Na. Ella.) a dwi isio deud wrth Anest fod hi 'di creu rwbath sy 'di creu hyn a hyn

> *I was keenly aware even then of the relationship between colour and... music.*

a *hyn*

tu fewn i fi ond dwi ddim yn gwbod sut i gyfieithu *hyn* i fewn
i neges Snapchat

gwirion afiach gwallgo pathetig gwan ffag sensitif tawel gwahanol
boring plentynnaidd diwerth rhyfedd drwg hunanol llwfrgi

so dwi'n rhoi ei chân ar Repeat tan ma Mam yn nocio ar y
drws i ddeud fod te'n barod. A dwi'n gorfod deud 'yna mewn
munud' achos ma fy nghalon i'n mynd yn rhy gyflym a dwi'n
gorfod gorwedd ar y gwely am chydig a disgwyl a disgwyl
a disgwyl nes dwi'n eitha siŵr 'mod i'n gallu cerdded trwy'r
drws heb fynd ar dân.

Anest

mar dwrnod yn cymyd y piss mwy na usual heddiw a dragio at
amser cinio. dwi di anghofio neud gwaith cartra cerdd achos on i
efo hangover masif ddoe a nath hynna neud i bren fi teimlo fatha
mwd. on i methu ifyn consyntretio ar netflix. dwi di anghofio
ffoldyr bac fyd so dwin dysaidio anghofio mynd i bac. a finally,

finally,

ma gloch cinion mynd a dwin byta cinio dy sul fi mor ffast ma tin
fin barely twtsiad cadar a mynd lawr o cantin i rwm cerdd 4a.

dwin agor drws a ma deian yn ista yn cefn y stafall yn barod, cefyn
fo ata fi a headphones ar yn chwara fo keyboard a byta bechdan
chwd babi aka chicken tikka o cantin. dwim yn meddwl fod on
gwbod dwi yma eto so (way way rhy tempting!) dwin mynd at

y piano mawr yn ganol y stafall a hitio dulo fi lawr ar y noda isal yn neud cord mor ychal ma breichia fin vibratio a man jympio a bron yn disgyn off y stol plastic bechod, headphones mawr du yn crasio ar lawr.

dwin trio ddim chwerthin. dwin trio *for real*.

'sori!' medda fi a cleimio dros stol y piano i nol y headphones o llawr, 'odd o way rhy tempting.'

'man iawn,' medda fo a nol y headphones genna fi, 'diolch.'

man gwenu ond ma dulo fon ysgwyd chydig wrth gal yr headphones genna fi. shit. *idiyt*. dwisio gofyn os di on ok ond dwi ddim achos sa probyblin neud fon uncomfortable i pointio hynna allan ia.

'tin gallu chwara keyboard?' medda fi wrth idda fo rhoir headphones nol ar ben y keyboard.

'chydig,' medda fo.

'a fi, chydig. di dysgu off youtube. ond dwin licio chwara uke mwy tho.'

thing ydi, dwin well ar ukulele achos man haws na keyboard a piano. dwi jyst ddim digon talyntyd i chwara piano fatha ti fod i.

dwin ista lawr ar stol piano a nol uke fi allan o bag fi. nesh i rhoi o mewn tri plastic bag i trio watsiad ar ol o. man un cheap melyn a tin gallu gweld lliw fo ifyn trw y tri layer o plastic bag. nesh i gal o efo pres o job fi dau blwyddyn yn ol, ar ol gweld cover ukulele ar youtube o rhywun yn neud theme song friends.

ma deian yn nol cadar i ista ymyl fi. 'ti di meddwl am geiria eto?' medda fi. dwin chwara rownd efor cords fyny octef. man swndion ciwt fyny fama.

'ym, do. do, ond mond syniada.'

man nol notebook fo o bag fo a sbio trwydda fo yn chwilio am y pejan iawn a dwin gweld lot o llynia wrth idda fo fflio pasio nw, un o rhywun yn sbio ar y mor, un ciwt o ci, a sgwennu posh fatha odd o di neud ar cefyn drws toilet efo lot o llynia bach rownd y sgwennu. man ripio dau pejan allan o rwlan ganol y notebook a rhoi nw i fi heb sbio fyny.

'ym, dwim yn gwbod,' medda fo, dal yn sbio ar bag fo, 'mond syniada di nw. sori.'

dwi am ddeutha fo i stopio deud sori eto ond dwi methu achos dwi mor siocd. ma art on *ymeising* (on in kind of gwbod hynnan barod ond ma dal yn wow). ma di llenwi un or pages efo geiria ond ddim yn sgwennun stret at all. ma chydig or geirian twistio fewn at i gilydd mewn spiral fatha dwr lawr sinc, rhai mor fach dwin goro neud i trwyn fi bron twtsiad y papur i trio darllan nw a rhai mor fawr mar geirian mynd dros y geiria erill i gyd. ma pejan arall jyst llawn sgetsys bach o rhai petha dwin gwbod amdan, fatha bloda yn plygu drosodd efo gwynt ella a jar di torri efo rwbath yn dripian allan ond ma na rhai petha dwi ddim yn gwbod amdan, fatha rwbath syn edrych fatha siap llaw yn dod allan o dwr, y bysadd fatha fod nw di neud allan o tonna siap wiyd a balwns yn dragio rhywun lawr twll dan ddaear yn lle fyny.

waw. ma di neud hyn i gyd i can fi?

'waw, diolch,' medda fi, 'hyn yn ymeising! odda chdi ddim di goro neud hyn i gyd sti.'

man gwenu a sbio ffwr, yn rhoi y sketchbook nol yn bag fo yn slo fatha sa fo efo gwydyr yndda fo a nid papur.

'tim yn deud lot na?' medda fi a ifyn tho dwin trio neud o swndio fatha joc dwin rygretio deud o stret ywe a dwi fatha *ffoc* be syn rong efo fi wtf achos ofiysli ma deud rwbath felan mynd i neud i rhywun teimlon uncomfortable yndi. idiyt. idiyt idiyt idiyt. man chwara efo sip ar bag fo. pam pam pam idiyt *wtf*.

'dwin meddwl…' medda fo, dal yn chwara efo sip bag a dwin teimlo fatha dwin goro sgwintio clustia fi i glwad o achos dwin meddwl ma sip fon fwy ychal na llais fo, 'dwin meddwl dwi ofn deud rwbath anghywir?'

dwisio gofyn wrtha fo sut ma person yn gallu deud rwbath rong os ti jyst yn bod yn chdi dy hun neu whatever a deud be tisio deud ia, bwlshit crinj fela. ond dwi ddim yn deud hynna achos man bwlshit crinj so dwin deud ok dalld a mynd nol i chwara rownd efor cords octef yn uwch ar uke fi.

*

dwin sterio ar llynia deian am eijys tan dwi di dysaidio sbio ar un llun i consyntratio ar syn neud fi feddwl amdan lein cyntar gan a hefyd dwin lyfio fo achos ma mor relatable ifyn tho dwi ddim yn dalld o go wir so ella di o ddim yn relatable at all ond idk. i guess ma art yn gallu bod yn whatever tisio fo bod yndi? dwim yn gwbod ia.

eniwe be ydi o ia ydi fatha sketch o hogyn yn trio tynnu geiria rhegi allan trw ceg fo efo llinyn di neud allan o geiria fyd, ond ma sgwennu sy di neud y llinyn yn taini a mewn sgwennu posh fo a dwi methu dalld be man deud a dwim rili isio gofyn achos dwim isio fo feddwl fod dwi hynna stiwpid a ddim yn dalld art.

no idea pam dwin cerio gymaint a hyn am y geiria ia. di *nw* ddim yn cerio am y geiria, dicks cbac fydd yn asesu gwaith ni, mond y miwsic. dwi jyst heb di rili *neud* rwbath o blaen, rwbath dwin licio eniwe, a dwisio neud on *iawn*. ma kind of fatha dwin tynnu bits o calon neu lyngs fi allan a dwisio witsiad ar ol nw so fod dwin gallu rhoid nw nol fewn wedyn. achos dwin meddwl ma rhai bits ohona fi withia dal yn haeddu gal u witsiad ar ol ella, y bits dir dead body methu twtsiad bob tro. bits sy dal yn gwbod sut man teimlo i fod yn normal a hapus a llai shit fatha pobol erill. idk.

man teimlo fatha sa ddim digon o amser di pasio pan mar gloch yn mynd.

'tin chwara rwbath arall?' medda fi wrth idda ni dechra cadw bob dim, 'ne mond piano?'

'ym, chydig o bass guitar?'

ffoc dwi mor jelys ia. swn in lyfio gallu neud llynia a sgwennu poems *a* chwara instruments fyd. mor jelys o talents fo i gyd a dwisio deud hynna wrtha fo i fo gal gwbod faint mor lwcus di o ond misio neud fon uncomfortable na so dwi jyst yn deud 'cwl!' fatha ffocin weirdo. 'sa chdin gallu dod a fo tro nesa then? sa fon fun adio mwy ir can ia, ifyn os di o ddim yn mynd at y final asesmynt.'

man nodio a sbio lawr ar y pages o syniada yn dulo fo. dwi di agor drws 4a pan man deud enw fi so dwin troi rownd.

'diolch am… am ofyn i fi helpu chdi.' man chwara efo un or pages, yn plygu fo eto a eto. ella man trio neud origami allan o fo. sa fo probyblin gallu neud origami ymeising ia.

dwin gwenu a man teimlon *anodd* fatha trio pwsho gola haul trw ffenast neu rwbath, ffenast fo mwd hyd y fo i gyd. ond dwin neud o.

'iawn sti… diolch i *chdi* am agreeio i helpu fi ia! tisio meetio amser cinio dy iau os tin free?'

'yndw. ia,' medda fo a nodio mor ffast ma gwallt on disgyn lawr dros llgada fo bechod ond di o methu pwsho fo ffwr achos ma dulo fon ganol rhoi cot fo ar. 'yndw.'

dwin gwenu arna fo eto ifyn tho man sbio lawr, wedyn cicio trw drws.

thing ydi ia, dwim yn meindio bod ar ben fy hun na achos hynna di thing hawsa i pawb. ond idk. dwim yn meindio bod efo deian achos ma mond yn deud y geiria man goro deud. y geiria sy mwya pwysig neu whatever. dim bwlshit. a ma bach yn fucked up fatha fi. so ella ma *angen* fi (ych), ifyn y fi rili shit syn existio wan. a tbh dwin meddwl ma hynnan ok.

Deian

'Nes i osod y larwm ar fy ffôn yn gynt bora 'ma so dwi efo digon o amser ar ôl cael cawod a neud coffi a gwisgo i sbio arnaf i fy hun yn y drych hir yn stafell Mam. Rhag ofn.

rhyfedd rhyfedd drwg hunanol llwfrgi gwirion afiach gwallgo pathetig gwan ffag sensitif tawel gwahanol boring plentynnaidd diwerth

Na. Mond gitâr fas ydi hi. Mond ces mawr du 'di'i orchuddio efo staenia sticeri gwyn. Dim arch. Dim ces llawn dwylo 'di'u torri i ffwrdd.

(Be?! *Dwylo 'di'u torri i ffwrdd*?? Ella oedd Anest yn siarad gormod am raglenni trosedd dydd Llun? Ella?)

Ond dwi ddim (dwi ddim dwi ddim dwi ddim) 'di mynd â'r gitâr fas i'r ysgol o'r blaen. Erioed. Dim gwersi, dim asesiada perfformio TGAU Cerdd, dim band steddfod ysgol. Dim byd, *byth*. Fydd o'n teimlo fel llusgo'r tŷ efo fi trwy'r coridora! Lle dwi fod i'w gadw fo? O'n i fod i gael caniatâd i ddod â fo??

Stopia. Stopia stopia stopia fydd Anest yn gwbod *stopia*.

Dwi'n agosáu at y safle bỳs stopia stopia stopia a shufflo playlist

Jazz for Relaxation ar Spotify stopia stopia stopia. Dwi'n ddigon agos i bawb fy ngweld i rŵan – *lawr lawr lawr sbio lawr* – a dwi'n llusgo'r tŷ efo fi i'r ysgol pam pam pam paid â sbio fyny achos ma nhw'n syllu paid â sbio paid

stopia.

Bỳs yn cyrraedd. Grisia. Gitâr i lawr. Walet. Pas bỳs. Gafael yn y gitâr eto. Symud. *Symud.* Ista.

Dwi'n anadlu. Anadlu anadlu anadlu a gosod y gitâr ar y sêt drws nesa i fi ond ma'n edrych yn rhyfedd yn fan'na rhy ryfedd rhy ryfedd,

rhyfedd drwg hunanol llwfrgi gwirion afiach gwallgo pathetig gwan ffag sensitif tawel gwahanol boring plentynnaidd diwerth

fel sa fi'n wallgo ac yn meddwl bod yr offeryn yn berson, so dwi'n ei roi o ar lawr. Ista'n ôl. Cau llygaid. Mewn am bump eiliad… dal am dri… allan am saith.

Ma Dizzy Gillespie'n berwi yn fy nghlustia so dwi ddim yn sylwi fod y bỳs 'di stopio eto nes ma rhywun yn chwifio llaw o flaen fy wyneb i, rhywun efo nail varnish lliw gwahanol ar bob gewin. Dwi'n tynnu'r headphones i ddeud sori ond ma Anest 'di dechra siarad yn barod – cyn ista lawr yn y sêt o 'mlaen i hyd yn oed – yn siarad fel rhaeadr, fel nesáu at raeadr ar dro hir ganol haf. Ma hi'n deud ei bod hi newydd faglu dros ei chath (Wali? Wini? Ma hi'n siarad yn rhy gyflym!) a disgyn fewn i wal a bron malu'r ukulele oedd yn ei dwylo hi ar y pryd a ma hi ma hi'n *dda* am siarad a dwi'n cenfigennu'n syth

hunanol llwfrgi gwirion afiach gwallgo pathetig gwan ffag sensitif
tawel gwahanol boring plentynnaidd diwerth rhyfedd drwg

achos dydi ei dwylo hi byth yn rhy llonydd byth yn ysgwyd
byth yn edrych yn rhyfedd fel dwylo crancod neu rhwbath.
Achos dydi setting volume ei llais hi ddim wedi torri. Achos
mae'i hwyneb hi fel caleidosgop ac achos dydi hi ddim yn
baglu ar ei geiria ond yn cael ei thynnu i fyny ganddyn nhw, i
fyny ac i fyny at do'r bỳs.

   it seems to me that you paint with words.

Rhywbryd yng nghanol ei stori ma hi'n tynnu ei het (un las
tywyll efo bobl oren) a'i rhoi ar fy mhen a fi ydi'r tŷ rŵan, nid
y gitâr, y tŷ 'di'i beintio'n felyn a bob dim ond fedra i ddim
(fedra i ddim fedra i ddim) tynnu'r het achos fydd hynna'n
brifo'i theimlada hi (na na *na*)!

anghwrtais anghwrtais hunanol llwfrgi gwirion afiach gwallgo
pathetig gwan ffag sensitif tawel gwahanol boring plentynnaidd
diwerth rhyfedd drwg

Gwrando. Gwranda. Jyst *gwranda.*

Rhywsut (sut? *sut?*) ma hi'n neud i'r stori bara'r holl daith i'r
ysgol. Swn i'n rhoi unrhyw beth, *unrhyw beth* i allu siarad yn
hyderus fel'na am amser mor hir! Swn i'n hapus i beidio gweld
lliwia am *flwyddyn,* y byd i gyd fel ffilm ddu a gwyn, i allu
siarad fel Anest. So dwi'n meddwl dwi'n mynd i ymroi am

weddill fy mywyd i ddyfeisio rhwbath fydd yn neud hi'n bosib i fi amsugno'r ffordd ma Anest yn siarad fel hoover a'i saethu'n syth i fewn i fy ngwythienna.

Wrth i'r bỳs arafu ma Anest yn neidio i fyny fel sa'r geiria di'i thynnu hi i fyny go iawn (dwi'n *gorfod* cofio darlunio hynna wedyn!) ac ma hi'n neidio dros y grisia at y palmant. Dwi'n trio dilyn Anest, yn dal y gitâr yn dynn ataf i i wasgu heibio'r seti yn y ffrynt a dwi'n ddigon agos y tu ôl iddi hi i'w chlywed hi'n galw wrth gerdded wysg ei chefn fewn i grŵp o hogia Blwyddyn 9.

'Gweld chdi wedyn!'

Wedyn ma hi'n dechra rhedeg at y bloc Cerdd i gadw ei ukulele yn y storfa offerynna cyn cofrestru. Dwi'n meddwl dyla fi ei dilyn hi – dwi'n dal i wisgo'i het a dwi angen cadw'r gitâr hefyd – ond fedra i ddim fedra i ddim *fedra i ddim* symud achos dwi'n teimlo, dwi'n teimlo fel sa hi newydd ddangos i fi sut i hedfan

a *fy wyneb i,* ma fy wyneb i'n llawn o'r haul eto fel oedd o yn y parti, ond dwi ddim dwi ddim dwi ddim yn (fedra i ddim!) sbio i lawr. So (am eiliad, am rŵan, am chydig, am heddiw) dwi'n gadal i'r gola ddianc.

She & I are two unhappy people who keep each other company and share a burden, and that is precisely why unhappiness is making way for happiness, and the unbearable is becoming bearable.

⋆

Dwi ddim yn dilyn Jac a Gwion pan ma gloch cinio'n canu. Dwi ddim yn mynd i'r toileda chwaith.

Dwi'n dilyn Anest allan o'r dosbarth Bac ac ma hi'n troi rownd ataf i, yn gwenu fel sa hi 'di *disgwyl* i fi ei dilyn hi, fel sa hynna'n normal, fel sa *fi*'n normal! Dwi'n trio trio trio cerdded yn gyflymach i ddal i fyny efo'i choesa hir hi a gwrando arni hi ar yr un pryd wrth iddi hi gwyno am tweets YouTuber a dwi'n teimlo, dwi'n teimlo fel sa fi *i fod* yma (ella, ella.

Perhaps, perhaps I am therefore on the right track.

Bron iawn. Ella) a dwi ddim yn gallu gweld y Dwylo yn unman, ddim ar y gorwel hyd yn oed ac ma hyn i gyd a lleisia pawb ar yr iard a'r mynyddoedd tu ôl i'r cymyla yn y pellter a'r adar ar y polion trydan a'r lliwia yn y gwynt a'r cyfrinacha sy tu ôl i'r awyr i gyd, bob dim,

bob dim, yn teimlo'n *iawn.*

9

Anest

no idea sut ffwc nesh i basio test dreifio fi ia.

dwim yn cwyno nam byd, ofiysli! ond wow. on in meddwl fod y byd di rhoi give up arna fi.

ond thing ydi ia, dwim yn fatha over the moon amdana fo nam byd. di om yn big deal. ma pawb yn dysgu dreifio yn diwadd yndi. man thing sy yna drwr adag a goro bod yna drwr adag. mor yna drwr adag ti ddim yn sylwi arna fo ddim mwy. fatha trwyn. neu beyonce. na, fatha bryn fon. beyonce lot rhy sexy i ddim sylwi ar. ngl dwin lyfio cyrradd ysgol tho efo citroen bach silfyr fi (which dwi di rhoi enw i. wincli no.2 aka no.2 achos genna fi ddim imagination). a parcio (parallel parking!!) heb lladd rhywun.

genna fi a deian dau free lesyn lesyns ola ni heddiw so da ni di dysaidio mynd i dosbarth cerdd 4a adeg yna yn lle amsar cinio. da nin chwara rownd chydig tan da ni di ffeindio lein ar bass guitar dwin licio i deian chwara a dwin adio fo i can fi ar computer ysgol. ma deian yn newid chydig or geiria wedyn tho achos ma isio rwbath syn neud mwy o sens efo bass yna fyd achos ma hynnan newid sut mar can yn teimlo idda fo yparyntli. dwin meddwl fod o bach o perfectionist efo shit ma bechod ond dwin dalld achos dwi dal isior geiria fod yn *iawn* yndw ifyn os sa neb arall yn cerio ond ni. wedyn ar ol hynna da nin dechra meddwl amdan y pennill nesa ar middle 8.

ar ol gorffan dwi ganol trio stwffio uke fi fewn i bag ysgol pan dwin clwad deian yn wisbro shit a dwin troi rownd stret ywe a trio ddim chwerthin achos tbh dwi meddwl hynna di tro cynta i fi clwad fon rhegi!

'da ni di methur bỳs,' medda fo, ffon on disgyn ar lawr wrth idda fo rhoi y notebook nol yn bag fon ffast.

shit. natha ni ddim clwad gloch yn mynd. ond witsia,

shit. dwi fo car! dwifocardwifocardwifocar

'nesh i dreifio i ysgol heddiw! beisycli newy basio test fi ond os tisio lifft dwin gaddo na i trio ddim lladd chdi.'

ma deian yn gal ffon fo off llawr a rhoi on pocad fo, dal yn sbio rownd llawr yn ffast ifyn tho dwi ddim yn meddwl nath o gollwng im byd arall ia.

'ym, dwi... dwin iawn. diolch. na i... dwin meddwl na i ffonio mam. neith hi nol fi. diolch.'

dwin meddwl ma llais on ysgwyd chydig. shit bechod.

'dwim yn meindio at all sti. fydda chdi adran ffastach os dwin dreifio chdi eniwe.'

man mynd yn rili distaw a sbio ar sgidia fo a dwin gallu deud fod o rili ddim isio lifft genna fi, probybli ddim yn trystio fi fatha dreifar, sy fair enough, ond dwin nosy bitch ia a dwi isio gweld ty fo. ddim mewn ffor creepy. jyst curious yndw, fatha pawb arall. so dwin insistio.

'tyd, fydd on fun, gei di dewis y tiwns!' dwin gafal yn bag fo a cerddad allan o 4a so di o methu neud im byd ond dod ar ol fi.

Deian

Na na na fedra i ddim fedra i ddim

Fedra i ddim dewis y 'tiwns', dwi ddim isio dewis y 'tiwns', dwi ddim yn mynd i ddewis y 'tiwns' achos be os (be os be os) dwi'n dewis cân fydd Anest ddim yn licio??

Pam pam *pam* dwi byth yn gwrando ar gerddoriaeth *normal* fel pawb arall? Dwi isio clustia eraill, clustia newydd. Clustia *normal*!

Ma Anest yn rhoi'r gitâr yng nghefn ei char bach ac yn clirio bagia McDonald's o'r sêt flaen a'u taflu ar lawr yn y cefn. Normal normal normal dwi'n berson normal efo clustia normal sy'n licio cerddoriaeth *normal*.

'Sori am y mess...' medda hi wrth ddringo dros y gearbox at sêt y gyrrwr.

'Paid â poeni,' medda fi wrth roi'r belt ymlaen, ond dwi'n gobeithio'i bod hi heb glywed achos (na na na) dwi'n swnio fel y bochdew gafodd Lowri pan oedd hi'n Blwyddyn 6 cyn iddo fo ddianc. Nath Mam ffeindio fo'n farw y tu ôl i'r boiler ond dydi hi dal heb ddeud wrth Lowri.

Wrth i Anest blygio'i ffôn fewn i'r aux chord ma hi'n gofyn lle dwi'n byw. So dwi'n deud wrthi hi.

'Waw,' medda hi. Ma hi'n troi ataf i, y belt yn llithro o'i llaw ac yn clecian yn erbyn y drws. 'Ti'n byw wrth *lan môr*? Ti mor lwcus. Swn i'n lyfio deffro bob bora a gweld y môr ia.'

'Ym…' Ma'r Dwylo'n gwasgu fy ngeiria i gyd nes eu bod nhw'n troi'n lludw.

Na na na stopia stopia NORMAL

Ma Anest yn dechra injan y car a nodio i lawr at ei ffôn. 'Tisio dewis tiwns? 190802 ydi passcode. Jyst paid â chwara George Ezra tho. Llais o literally'n neud fi gysgu. Wiyd.'

'Iawn,' medda fi (normal llais normal) a nôl ei ffôn o'r cupholder. Dwi'n sgrolio trwy'r playlists ma Anest 'di neud ar Spotify (normal bysedd normal) ac yn troi at y ffenest i guddio gwên wrth weld playlist *throwbacksss!!* yn llawn caneuon One Direction a Justin Bieber a *High School Musical*. Ma 'na un playlist o'r enw *TUNES* efo emoji sbectol haul sy'n llawn clasuron roc. Dwi'n tapio ar y gân oedd hi'n licio ym mharti Dafydd ac Amy.

'Oh my god *lyfio* hwn!' medda Anest a dechra canu'r geiria wrth roi'r indicator mlaen i ni adael maes parcio'r ysgol. Dwi'n troi at y ffenest eto, i drio (trio, trio) cuddio'r rhyddhad sy'n hollti fy wyneb i'n ddau.

Anest

ar ol ni adal ysgol dwin goro rhoi data ar i gal spotify achos dwi methu affordio spotify premium am ben petrol ar ol i mam fforsio fi cwitio job fi. ma hi isio fi iwsior amser i neud gwaith ysgol.

ma ffon fin pingio a dwin gofyn i deian ddeud y tecst allan i fi. dad isio fi gal llefrith ar ffor adra.

dwin stopio car fi o flaen spar da nin pasio a ma deian yn dilyn fi fewn ir siop.

'nath dad ddeud pa llefrith odd o isio?' medda fin freezio bols fi off yn yr aisle ffrij.

'dwim yn meddwl?' medda fo.

shit. ma teulu fi angen fatha deg gwahanol llefrith 24/7. whole milk i coffi dad, semi skimmed i te mam, non sweetened oat milk i cereal mam a almond milk i cereal alys. a fi syn mynd yn nyts!

'fucks sake,' medda fin wisbro a sterio fatha idiyt ar y lliwia gwahanol i gyd. dwin grabio un efo top glas achos glas dir lliw gora allan or tri a oat milk fyd achos ma mam yn mynd ifyn fwy pissed off na usual pan di heb di gal brecwast low fat.

ma deian yn witsiad amdana fi wrth y drysa automatic wrth fi dalu wrth y tils achos dos nam self checkout yn fama ofiysli.

dwin deud diolch wrth y boi tu ol ir til heb sbio yn gwynab fo a rhoi y llefrith yn bag ysgol fi. man cymyd hir i fi neud achos mar sip yn jamion barod ifyn tho mar bag yn newydd ers fatha mis a dwin *teimlor* hen ddynas syn disgwl tu ol i fin yn jyjo fi. ych. talu wrth tils yn traumatic.

dwi di rhoid goriad yn drws car fi a wedyn

ffoc.

lle ma deian? shitshitshit dwi di anghofio amdana fo! ella odd on goro prynu rwbath fyd?

dwi meddwl dwin edrych fatha person nyts yn cerddad rownd siop dau, tri, pedwar gwaith yn trio ffindio fo. wtf? dwin cerddad allan a deud enw fo. a eto. ma dyn yn cerddad bulldog hyll af yn rhoi dyrtan i fi. dwin rhoi dyrtan nol i fo. galw enw deian eto. lle ffwc ma di mynd?

dwin cerddad rownd i cefyn siop a fanna lle dwin gweld o. at last! man ista yn y gap tywyll rhwng y siop a wal cerrig y ty semi detached drws nesa, ymyl wheely bin a gas cans masif a rusty. wtf

'be ti neu?' medda fi wrth sgwisio heibior wheely bin i gal ata fo, 'tin iawn wt?' ond dwin rygretio deud o stret ywe achos man ofiys fod o ddim yn iawn ia. *shit*. man crynu mwy na on in neud o flaen y llefrith i gyd yn siop a gafal yn gwallt fo fatha man trio neud i hun yn bold. shitshitshit. mar llawr yn sgym ia, yn lyb efo shit mwy afiach na dwr probybli, cans o red bull dros bob man a chydig o gwydyr di smasho ond dwin ista lawr eniwe.

stret pan dwin ista lawr ma deian yn troi pen fo oddi wrtha fi. ella man crio neu rwbath. shit bechod. be dwi fod i neud? idyt idiyt *idiyt*! dwin trio cofior holl crap dwi di gwatsiad ar teli, ar netflix a amazon prime, yn trio trio trio cofio be dwi di gweld pobol yn neud pan ma rhywun yn gal panic attack. so dwin neud be ma nw i gyd yn neud ifyn tho ma jyst a neud fi chwdu dwin crinjo gymaint, dwin rhoi breichia fi rownda fo a cau llgada a man teimlon fach fatha deryn syn styc yn ty, briddio a calon fon teimlo fathar wings yn hitio ffenast yn ffast ffast.

ar ol chydig dwin clwad briddio fon slofi finally ohmygod achos ma oglar bins yn neud fin chwil. dwin tynnu breichia fi oddi wrtha fo.

'tin iawn wan?' dwin trio neud llais fin sofft fatha un fo. man nodio, dal yn sbio ffwr oddi wrtha fi.

'tisio mynd i car wan?' medda fi a leanio ar wal concrit y siop i codi off llawr, 'hymian fama yndi.'

*

dwin dreifio ffwr o spar ond di deian dal im yn deud im byd, mond sbio allan o ffenast a gafal set y car yn dynn dynn fatha da ni ar rollercoaster heb seatbelt. di o heb di sbio arna fi at all ers fi ffindio fo tu ol i siop.

dwin heitio ddim siarad efo rhywun arall yn car ia ond dwim isio chwara miwsic. sa hynnan teimlon rong, afiach tbh, chydig fatha rhoi meicyp ar y dead body yndda fi. so dwin goro deud rwbath yndw. dwin goro.

ffoc.

'ym, gei di siarad efo fi sti. os tisio. dwim yn addo advice neu wisdom na shit fela tho. at all. ond genna fi… genna fi, fatha, clustia.' be. ffwc. 'so. os tisio…'

cau dy ffocin geg.

dwim yn gwbod os dwin deud y petha iawn ia ond man well na deud im byd yndi?

'so, aye.' *aye? pam ffwc dwi newy ddeud aye?* 'paid a poeni iawn? gei di siarad efo fi os tisio.'

dwin meddwl dwin gweld on nodio o gongol llgada fi.

'sori,' medda fo a troi ffwr o ffenast at last. man iwsio llais pluan fo a dwin goro consyntretion rili rili galad i glwad fo dros injan car fi. 'ym, ma hyn di bod yn digwydd ers… ers lot? ers dechra ysgol uwchradd dwin meddwl. dwim yn gwbod pam. ella… lot o bobol? pobol newydd… dwi – dwim yn gwbod.'

wow. dwim yn meddwl bo fi di clwad on deud gymaint o geiria run pryd o blaen.

dwin cofio fod nath o siarad amdan therapi do, pan odda nin ista yn toilets hogia yn clwb, so dwin deud

142

'di therapin helpu?' yn slo fatha cerddad am ben eira ffresh yn trio ddim neud mess ohona fo efo traed fi. no idea os di o peth iawn i ofyn ia. nabod fi di o probybli ddim ond dwi jyst isio trio neud i fo deimlo bach yn well.

'yndi…' man nodio, a troi chydig bach i sbio arna fi dwin meddwl, methu gweld rili achos dwim isio risgio gal llgada fi off y lon. dwi ddim hynna confident eto no way. 'yndi, achos —' man stopio siarad yn ffast a dwin clwad on briddio fewn a allan yn slo cyn dechra eto. 'achos blwyddyn dwytha, odda nw mor ddrwg – y panic attacks – on i methu gadal y ty i fynd ir ysgol? methu gweld neb heblaw mam a lowri, chwaer fi. am lot. ond ma therapin helpu wan.' man stopio eto i briddio. 'a tabledi. ond… ond am mor hir on i – dwi dal yn, weithia – on in teimlon hollol wahanol i bawb arall. fatha dwin… afiach?'

ella afiach run fath ar dead body yndda fi.

'dwin meddwl ma pawb yn teimlo fela withia ia. *dwi* yn eniwe. withia dwin teimlo fatha dwi methu gadal y ty achos dwin teimlo fatha dwi ddim yndda fi fy hun go wir, a…' na. misio deud gormod na. dwin siarad amdana fi fy hun gormod eniwe idiyt selffish idiyt. '… mots.'

da nim yn deud im byd am lot lot wedyn, tan dwin slofi wrth roundabout, keyring mawr pinc nath alys gal i fi ar goriada fin neud twrw.

'sori bo fi ddim yn siarad digon,' medda deian. dwi methu gweld yn iawn or ochor ond dwin meddwl fod on chwara efo aux chord fi, yn twistio fo rownd bysadd o, 'a ddim yn… normal?'

'oh my god, stopia deud sori am petha ti methu helpu! sa neb yn cerio iawn? a pam ffwc tisio bod yn normal eniwe?' medda fi, yn troi pen fi ata fo am secynd a car yn swyrfio chydig wrth fi tynnu llgada or lon. shit. 'sa neb arall fatha chdi yn y *byd i gyd*! di hynnam yn neud chdi deimlon ymeising? achos… achos os sa neb arall fatha chdi ia, mar shit tin gallu rhoi ir byd – dwim yn gwbod am ffor sy ddim yn crinj i ddeud hyn ia – ond mar shit tin gallu rhoi ir byd wedyn yn fatha, endless neu whatever.'

dwisio chwerthin. as if dwin expert ar shit felma. as if dwin coelio yndda fo. ond dwin hollol ffocd so di petha sy fod i withio ddim yn gwithio efo fi na. dwi jyst yn gobeithio plisplisplis fod on coelio. gobeithio fod o ddim yn oglar rotio dan y pyrffiwm cheap am ben dead body fi.

ond man *nodio*. eto. a dwin meddwl *dwin meddwl* dwin gallu gweld on gwenu wrth i fo troi nol i sbio allan o ffenast.

10

Anest

dwin troi off roundabout i fynd lawr lon syn mynd at lan mor. mond barely lle i un car sy ma, a mar lon yn twistio o un ochor i ochor arall a neud fi bron chwdu tan dwin gweld y mor o flaen fi.

'dde wrth y carafans ia?' medda fi wrth fi dechra gweld cae llawn carafans bach gwyn.

ma deian yn nodio. a dwin troi lawr lon syn edrych fatha lon ffarm, efo gwair yn tyfu yn canol y lon lle di teiars heb di twtsiad o a wal bach cerrig yn sepyreitior lon a lan mor.

'y ty melyn.'

dwin stopio car bach fi o flaen ty bach ciwt efo paent melyn drosta fo i gyd, ifyn y giat bach pren yn ffrynt, a ffenestri yn sbio allan ar y mor. *ffoc.*

'waw,' medda fi, 'dwin lyfio ty chdi.' a dwin feddwl o!

ma deian yn chwerthin heb agor ceg fo, wedyn man sbio trw ffenast car fatha di o heb di gweld ty fo o blaen. efyr. fatha odd o ddim yn gwbod faint mor lwcus di o tan wan.

'ti mor lwcus,' medda fi eto a dwi methu stopio agor drws car a cleimio allan a teimlo smel y siwid a blas salty y mor a gweiddi y gwynt yn hitio fi union fatha sut mar tonnan hitior cerrig mawr lawr yn gwulod lan mor. ifyn tho ma bob dim, y mor ar awyr yn llwyd a freezing ma dal yn styning. wiyd ia. wiyd sut ma llwyd oer yn gallu bod yn ddel. fatha metal shaini. fatha ashes yn disgyn. fatha gwynab rhywun di marw efo meicyp ar.

'haia anest, tin iawn?'

dwin troi rownd a gweld dynas bach yn gwenu yn y rar rhwng y drws ar giat, efo sbectols ar tsiaen coch rownd gwddw hi a gwallt nyts tywyll union fatha gan deian.

'haia,' medda fi, goro siarad yn ychal am ben syna lan mor. dwin teimlo bach yn jelys, ngl. fod hin gwbod enw fi ia. fod deian yn gallu siarad amdan shit fela efo mam fo.

'ti isio dod i fewn am banad?' imposibl bod yn gymru heb gal cynnig panad gan streinjys yndi.

ond dwim yn compleinio nam byd. excuse lyjit i ddim mynd adra. 'ia, diolch.'

dwin dechra cerddad ar ol mam deian fewn ir ty a ma deian yn dod ar ol fin slo slo, yn sbio ar lawr a edrych fatha y thing ola ma isio ydi fi fynd fewn i gal panad. shit. dwim isio fo fod yn uncomfortable nam byd ia. dwim yn goro aros am hir.

mar drws yn mynd stret mewn i living room, sy fatha run rwm ar gegin. ma na lot o llyfra ia, ar y bwr lle ma teli, ar y bwr gegin, am ben y lle tan. be dwin lyfio mwya ydi y pilows achos ma na llwythi o rhai bach lliwgar ar y soffa, un ohona nw dwi in love efo stret ywe, efo parot mawr gwyrdd arna fo. ma siap parot fyd! ohmygod dwisio fo i llawr bedrwm fi.

sam byd yn matsio ia, ifyn y cypyrdda yn y gegin sy i gyd efo doorknobs bach gwahanol ar bob un. ma na un yn edrych fatha ma di neud allan o gwydyr glas efo bloda bach coch arna fo a un arall efo streips melyn a du fatha bumblebee. ifyn efor awyr yn llwyd ma na gola hyd bob dim achos y gola syn dod drwr ffenestri. os sa fin sgwintio llgada fi so dwi mond yn gweld lliwia blyri ia, sa fin meddwl fod dwi nol yn botanic gardens cymru yn south wales o pan natha ni fynd yna am trip ysgol daear yn blwyddyn 9. man ogla fatha tu allan fyd, fatha be sa adar yn smelio pan ma nwn fflio. fatha mor a coed tan a gwair glyb ffresh yn bora.

ma na chydig o lynia fyd, ond ddim rhai proffesiynyl crinj fatha genna ni yn ty. rhai call o fatha holides. dwin gallu gweld un o nwn amsterdam. yn lot or llynia ma na hogan efo gwallt gola syn edrych bach yn fwy hen na deian. hi di chwaer fo ma siwr ia. ond mewn un llun tho, llun sy edrych yn mwy risynt o hi a deian yn ista ar gwair ar ben mynydd neu rwbath, ma genna hi gwallt gwyrdd, fatha gwyrdd rili llachar. wow fp. o fama dwi mond yn gallu gweld un llun efo rhywun syn edrych fatha dad yndda fo, a ma deian a chwaer fon edrych yn taini. ella nath dad nw farw lot yn ol neu rwbath. shit bechod.

neu *ella* ma dal yn gwaith a mond un llun genna nw achos di om yn licio tynnu llynia achos man camera shy *neu* ma jyst yn licio tynnu y llynia i gyd i hun. ffocin heitio bren fi ia. bob tro meddwl am yr explanation mwya dypresing i *bob dim*.

'dei, os tin mynd a anest drwodd na i ddod a panad i chi wedyn, ia?' medda mam fo, a dechra llenwi tecall. ma hin nol dau myg o cwpwr, un yn siap ci efo cwnffon yn lle handl. ohmygod dwin lyfio ty deian.

ma deian yn nodio a dwin ffolowio fo lawr y coridor or gegin at rwm fo. man agor drws a gwenu chydig bach ond sbio i ffwr o gwynab fi. idk ella ma rwm fon mess neu rwbath a man embarysd o hynna (which dyla fo ddim fod ofiysli achos no way fod o mwy o mess na rwm fi achos ma rwm fin mwy o mess na government uk!), ond pan dwin cerddad fewn dwi methu stopio fy hun deud waw a sbio rownd efo ceg hiwj fatha idiyt. achos ifyn tho dir rwm ddim yn masif nam byd, mar to yn neud idda fo edrych fatha y byd i gyd.

thing ydi, ma hannar y to sy agosa at gwely fo di cal i peintio efo ser a lleuad siap banana am ben awyr glas tywyll tywyll tywyll a mar hannar arall efo awyr glas gola efo mond chydig o cymyla gwyn a ma na un deryn yn fflio amdan y ffenast. am byth. neith o byth gal allan bechod.

'dwisio neud to rwm fi felma,' medda fi.

ma deian yn gwenu a sbio fyny fyd. 'mam nath o.'

'ti mor lwcus ia,' medda fi, yn chwerthin chydig dal yn sbio ar y to achos ma mor ymeising, gymaint o detail efo cysgod ar y cymyla a mar ser yn edrych fatha ma gola nwn mynd on a on a on am byth fatha ser go wir, 'ti di gal talynt hi gyd.'

man sbio lawr ar desg fo a twtsiad papur y gwaith cartra bac sy fod fewn fory. man edrych fatha di o dal heb di neud o. dwi heb di neud o chwaith. dwim yn meddwl dwi am tbh. bac yn ffocin mynadd ia.

'mam fi ddim fela at all ia,' medda fi, 'gwithio constantly.'

dwin sbio rownd y walia wedyn achos ma fatha museum. ma na llwythi o llynia di gal u sticio fyny, lot ma deian di neud dwin meddwl, fatha version papur or cerdd odd ar drws toilets, a painting o mam fo dwi meddwl efo mond llgada hi di lliwio fewn. ma na rhai dwi di gweld o blaen fyd, llynia arists famous di printio off internet ma siwr. ma na un llun di printio off o sculpture mawr metal syn edrych fatha llwythi o cria di mynd yn styc efoi gilydd a ma deian di rhoi llwythi o sgetsys ohona fo rownd y llun, un di zoomio fewn so tin gallu gweld sgwennu ar y metal a un lle mar cria metal di agor dros y lle i gyd a ma di goro seloteipio papur arall at y papur yna i gal gweld lle mar crian mynd i. ma un or llynia erill sy di printio off internet yn edrych fatha coedan japanese efo sgwennu japanese rownda fo.

'hwnnan cwl,' medda fin pointio at y llun a trio meddwl amdan artists asian famous. 'pwy nath neud o?' dwim yn gwbod fuck all am celf ia.

ma deian yn cerddad ata fi i sbio ar y llun.

'vincent van gogh,' medda fo.

'e?' medda fi. 'ond ma na sgwennu japanese arna fo!'

'ia, ym... nath o gal lot o ysbrydoliaeth gan sgwennu a celf japanese.' man symud rownda fi a pwyntio at llun sy di gal i sticio ar y wal uwch ben desg fo, llun o cychod yn styc ar tywod. 'dwim yn gwbod os tin gallu deud, ond ma mastiar cychod fama i fod i edrych fathar llinella mewn sgwennu japanese?'

'o ia,' medda fi, 'cwl.'

Deian

Cŵl. *Cŵl*?

Sarcastig sarcastig ma hi'n bod yn sarcastig dwi'n meddwl dwi'n gwbod dwi'n meddwl, dwi'n *meddwl*?

rhyfedd drwg anghwrtais hunanol llwfrgi gwirion afiach gwallgo pathetig gwan ffag sensitif tawel gwahanol boring plentynnaidd diwerth

Gefail torri gwifra a beads Mam ar y bwrdd gegin. Y bocsys tabledi ar ben y droria. Y tywod 'di chwythu drwy'r drws i'r stafell fyw. Gweddillion corwynt papur ar fy nesg sy dal ddim yn cuddio'r paent sych sy'n neud i'r pren edrych fel bwrdd llawdriniaeth enfys. Rhy flêr. Rhy fach. Rhy lliwgar. Rhy wahanol. Rhy ryfadd.

Dwi'n trio sychu fy nwylo chwyslyd ar fy nhrowsus ysgol. Pryd oedd y tro dwytha i fi gael ffrind yn y tŷ? Blwyddyn 8? Blwyddyn 9? Ydi o'n normal fod Mam 'di cynnig panad?? Ella dyla fi 'di cynnig bwyd iddi hi hefyd. Ella dyla fi 'di cynnig yr arfordir i gyd!

Ma Anest yn sbio ar bob un llun ar bob un wal fel sa'r papur 'di tyfu breichia sy'n tynnu ei llygaid yn agosach. Dwi'n cuddio fy nwylo yn fy mhocedi (diolch diolch *diolch* am fodoloaeth pocedi!) so fydd hi ddim yn gweld mor chwyslyd a sgleiniog ac afiach ydyn nhw. Anadlu fewn. Dal. Allan yn ara. Fewn dal allan fewn dal allan a rŵan dwi 'di anghofio sut i *anadlu* fel pawb arall!!

Stopia na na na stopia

Mond pan ma Anest yn dechra sbio ar y llunia wrth fy ngwely dwi'n sylwi:

y darlun ohoni *hi*. Yn y sbyty. Amlinelliad ohoni hi mewn glas a sgarff o hyder pastel yn lapio amdani hi. Erbyn rŵan dwi 'di ychwanegu dyfyniad o lythyr gan van Gogh o dan y darlun:

> *Though I am often in the depths of misery,*
> *there is still... music inside me.*

Na na na

Ma fy nghalon ar y tu allan...

na na na

fydd hi'n meddwl 'mod i hyd yn oed yn *fwy* rhyfedd, yn stalkio hi...

na na na

ella fydd hi'n meddwl 'mod i'n *licio* hi…

na NA na

ond mae'i llygaid hi'n tynnu i ffwrdd o afael y papura ac ma hi'n disgyn ar ben y gwely a'r dillad gwely blêr ac yn cau ei llygaid a

a? Be dwi fod i neud rŵan?? Dwi dal yn sefyll yn fama wrth y wal a dwi'n eitha siŵr 'mod i'n edrych fel dwi newydd apparatio i blaned arall ac nid yn sefyll yn fy stafell wely fy hun! So dwi'n penderfynu ista ar ochr y gwely, yn ddigon pell oddi wrth Anest so fydd hi ddim yn gallu clywed y grenades sy'n ffrwydro tu fewn i fi.

'Ti efo miwsic?' medda Anest heb agor ei llygaid.

'Ym, yndw?' Dwi'n llithro o'r gwely at y llawr. Ma Anest yn codi ar ei heistedd wrth i fi lusgo chwaraewr recordia Dad allan o dan y gwely, wedyn y bocs mawr plastig o records. Dydi Mam a Lowri rioed 'di licio jazz so fi sy 'di cael pob un.

'Oh my god, record player 'di hwnna?'

Dwi'n nodio wrth godi'r caead plastig tryloyw a'i osod tu ôl i'r peiriant; nath y ddau fachyn dorri flynyddoedd yn ôl, cyn i fi gael fy ngeni dwi'n meddwl. Dydi'r peiriant ddim yn fawr iawn, ac ma'n edrych chydig fel sa fo 'di cael ei daflu allan o ffenest uchel ar un adeg. Dwi'n byseddu trwy'r recordia'n ofalus, ogla trwm hanes yn codi o'r gorchuddia bregus – ma rhai ohonyn nhw dros hanner canrif oed! Dad oedd bia'r rhan fwya, ond dwi 'di ychwanegu chydig i'r casgliad, rhai fel anrhegion gan Mam a Lowri neu o siopa yng Nghaerdydd a Lerpwl.

Ma Anest yn pwyso'i phen dros ochr y gwely. Mae'i llygaid yn fflachio ac os swn i'n cau'r llenni a diffodd y gola dwi'n meddwl sa ni'n gallu darllen y sgwennu ar orchuddia'r records yng ngola ei llygaid hi.

'Wow...' ma Anest yn sibrwd, 'ti efo rwbath sy fatha... chill?'

Chill... blues?

Dwi'n tynnu record The Blue Jacks o'r llawes yn ara. Ma fy mysedd yn dechra ysgwyd chydig bach achos dwi ddim yn meddwl fod Anest yn gwrando ar lot o jazz, ond dwi isio isio isio *angen* i'r band gael eu clywed gan rywun go iawn, rhywun sy ddim yn Dad neu fi, rhywun sy mond efo dwylo tu allan a nid Dwylo tu fewn, rhywun sy efo *bywyd* tu allan a nid tu fewn. A dyna ma nhw'n haeddu dwi'n meddwl, dyna ma Jack Wyndham, y prif sacsoffonydd, yn haeddu. Yn haeddu i'r adar stopio canu a'r ceir stopio mynd a mynd a mynd ac i'r byd i gyd stopio troi am 4 munud ac 17 eiliad i wrando ar 'Freedom in E minor'.

'Ym, iawn. 'Na i chwara hwn?' medda fi, a rhoi'r record ar y bwrdd troi. 'Band jazz o'r 30s. Mond un record sy genna nhw, achos...' dwi'n cau fy llygaid, am eiliad; ma'r paragraff o Reddit yn troi fy meddylia, fy anadl, y gola drw'r ffenest, y gola yn llygaid Anest, yn ddu. '... achos nath y prif sacsoffonist, fo oedd yn sgwennu bob dim a canu yn yr un yma fyd, nath o ladd ei hun ar ôl recordio hwn. Oedd o'n 23 oed dwi'n meddwl.'

Dwi ddim yn gwbod ddim yn gwbod ddim yn gwbod pam dwi'n teimlo 'mod i *angen* deud hyn i gyd. Ella, ella dwi'n gobeithio fod gwrando ar ganeuon Jack Wyndham eto ac eto yn rhoi'r holl flynyddoedd yn ôl iddo fo am chydig,

rhyfedd drwg anghwrtais hunanol llwfrgi gwirion afiach gwallgo pathetig gwan ffag sensitif tawel gwahanol boring plentynnaidd diwerth

fel sgwennu nodyn un ar ôl y llall nes ma pob un bar yn llawn.

'Shit,' medda Anest yn dawel a gorffwys ei phen yn ôl i lawr ar y gwely.

Dwi'n symud braich y peiriant a gosod y nodwydd ar y record. Ma cordia cyntaf y piano yn suo trwy'r speakers, a dwi'n codi fy mhen i wylio aer y stafell yn datod.

Anest

man swndion hen af ia. tin gallu clwad y speakers yn fatha, popio. ngl dwi heb di grando ar im un can jazz o blaen, ddim o dechra i diwadd eniwe achos, idk,

(man boring yndi?).

ond withia ia, pan dwin grando ar miwsic, dwin goro cau llgada fi i rando arna fo achos man insult ir miwsic i fi sbio ar tu fewn i ty teras gwyn ganol llwythi o tai teras gwyn mewn pentra yn gymru yn grando arna fo. achos dwi methu grando ar can am snortio leins mewn toilet restaurant mexican yn america yn y 90s a sbio allan ar wincli no.2 a double yellow lines sy bron a disypirio a bins recyclo di disgyn drosodd a defaid yn y caea yn cefn sy mwy brown na gwyn a efo cachu dros cwnffons nw.

so hynna pam dwin cau llgada fi wan ia a

wow

ma fatha mar byd di disgyn ffwr odana ni a ma chydig fatha grando ar rha pan sa im un cwmwl, mond glas, a gwair sych di torri yn ticlo coesa chdi a haul yn tollti drosta chdi fatha hot chocolate.

a wan dwi fatha

dwi fatha

pam ffwc nath o ladd i hun

chos ma hynnan *sgeri* ia. os nath rhywun fatha fo syn gallu neud rwbath felma allan o im byd, jiniys neu whatever, lladd i hun, be ffwc di point i rhywun fatha fi ifyn trio?

ond wedyn ma na cord ymeising yn dod efo fo yn canu fatha odd sacsoffon on swndio yn dechra a ma haul hot chocolate yn tollti drosta fi eto a dwi nol yn rha a dwin goro

ffs anest cwilydd cwilydd cwilydd

dwin goro sychu llgada fin ffast efo slif jympyr ysgol fi

ffoc.

Deian

Pan ma Anest yn dechra gyrru i ffwrdd, dwi'n gallu ei gweld hi'n gwenu yn y drych yn ffrynt y car. Yn gwenu iddi hi ei hun, dwi'n meddwl, fel sa hi'n hapus go iawn, fel sa *fi* 'di neud hi'n hapus go iawn, fel sa fi ddim yn *boring plentynnaidd diwerth rhyfedd drwg anghwrtais hunanol llwfrgi gwirion afiach gwallgo pathetig gwan ffag sensitif tawel gwahanol.*

'Ma hi'n hogan lyfli.' Dwi'n troi rownd i wynebu Mam; ma hi'n sefyll yn nhrothwy'r drws, yn sbio ar gar Anest hefyd wrth iddi hi ddiflannu rownd y gornel. 'A lwcus iawn sti, Dei, i gal ffrind fatha chdi.'

pathetig gwan ffag sensitif tawel gwahanol boring plentynnaidd diwerth rhyfedd drwg anghwrtais hunanol llwfrgi gwirion afiach gwallgo

lwcus?

Dwi'n sbio i lawr ar ei slipers tywyll a'r brodwaith melyn sy'n neud i floda bach dyfu o'r sodla, fel sa Mam yn neud i'r llawr flodeuo wrth iddi hi gerdded a dwi'n meddwl am y wers Gymraeg blwyddyn dwytha am chwedl Culhwch ac Olwen, ac Olwen yn gadael rhes o floda gwyn tu ôl iddi hi lle bynnag roedd hi'n mynd.

Ma'r eda ar un o'r bloda 'di dechra datod, a dwi'n dilyn y llinyn melyn yn trio peidio sbio ar wên Mam. Ond ma gwên Mam yn fy nhynnu ati hi fel ei llygaid hi a dwi'n meddwl sa'n haws trio rhedeg i ffwrdd o'r wawr.

Because of what you have given me, I have a new horizon in my painting once more.

Snapchat 18:03

A: haia bedi instagram chdi eto? dwi methu ffindio fo

D: Heia! Dwi ddim efo instagram sori!

A: pam?? dwim efo ffor i stalkio bywyd chdi wan

D: dwi ar facebook a hwn?

A: neb yn neud dim byd ar fb a dwi byth di gweld chdin neud storys ar fama

D: *Deian is typing*

A: lol dwin swndio tha serial killer soriii hahaa

D: *Deian is typing*

D: *Deian is typing*

A: lol tin ok

D: sori!! jyst isio deud fod dwi efo account instagram, ond mond un celf ydi o

A: omgg be di enw fo??

D: d.celf

A: pam nes dim deud fod chdi efo account celf

D: *Deian is typing*

A: wtf

A: 2000 followers hynna dda fp!

D: *Deian is typing*

A: dwin lyfio account chdi!!

D: Diolch!!

A: pam nes dim deutha fi??

D: achos jyst account celf ydi o so ti methu stalkio fi arna fo :)

A: hahaa

A: just tho?? 2000 followers a ma art chdi way rhy dda. di o ddim yn just

D: Haha diolch!! :)

I I

Anest

haia, ti'n mynd i therapi fory? x

na. dim x. rhy flirty.

haia, ti'n mynd i therapi fory?

emoji? edrych yn wiyd heb dim byd ar ol ? yndi.

haia, ti'n mynd i therapi fory? :)

ffoc na. edrach fatha hogan bach blwyddyn 5 yn trio popio fyny.

ffs na i rhoi x. genna fim byd i golli na. a man normal i genod sendio x i gilydd eniwe yndi?

wtf dwi methu ifyn popio fyny fatha human normal.

ffs be sy rong efo fi?

*

dau funud. tri munud. deg munud.

man iawn. di heb di agor o.

awr.

ma hi di agor o.

shit. shitshitshit

notification yn deud rashmishukla29 is typing.

shitshitshitshitshit

ydnw mam yn fforsio fi. ti? x

wedyn

*yndw

dwin gwenu a cuddiad gwen fi efo llaw ifyn tho sa neb arall yn rwm fi mond fi. cwilydd. cwilydd cwilydd cwilydd

tim yn haeddu hyn tin shittinshittinshit

be ffwc dwi di neud?

*

ma hin hwyr eto, a di hi ddim yn gwisgo crocs.

dwin disgwl idda hi istan ffrynt eto i fi gal sterio arna hi. ddim mewn ffor creepy. probybli ddim mewn ffor creepy. (idk. ella. ohmygod dwi mor wiyd) ond di ddim. di ddim yn ista lawr yn ffrynt. ma hin cerddad rownd a ddim yn stopio cerddad tan ma hin cyrradd y rhes ola o cadeiria lle dwin ista a ffoc ma hin ista lawr efo mond cadar rhwnga ni.

un. cadar.

shit. sut ffwc dwi fod i fflyrtio fo hogan??

idiyt idiyt idiyt be dwi fod i neud? natha ni siarad am fatha dau awr neithiwr ia, comperio ysgolion a hin deutha fi amdan internship engineering ma hin dechra yn gaerdydd, ond dal. ma siarad yn wahanol i *siarad* efo rhywun yndi. fatha, go wir.

dwi methu deud im byd. ffoc dwin dechra troi fewn i deian.

dwin meddwl dwin gallu ogla ginger arna hi ia. a rwbath sweet fatha cinammon ella, idk. a... weed?

ymeising.

dwin sbio ar rashmi. dwim yn cerio os ma leanne yn sylwi ia. ma hin sgwennu rwbath lawr ar notebook. wow. di hin actually *grando* ar leanne? mind. blown.

amser brec ma leanne yn rhoi pacad o cookies maryland ar ben cadar ond dwi methu symud. ma rashmin sbio fyny a shit ma hin sbio arna fin sbio arna hi ac yn codi un eyebrow eto ond tbh dwim yn cerio bo hin gwbod fod dwin sterio achos ma hin styning.

dyla fi ddeud rwbath?

shit. *shit*. ma pawb yn dawel. calon fin dechra mynd a dulon swetian ohmygod sgym. dwi heb di bod mor nyrfys yn bywyd fi! shitshitshitshit dwin teimlo fatha os dwin symud neu siarad neu briddio ma croen fi mynd i disgyn off neu rwbath.

na i ofyn ar sc heno.

na. na na na paid a bod yn pussy. ydi on wiyd i ofyn tho? so os mae o ia. so. gna fo pussy ffocin pussy. dwin troi ata hi. ma hin sbio ar ffon hi.

'ym, tin neu rwbath wedyn? ar ol fama?'

ma hin sbio fyny. ysgwyd pen. 'dwim yn meddwl, na. pam?'

good start. 'ok. ym. tisio mynd i… mynd i rwla? caffi syn dal yn gorad?'

ma hin sbio lawr ar ffon hi ond dim cyn fi weld gwen taini taini ar gwynab hi. dwisio crio. 'ok,' medda hi, 'tin alyrjic i cathod?'

wtf. 'ym, nadw?'

'iawn. tisio mynd i cat cafe yn dre then?'

ma na cat cafe? yn *dre*?

'ma na cat cafe yn dre?' medda fi. on in meddwl mond yn llundan o chdin gal llefydd nyts fela.

'ia, newydd agor ers fel, mis. dwi efo job yna so dwi gallu gal 10% off i ni.'

no way.

'o,' medda fi. duda rwbath arall. *gair* ella? 'ym, lwcus. methu imajinio rwla gwell i gal job.'

ma hin gwenu a codi fyny a dwi am ofyn lle ti mynd i pan dwin cofio amdan y cookies.

*

'jyst fi di o ia, neu tin gal serial killer meerkat vibes gan leanne fyd?'

ma hin chwerthin a chydig o milkshake hin driblo ar y bwr. shit. ond dwi di neud hi chwerthin! hynnan dda yndi? ond odd hynna way rhy wiyd i ddeud tbh. dyla fi di aros tan hirach i dechra deud y shit psychotic syn bren fi. *ffs.*

ma hin codi fyny i nol tishws or cefn wrth lle ma til a dwin sbio fyny ar y wal wrth ymyl bwr ni, lle ma na cath llwyd efo bol gwyn yn cysgu ar ben shilff. ciwt! dwi di gweld pump cath so far, a ma na llwythi o shilffs fela yn rhedag hyd y walia i gyd, rhai or cathod yn cysgu ar nw a cerddad ar hyd y nw. ma na gwely idda nw dan rhai or byrdda ifyn! a ma na litter box wrth y drws, sy ar agor i trio gal y smel allan ma siwr.

caffi miaw. ma rahsmin deud na dau o fatha hippies sysnag hen sy bia fo, a mar dynas di dechra dysgu cymraeg, gwbod digon i rhoi enw caffi miaw idda fo eniwe. dwin obsesd efo fon barod ia, ifyn tho dir milkshakes ddim yn cheap. ond un thing wiyd ia, ma nw efo menu milkshakes masif. fatha, genna nw *dau* menu.

un i bwyd a diod a un ben i hun i milkshakes. wiyd ia, achos dim llefrith cathod di o na? ti methu yfad llefrith cath fatha llefrith buwch nadwt? dwin gwbod fod cathod yn lyfio llefrith a probybli hynna pam genna nw llwythi o milkshakes ond dal. misio risgio fo. so dwi di dysaidio i ddim gal im un or milkshakes just in case.

'aye dwin gweld hynna, am leanne…' ma rashmin ista lawr a dechra sychu bwr efor tishws. rhai coch di nw, fatha lliw ffont caffi miaw ben y drws tu allan, a ma na gwneba bach cartwn cathod gwyrdd drosta nw. fatha fod nwn cathod alien neu rwbath. 'ond di o i gyd ddim yn bwlshit sti. ma chydig o be ma hin ddeud yn sound. a rhai o syniada hin dda.'

dwin sbio lawr ar panad fi.

'go wir? achos dwi methu consyntretio arna hi ia. methu ifyn deud os ma be ma hin ddeu *yn* bwlshit neu ddim.'

no idea pam, ella achos ma ddau ohona ni efo brens sy chydig bach yn shit, ond ma siarad efor hogan ma fatha siarad mewn rwm bach bach efo mond y ddau o ni. fatha ma hin mynd i grabio yn be dwin deud a watsiad ar ol o fatha hygio un or cathod sy rownda ni.

'shit yndi.' ma hin dechra chwara fo stro papur hi. troi o rownd a rownd yn y milkshake. 'ti… tin cymyd pills?'

'ym, nadw?' dyla fi? na. tbh dwim isio wastio rwbath san gallu helpu rhywun arall arna fi. misio wastio pres nhs. ddim werth o. 'ti?'

'nesh i drio rhai blwyddyn dwytha ond nath o neud fi deimlon fwy drwg so…' ma hin gal staring contest efo milkshake hi am chydig. 'ond dwi ar rhai erill wan a ma heinan well, ond man neud rhai fel… emotions yn wahanol. teimlon llai horny, ond ers fel, mis wan dwi di bod yn gal dos llai a di dechra therapi do so…' ma hin codi sgwydda hi. chwerthin chydig bach. '… dechra teimlo mwy fel fi fy hun dwin meddwl, a mwy fel… clir.'

chos bo hi di chwerthin dwisio gwenu arna hi ond ma hynnan teimlon rong i neud so dwin sbio lawr ar panad fi instead.

ma rashmin trio gorffan y milkshake ond dwin gallu deud fod on ffwc o effort achos mar stro papur di dechra meltio wan. y shit da nin goro sacriffaishio i safior byd ia. 'eniwe, os ti methu consyntretio gei di sbio ar notes fi os tisio?' ma hin stopio i drio gal sip arall o milkshake, 'actually, na i sendio llynia ohona nw i chdi wedyn, os ma hynnan fine i chdi?'

'ymeising, diolch!' dwin sbio fyny eto. gwenu. rhy keen? shitshitshit.

dwin sbio ar y cath llwyd uwch ben y ni, yn trio meddwl am enw nyts idda fo ond i gyd dwin gallu dod fyny efo di bob. i wish swn i efo imagination ia.

da nim yn siarad am lot, mond sbio fyny a gwenu withia a gorffan drinks ni (rashmin *trio* gorffan drink hi) ond dwim yn teimlo fatha dwin goro deud im byd tbh, as in dwim yn teimlon awkward nam byd. ella am tro cynta yn bywyd fi ifyn. man wiyd, fatha fod y dim byd sy rhwnga ni yn fwy llawn na bob un gair yn y byd i gyd di micsio foi gilydd. idk.

ma rashmi *dal* yn trio gorffan milkshake hi bechod a neud twrw masif drwr stro glyb so yn diwadd ma hin lluchior stro ar y bwr a downior rest ohona fo a no idea pam ond ma hynnan neud fi marw chwerthin wtfwtf a ma hin chwerthin eto fyd (hynnan neud fi deimlo chydig fatha swn in gallu tyfu wings os swn i isio achos fi sy di neud i hi chwerthin!) a ma gweddill milkshake hin driblo ar bwr. eto. a da nin chwerthin mor ychal mar cath llwyd uwchben y nin deffro a jympio lawr.

a main deud na pws di enw fo.

pws.

ffwcia hynna. dwin galw fon bob.

Deian

Dwi 'di gweithio chydig mwy ar y fersiwn o lun Edvard Munch ond 'di penderfynu trio toddi adar fewn i'r machlud a neud lliwia'r awyr yn fwy tebyg i'r tir so fydd o'n anoddach deud y gwahaniaeth rhwng y ddau. Ella wedyn 'na i roi dwylo i'r bobl i gyd, fel y Dwylo. Neu ddim. Ella. Dwi ddim yn gwbod byth byth byth yn gwbod.

Ma fy ffôn yn vibratio – Notification Instagram.

@brenda_elias has commented on your photo:
caru rhain. diolch!

Be??!

Dwi'n codi i fyny mor gyflym ma'r llyfr sgetsio'n disgyn i'r llawr a dwi bron yn gadael fy nghorff ar ôl yn y gadair.

Ma Brenda Elias, y cerflunydd, wedi dechra dilyn fi ar Instagram a commentio ar y llun o'r sgetsys 'nes i o un o'i cherflunia hi!!

Dwi'n agor drws fy stafell ac yn gweiddi ar Mam ond yn stopio am eiliad wrth glywed y gerddoriaeth o'i stafell hi; heavy metal yn sgrechian o'i speaker fel sa'r canwr yn styc yn y peiriant.

Ma'r llenni ar gau a'r lamp ymlaen, a Mam yn ista ar rỳg crwn sy'n storm o liwia. Ma hi'n sgetsio rwbath efo siarcol dwi'n meddwl – anodd gweld anodd gweld so dwi'n rhoi'r gola mlaen. Ma Mam yn sbio i fyny ac yn troi i ddiffodd y speaker sy ar y llawr tu ôl iddi hi a'i llygaid yn rasio fel tonna, fel pilipalod. Neu ella fi sydd. Fi sy'n rasio stopia stopia stopia.

pathetig gwan ffag sensitif tawel gwahanol boring plentynnaidd diwerth rhyfedd drwg anghwrtais hunanol llwfrgi gwirion afiach gwallgo

'Ti'n iawn, cariad?' Dwi'n meddwl dwi'n crynu.

Stopia stopia pathetig stopia

'Ym...' dwi'n trio trio trio peidio rhedeg ati hi ac yn ista i lawr ar y rỳg. Dwi'n dangos y ffôn sy'n dal yn fy llaw. Ma hi'n rhoi ei sbectol mlaen i ddarllen y comment ac yn stopio cyn gafael yn fy ffôn – ma'r siarcol 'di neud ei bysedd yn ddu.

'Waw, Dei!' medda hi. Ma fy ffôn yn disgyn i'r llawr wrth iddi hi fy ngwasgu. 'Ma hyn yn wych, ti'n wych! Fedra i'm...'

Ond dwi ddim yn gwbod be fedra hi ddim. Achos ma'r tân gwyllt yn fy ngwythienna a bysedd cymyla am fy nghalon a dwi'n rhedeg i fy stafell a ma fy nwylo'n ysgwyd wrth i fi nôl pensilia watercolour o'r drôr yn fy nesg a dŵr o'r gegin a chodi'r llyfr sgetsio o'r llawr

We had been right in the midst of magic.

a dwi'n darlunio hogyn sy 'di'i neud o falŵns, ond nid balŵns fel y rhai sy'n dianc o ddwylo plant bach yn Steddfod neu neud i chdi siarad fel ti'n llai tal na dy fys. Balŵns cadmium yellow magenta lemon yellow emerald green ultramarine zinc white vermillion a haul bach bach yn llosgi tu fewn i bob un.

Snapchat 19:04

D: [screenshot Instagram: *@brenda_elias started following you 2h*]
A: nice, pwy di hi eto??
D: Haha dim ots!
D: sori!!
A: naa dwisio gwbod
A: DEUTHA FI DWIN CURIOUS WAN DWIN GORO GWBOD
D: haha ok!! ma hin neud cerflunia, hoff artist fi:)
A: omg ma fave artist chdin followio chdi??
D: *Deian is typing*
A: nuts

A: ddim yn suprised though ngl
D: diolch! :)

12

Anest

tin shit tin shit tin shit

(dwin gwbod)

shitshit*shit*

a dwi

dwisio

isio llyncu nw

eto a eto fatha chwara scale ar keyboard

pussy pussy paid a bod yn ffocin pussy *eto* ffs

pussy

ffoc.

methu ffonio rashmi ti barelyn nabod hi misio trigro hi
tinshittinshittinshit

deian?

faint o gloch di o paid a deffro fo bitsh selffishselffishselffish

methumethumethu neud hyn i deian bitsh selffish na paid

paid

bitsh.

ffon yn canu unwaith daugwaith trigwaith pedwargwaith pumpgwaith

gormod

sorry. the person you are calling is currently unavailable

eto?

na. na na na

eto?

trio eto.

ffon yn canu unwaith daugwaith tri —

Deian

Ffôn. Ma ffôn yn canu.

Ma gola'r sgrin yn llosgi fy llygaid a dwi'n gorfod disgwyl

chydig o eiliada tan dwi'n gallu darllen *Anest is calling*. Dwi'n pwyso'r botwm gwyrdd ac yn clywed ei hanadl hi ar yr ochr arall yn uchel uchel uchel, rhy uchel.

Anest

'hei, tin iawn?'

cau llgada. methu neud im byd ond briddio. briddio llawn snot crio. briddio briddio briddio.

cwilydd.

Deian

'Anest? Ti'n iawn?' medda fi eto. Dwi'n ista i fyny'n gyflym, y gwaed yn fy mhen 'di troi'n fysedd sy'n gwasgu gwasgu gwasgu. Ma'i hanadl hi'n baglu. Ydi hi'n crio? Dwi'n meddwl ei bod hi'n crio.

Be be be dwi i fod i neud??

'Ym, oes 'na ffordd i fi helpu chdi?' Dwi methu deud os ydi fy llais i'n crynu. Methu methu methu clywed, methu clywed dim byd dros y gwaed yn gwthio gwthio methu clywed *dim byd*.

Creithia. Y creithia ar ei braich hi. Hi'n deud ei bod hi'n teimlo'n afiach hefyd. Bod hi'n berson shit. 'Be ti isio fi neud?

Deutha fi be ti isio fi neud!'

Anest

ffoc. be dwi fod i ddeud?

be dwi fod i ddeud? *be ffwc dwin neud?*

'ym, dwi…' ma llais fin swndion afiach afiach a pythetig fathar babi my little pony odd gen alys eijys yn ol odd yn siarad cyn i batris fo stopio gwithio. ohmygod dwi fatha toi efo batris sy di stopio gwithio. 'dwisio …' na. nanana dwi methu deud hynna. dwi methu dychryn o fela *ffoc* na.

idiyt.

be ffwc sy rong efo fi?

Deian

Ma gwrando ar ei llais hi rŵan fel dysgu mai peipen wag ydi'r gorwel ond dwi'n gallu clywed ei handl. Ei hanadl. Anadlu anadlu anadlu. Ma hi dal yn anadlu.

Be fedra i neud? *Be fedra i neud?*

diwerth diwerth rhyfedd drwg anghwrtais hunanol llwfrgi gwirion afiach gwallgo pathetig gwan ffag sensitif tawel gwahanol boring plentynnaidd

Anadlu fewn. Dal. Allan. Fewn dal allan fewn dal allan fewn...

'Ym, ti isio... ti isio dod yma? Ti'n gallu cofio'r ffordd? Ti... ti'n gallu dreifio?'

Dim ateb. Dim ateb, mond anadl fel papur yn llosgi drwy'r signal drwg. Ydw i'n siarad yn rhy gyflym?

Ailadrodd ailadrodd *rhaid* i chdi ailadrodd.

'Ti isio dod yma? Sori dwi... dwi methu dreifio eto.' Ma'r euogrwydd yn neud i fi deimlo fel sa'r Dwylo'n fy nghrogi a fedra i ddim gwneud dim byd ond anadlu am chydig hefyd.

Ar ôl munud (dau ella? Dau) dwi'n ei chlywed hi'n anadlu'n ddwfn ar yr ochr arall.

'Iawn,' medda hi, yn siarad efo llais adain pilipala sy bron â throi'n llwch. Os swn i'n gallu, swn i'n estyn llaw trwy'r ffôn a gafael yn ei llais hi, yn yr adain, gafael yn dynn dynn so fydd o *byth* yn chwythu i ffwrdd.

13

Anest

ma deian yn gofyn os dwisio ista ar y gwely, neu ar cadar wrth desg fo ifyn. ond dwim yn haeddu hynna ia, dwim yn haeddu cal bod yn cymffi achos dwi di deffro fo ganol nos a ella mam fo a dychryn fo a wedyn dod ata fo a stopio fo mynd nol i gysgu achos

ffs

achos shit yndda fi dwi methu ifyn *gweld*.

ma llgada fon goch a gwallt o mor messy man ffyni ond dwi methu chwerthin achos dwin teimlon rhy guilty. man deud mots tho. mots bo fi di deffro fo a ffricio fo allan. dwim yn coelio hynna at all ia ond hynna man deud a genna fim mynadd trio gal o i deud y gwir.

dwin leanio erbyn wordrob fo, breichia rownd penglinia fi. wiyd. mond tshirt a shorts pyjamas genna fi ar a man freezing tu allan ond dwim yn cofio teimlon oer at all ia. barelyn cofio dreifio ma. swn i di gallu lladd rhywun a ddim ifyn cofio neud. dwi kind of isio mynd allan i checkio os ma car fi tu allan i ty fo i weld os nesh i teleportio yma neu ddim ond sa hynnan dychryn o ifyn mwy probybli.

man gofyn wrtha fi os dwisio dwr a dwin ysgwyd pen i ddeud na

ond man mynd i gegin a rhoi dwr i fi eniwe. yn y myg efo cwnffon
ci yn lle handl. dwisio crio.

wedyn man ista lawr erbyn y wal dros ffor i fi, o dan y sgetsys or
sculpture mawr metal. da nim yn deud im byd am way rhy hir shit
dwin goro deud rwbath be dwi fod i ddeud? so dwin sbio lawr ar
rist fi, dal yn goch goch ers fi tynnu ar lastic band gynna. a breichia
fi. scars gwyn hen. scars coch mwy newydd

a dwin meddwl ia, dwin meddwl bob ffocin tro am be sa
mamadadaalys yn deud os sa nwn gwbod. a be sa pobol yn ysgol
yn deud. probybli isio sylw. attention seeking.

idk. ella dwi *yn* attention seeking. ella dwi jyst isio sylw. ella dwi
jyst yn bitsh selffish sy isio pobol teimlo bechod drosta hi a sylwi
arna hi a meddwl waw yli, ma hin fucked up!

dwim yn gwbod ia.

'anest?' dwin sbio fynyn slo. ma deian yn pilio paent off llawr efo
gwinadd fo, edrych fatha man consyntretion rili galad. 'ga i…?'
man ysgwyd pen fo. gwenu am secynd. 'mots…'

'be?'

'dim byd.' man gwenu eto. dal i pilio paent. fydd on styc dan
gwinadd o.

'be?' medda fi eto, methu iwsio geiria erill, ond ma fatha fod
hynnan digon i confinsio fo achos man sbio fyny arna fi eto.

'man wirion – syniad stiwpid, ond os tisio … ga i neud llun o rwbath ar braich chdi? man iawn os ti ddim isio… os ti – man iawn. sori.'

shit. nath o weld fin sterio ar scars fi do. dwin sbio lawr ar braich fi eto a nodio pen fin slo.

man codi off llawr a agor dror yn desg fo a gal bocs plastic see through llawn paent allan. wedyn man gadal y rwm am fatha dau funud a dod nol efo dwr mewn jar a brwshys paent yndda fo a newspaper. wiyd fod mam fo dal yn prynu newspaper.

man rhoi bob dim lawr wrth ymyl fi a dwin gweld fod y jar gwydyr efo label picls di hanner ripio off arna fo.

'mam chdi dal yn gal newspapers?' medda fi. di mamadad heb di darllan newspaper go wir ers idda nw gal iphones.

'weithia,' medda fo. man sbio lawr ar braich fi eto a dwin rhoi o idda fo a no idea pam ond man teimlo chydig fatha agor ribs fi fyny a dangos calon fi i rhywun. man sbio fyny arna fi ond dwi methu gweld llgada fo achos ma gwallt o di disgyn lawr. 'iawn?'

dwin nodio a hynna pryd man dechra, yn rhoi leins gwyrdd ar croen fi am ben y scars hen, a wedyn leins bach gwyrdd yn sticio allan or llinella mawr gwyrdd. wedyn man peintio dros heina efo gwyrdd lliw gwahanol a dwin gallu deud na dail dir llinella bach. wedyn man nol ffon fo a deud fod on sbio ar google images a neud pen lliw gwahanol i bob llinell gwyrdd a hynna pryd dwin gwbod.

bloda. man troi scars fi gyd fewn i bloda. dwin teimlo llgada fin mynd yn lyb ffs ond dwim yn gallu codi llaw fi i sychu nw achos dwim isio symud a neud i deian ffwcio fyny. weithia man stopio i pwsho gwallt allan o gwynab o ifyn tho man rhy fyr i aros ffwr a disgyn nol stret ywe. ma chydig o paent melyn a piws a melyn mwy llachar yn mynd fewn i gwallt fo.

daffodil melyn. rhosyn coch. daisy gwyn (im yn cofio be di enw cymraeg daisy). blodyn menyn. dandelion a rhai erill dwim yn gwbod enwa nw neu ella dwi methu deud be di nw im mwy achos ma bob dim yn blyri drw llgada fi. cwilydd cwilydd cwilydd

pan ma di gorffan at last dwin gal sychu llgada fi a wedyn dwin gallu gweld braich fin iawn.

ohmygod

'sori, ym… mar cennin pedr yn edrych yn rhyfadd, ond —'

dwi methu stopio fy hun dechra crio eto ffs a cyn fi wbod be ffwc dwin neud dwi di rhoi hyg idda fo cwilydd cwilydd.

'man ymeising,' medda fi, 'dwin lyfio fo,' a hynna pryd dwin cofio

ffoc

dwin cofio amdan y paent. ar braich fi. which dwi newy iwsio i hygio deian.

shit. shitshitshit.

'shit!' medda fi a tynnu nol yn ffast ond man rhy hwyr. damage is done. paent glyb di mynd dros tshirt fo. dwin sbio lawr ar braich fi a ma chydig or bloda di smyjo.

idiytidiytidiyt pam ffwc dwi goro rwinio *bob dim*?

'dwi di ffwcio fo fyny!' medda fi, dechra crio eto mor ffocin pythetic mond paent di o *idiyt* ond nath o withion galad i neud o do ffs mor stiwpid stiwpid *stiwpid*.

'naddo – na man iawn, nol mewn munud...' man codi fynyn ffast a gadal rwm fo heb ddeud im byd arall a dod nol ar ol chydig efo wipes yn llaw fo, a man iwsio un i llnau y bloda nesh i ffwcio fyny.

'dwi di rwinio dillad chdi fyd,' medda fi, llais fi dal yn ychal a pythetic.

'neith o ddod off yn wash,' medda fo a gwenu fyny arna fi o llnaur bloda. dwi mynd i googlo os di paent yn dod off yn wash wedyn a os ddim na i gal tshirt newydd idda fo. *ffs.*

'dwisio gal llun,' medda fi ar ol idda fo gorffan llnau, a trio sniffio snot fyny trwyn fi afiach afiach afiach, 'fydd lot ona fo probyblin dod off yn shawyr.' dwin chwilio am ffon fin pocad. hynna pryd dwin cofio fod dwin gwisgo pyjamas a heb pocad. heb ffon. 'shit dwi heb ffon fi...'

ma deian yn pigo ffon fo off llawr yn ffast a gal llun o braich fi.

'na i sendio fo i chdi,' medda fon sbio lawr ar ffon fo.

'diolch,' medda fi ar ol way rhy hir, bron di anghofio deud o. bitsh selffish.

dwin sychu llgada eto a sbio nol lawr ar braich fi. ma sbio arna fon neud fi deimlo fatha swnin gallu tyfu wings, chydig fatha pan on i efo rashmi wsos dwytha. ma di troi braich fi fewn i cae llawn llwythi o bloda gwahanol, bob un yn sbio fyny fatha sa nwn gwenu arna fi. san rude i ddim gwenu nol sa.

wiyd. on i di anghofio am chydig ia, am heno. am byth. idk. di anghofio faint mor hawdd di gwenu.

Deian

Yn y diwedd, 'nes i berswadio Anest i gysgu ar y gwely.

Dwi'n gorwedd ar y llawr, yn gwrando ar Anest yn anadlu ac ma'n swnio fel sa'r tonna'n cysgu yn fy ngwely so dwi'n meddwl am ddarlun o Anest fel y môr; ma hi'n ddigon tal i lenwi arfordir cyfa. Ei gwallt hir fel gwymon. Ei gwinadd lliwgar yn bysgod trofannol. Watercolour neu baent? Watercolour gynta dwi'n meddwl. Wedyn fersiwn efo paent. A dwi isio

angen

angen

helpu hi. Dwi'n gorfod.

Sut sut sut fedra i helpu hi??

How I should like to pass on to you some of my physical strength,
I have the feeling I've too much of it at the moment.

Ar ôl clicio fy ffôn ymlaen dwi'n rhoi'r brightness i lawr yn syth
i drio peidio deffro Anest ac yn agor tab ar ôl tab o wefanna a
blogia ac erthygla. Sut sut *sut* fedra i helpu hi heb fod yn rude,
yn ddigwilydd? Does 'na ddim pwynt gofyn os ydi hi 'di siarad
efo'i theulu am hyn achos fysa hi wedi gwneud os fysa hi isio.
Fedra i ddim, fedra i ddim siarad efo rhywun ar helpline

llwfrgi gwirion afiach gwallgo pathetig gwan ffag sensitif tawel
gwahanol boring plentynnaidd diwerth diwerth rhyfedd drwg
digywilydd hunanol

a dwi ddim isio siarad amdani hi tu ôl i'w chefn efo Mam
neu Lowri neu efo Christine yn therapi achos os dwi'n siarad
amdani tu ôl i'w chefn hi ella, ella fydd hi ddim isio bod yn
ffrindia ddim mwy (mor mor hunanol)

so sut fedra i helpu hi? *Sut fedra i helpu hi?*

diwerth rhyfedd drwg anghwrtais hunanol llwfrgi gwirion
afiach gwallgo pathetig gwan ffag sensitif tawel gwahanol boring
plentynnaidd diwerth

Mam (na na na), be 'na i ddeud wrth Mam pan ma hi'n deffro?
Dwi'n meddwl 'na i ofyn wrth Anest yn y bora. Ma hi lot lot
gwell na fi yn dewis a defnyddio geiria. Fydd hi'n gwbod. Fydd
hi'n gwbod be i ddeud.

Fydd hi'n gwbod be i neud.

Snapchat 15:26

D: Heia, sut ti'n teimlo?

A: ok diolch

D: Dwi ddim yn gwbod os fydd hyn yn helpu chdi, ond ma therapist fi'n gofyn i fi ddychmygu panic attacks fel rhwbath go iawn dwin gallu gweld a efo enw, so dwi'n dychmygu fo fatha dwylo. Achos wedyn dwin gallu dychmygu fy hun yn cael gwared ohona fo weithia

A: di hynnan helpu?

D: Yndi, neud o'n llai scary a helpu fi feddwl amdana fo fel rhwbath tu allan i fi fy hun

A: ond dwi ddim yn meddwl fod dwin gallu imajinio feelings fi fatha rwbath go wir achos 1. dwi efo imagination shit a 2. man part ohona fi, llais fi. ddim tu allan i fi fy hun

D: Ond ella hyn di llais chdi?

A: beti feddwl

D: Hyn, pan ti'n siarad efo fi ydi llais chdi go iawn ella? di'r llais arall ddim yn chdi so man rhwbath tin gallu tynnu i ffwrdd o corff dy hun

D: di hynna'n neud synnwyr??

A: yndi diolch

D: A dwi'n gwbod ti'n gallu dychmygu petha achos ti angen dychymyg i sgwennu caneuon!!

A: haha ok

A: diolch

14

Anest

dwin snapchatio deian yn deud fod dwisio dangos y ty hen idda fo. asap.

dangos sut man neud chdi teimlo fatha ma amser yn stopio idda chdi, y byd i gyd yn stopio idda chdi. ella na i ddeutha fo am theori fi na dynas or enw glenys odd yn byw yna efo pump cath di gal u enwi ar ol y royal family, hen ddynas lesbiyn odd byth di prodi a byth di deud wrth neb odd hin lesbiyn achos odd on illegal bod yn gay am most o bywyd hi. odd hi sictrytlin grando ar y news ar radio hi am pride parades cynta wrth i hi berwi tecall i neud panad arall neu whatever a trio ddim ond methu helpu bod yn jelys or pobol fwy ifanc i gyd yn deud wrth y byd i gyd pwy di nw heb cwilydd. heb cuddiad. heb isio bod yn rhywun arall.

Deian

*When I compare the state of the weather to our state of mind
and our circumstances, subject to change and fluctation like the
weather, then I still have some hope that things may get better.*

Heno ma'r glaw fel gwythienna ar ffenestri'r stafell fyw a dwi'n gorfod gorfod gorfod darlunio'r tŷ fel calon fawr neu rwbath (dwi ddim yn gwbod be yn iawn eto, fydda i'n gorfod darlunio'r ffenest gynta a gweld be sy'n tyfu!). Dwi bron yn llithro ar lawr pren y coridor yn trio cyrradd fy llofft; dwi angen sgetsio'r syniad cyn i fi anghofio

anghyfrifol anghyfrifol pathetig gwan ffag sensitif tawel gwahanol boring plentynnaidd diwerth rhyfedd drwg anghwrtais hunanol llwfrgi gwirion afiach gwallgo

ond cyn i fi afael mewn llyfr sgetsio, ma fy ffôn i'n vibratio. Notification Snapchat gan Anest: ma hi 'di parcio tu allan.

Yma ma hi yma ma hi yma ma hi yma ma hi dal yn meddwl 'mod i'n haeddu cael gweld ei 'lle sbesial' hi! Dwi'n ateb:

yna mewn munud, sori!!

Dwi ddim yn gallu ffeindio pensil na beiro ar y ddesg so (yn dal i sefyll, dim amser i ista i lawr) dwi'n sgetsio'r ffenest yn gyflym efo pensil watercolour melyn. Digon da, ma'n ddigon da am rŵan achos mynd *ti'n gorfod mynd*!

Cyn i fi wisgo côt law a nôl y gitâr fas o dan fy ngwely (ma Anest isio i ni weithio ar ei chân yn y 'lle sbesial'), dwi'n sbio'n ôl ar Mam ar y soffa, yn cysgu. Mae'i sbectol ddarllen yn gam ar ei thrwyn, bywgraffiad rhywun (designer o'r 80au dwi'n meddwl?), yn llydan agored ar ei glin. Dwi'n meddwl fod Anest a fi wedi ei deffro hi neithiwr, ond roedd hi'n mynnu wrth Anest bora ma fod hi 'di cysgu'n drwm drwy'r nos. 'Nes i ddeud wrthi hi gynna 'mod i'n mynd am sbin efo Anest heno ond os ma hi 'di anghofio fydd hi'n poeni dwi'n gwbod dwi'n gwbod dwi'n gwbod so dwi'n nôl papur sgrap a beiro o'r bocs o dan y ffôn, a sgwennu neges gyflym i Mam yn deud lle dwi 'di mynd i'w roi yng nghanol y bwrdd gegin. 'Na i decstio hi yn y car hefyd, rhag ofn.

Dwi'n agor y drws a gweld Anest yn sefyll wrth y car. Ma hi'n chwifio arna fi drwy'r glaw fel sa fo'n anodd i fi sylwi arni hi, fel sa 'na gannoedd o geir 'di parcio ar hyd y lôn gul. Dwi'n trio gwarchod y gitâr efo fy mreichia (ond dwi ddim yn meddwl fod hynna'n neud llawer o wahaniaeth achos ma'r ces mor fawr) cyn i Anest afael yn yr handlen a'i osod yn y bŵt drws nesa i'r ukulele melyn sy 'di'i lapio mewn bagia plastig Tesco.

'Dwi methu witsiad dangos y lle ma i chdi ia, oh my god 'nei di lyfio fo...'

Ma'r glaw yn tynnu maneg dros ei llais hi a pan dwi'n gallu'i chlywed hi eto – pan ma'r ddau ohona ni'n ista yn y car efo'r drysa ar gau – rhywsut ma hi 'di dechra siarad am brosiect Bac Llŷr Lewis (ma'n mynd i ddechra clwb gym amser cinio i hogia Blwyddyn 7, 8 a 9).

Ma hi'n dechra injan y car

Gofyn gofyn gofyn da chi'n ffrindia ti'n gorfod gofyn!

a dwi isio. Dwi isio gofyn ti'n iawn a sut ti'n teimlo a be fedra i neud ond dwi angen chainsaw i dorri ar draws ei sgwrs hi ac ma hi'n siarad a gwenu a nodio a ella (ella ella gobeithio ella) 'nes i freuddwydio neithiwr i gyd? Ella ma diffyg cwsg 'di neud i fi ddychmygu'r holl beth?

gwallgo anghyfrifol pathetig gwan ffag sensitif tawel gwahanol boring plentynnaidd diwerth rhyfedd drwg anghwrtais hunanol llwfrgi gwirion afiach

Ond wrth i Anest newid y sgwrs i *Love Island* a throi'r olwyn i ymuno efo'r brif lôn, ma llawes ei chôt yn llithro'n ôl a dwi'n gallu gweld dwi'n gweld dwi'n *gweld*:

ma 'na betala lliwgar ar groen ei braich.

Anest

man edrych fwy hapus na dwi di gweld o o blaen efyr dwin meddwl, yn sbio fewn i llgada fi pan man siarad (pan dwi ddim yn sbio ar y lon ia) a chwerthin fatha cerrig yn disgyn lawr mynydd, fatha di o byth yn mynd i stopio, ond sam byd dwin deud *hynna* ffyni ia.

tbh, dwi jyst yn hapus fod o ddim yn flin efo fi. methu coelio fod o dal isio helpu fi efo can fi ar ol neithiwr. methu coelio fod o dal isio bod yn car efo fi.

man troi ffwr i sbio drw ffenast ar ol chydig, a pan dwin gallu dwin sbio arna fon ffast wrth i fo sbio ar y glaw yn sleidio lawr y ffenast fatha tadpols yn rasion erbyn i gilydd. ma bob dim yn dechra twyllun barod efor cymyla uwchbena ni so dwin gallu gweld chydig o refflecshyn fo yn y ffenast, llgada fo bron mor masif a llwyd ar cymyla uwchbena ni a sbio ar bob dim (tai efo pren a graffiti cofiwch dryweryn dros y ffenestri, siop chips a seins lon a defaid yn gorfadd lawr efo sblotshys glas a pinc arna nw) fatha man gweld byd ni gyd am tro cynta *efyr*.

ma gwynt syn dod allan o heater car fi yn freezing am pum munud cynta dwin dreifio achos man cymryd am byth i heater car fi dechra gwithio, ond tbh dwin licio gweld briddio fin dod allan yn wyn fatha pan on in smocio mewn seshys cae eijys yn ol. mar coed syn edrych fatha coed dolig rownda ni bob ochor i lon wan a dwin stopio yn y layby ar y chwith.

'ganol coed mae o iawn,' medda fi ar ol breicio, 'drw fanna.'

ma deian yn nodio a sbio drw ffenast ar y giat sy mor hen man lopsided fatha man pissed. dwin gallu gweld on gwenu yn y ffenast cyn idda fo agor drws car a mynd allan, fi stret ar ol o.

Deian

Ma'r byd yn edrych chydig yn llai na mae o go iawn achos ma pwysa'r glaw a'r niwl a'r cymyla 'di tynnu'r awyr i lawr dros ein penna ni fel to. A phan ma'r byd, pan ma Cymru fel'ma (dwi'n gwbod, dwi'n gwbod) ma'n hawdd jyst rhedeg o un lloches i'r llall

a llygaid i lawr

a neidio dros y pylla

a dal yr hwd i stopio fo rhag chwythu i ffwrdd.

Ond fama, rŵan, dwi isio aros yn y glaw am byth am byth

am byth a *byth* stopio peintio tan ma'r llun a'r lliwia a bob dim yn *berffaith*. Tan ma nodwydda'r coed pin yn y darlun yn dal diferion y glaw fel sa nhw'n dal sêr. Tan ma gwyrdd y coed yn dywyll ond nid tywyll marw, nid tywyll storm bora dydd Llun. Tywyll llygaid wedi cau mewn trwmgwsg.

How beautiful it is outside when everything is wet from the rain…
I really shouldn't let a single shower pass.

Dwi'n gwasgu'r gitâr fas ataf i fy hun eto cyn dilyn Anest at y giât, sy'n edrych fel ma'n disgwyl amdanan ni, neu 'di addo rhwbath i ni. Dwi ddim yn gwbod pa un.

Ma'r clo wedi'i rydu ar gau so dwi'n gafael yn ukulele Anest wrth iddi hi ddringo dros y giât yn gynta. Pan ma hi 'di glanio ar yr ochr arall, dwi'n pasio'r offerynna dros y giât ati ac yn ei dilyn hi. Ma'r baria metel yn plygu a simsanu chydig wrth i fi ddringo ac yn clecian fel esgyrn pan dwi'n neidio i lawr at y llwybr mwdlyd ar yr ochr arall. Ar ôl i Anest roi'r gitâr yn ôl i fi dwi'n sbio i fyny ar y coed sy'n sefyll bob ochr i'r llwybr.

Yn un o'i lythyra, ma van Gogh yn deud fod coed helyg yn edrych fel pobl amddifad. Ond dydi'r coed pinwydd yn fama ddim yn edrych yn amddifad o gwbl; ma canghenna pob un yn cyffwrdd cangen y goeden drws nesa iddi hi, fel sa nhw'n dal dwylo. So (ella, mewn ffordd. Ella.) ma bob un yn dal dwylo a gweithio efo'i gilydd

plentynnaidd diwerth rhyfedd drwg anghwrtais hunanol llwfrgi
gwirion afiach gwallgo anghyfrifol pathetig gwan ffag sensitif tawel
gwahanol boring

i warchod lle sbesial Anest.

*

Dwi'n meddwl fod sŵn y glaw yn rhy uchel, hyd yn oed i lais gorwel Anest, so dydi hi ddim yn deud dim byd wrth i ni gerdded ar hyd y llwybr. Ond ar ôl i ni fod yn cerdded am lai na munud, dwi'n meddwl, ma Anest yn troi rownd ataf i (ma'r mwd mor llithrig ma fel sa hi'n gwisgo heelies fel oedd gan Lowri pan oedd hi'n yr ysgol gynradd) a gweiddi

'Da ni yma!'

O'n blaena ni ma 'na dŷ bach (bwthyn, dwi'n meddwl) sy'n edrych fel sa fo 'di tyfu o'r ddaear. Sut sa hada tŷ yn edrych?

gwirion afiach gwallgo anghyfrifol pathetig gwan ffag sensitif tawel gwahanol boring plentynnaidd diwerth rhyfedd drwg anghwrtais hunanol llwfrgi

Ma 'na ddwy ffenest yn y ffrynt ond ma pren yn cuddio un ohonyn nhw so ma'r tŷ'n wincio arnan ni. Dwi'n gallu gweld bysedd gwyrdd (emrallt, mwsog, pinwydd, leim a chartreuse) yn gwasgu fewn i'r hollta rhwng y cerrig yn walia'r tŷ ac yn gafael yn dynn yn y ffenest arall; ma fel sa'r planhigion i gyd yn trio dal y bwthyn i fyny a'i stopio fo rhag suddo i fewn i'r mwd. Ma'r bysedd yn atgoffa fi chydig o wythienna'r glaw ar y ffenestri gynna a dwi'n sylwi (er fod o'n adfail a 'di bod yn wag ers amser hir, hir dwi'n meddwl) fod y tŷ'n *fyw* rŵan, yn fwy byw na ma 'di bod erioed, ella'n fwy byw nag unrhyw adeilad arall yn *unman*! Os sa'r glaw ddim mor oer, swn i isio aros yma am oria'n tynnu llunia efo fy ffôn.

Ma Anest yn tynnu ar ddolen y drws efo dwy law cyn iddo fo agor.

'Ty'd!' medda hi heb sbio'n ôl, a phlygu ei phen i gerdded drwy'r trothwy isel. Ma fel gwylio rhywun yn cerdded trwy ddrws wedi'i neud allan o sêr, ac nid pren sy'n pydru. Oes 'na alaeth newydd ar yr ochr arall?

> *be clearly aware of the stars…*
> *then life seems almost enchanted after all.*

Dwi'n gwasgu'r gitâr yn agosach ataf i a cherdded trwy'r drws.

Dwi'n gobeithio'n bod ni wedi teithio'n ôl mewn amser fel ar *Doctor Who* neu rwbath. I'r chwedega, ella? Saithdega? Ond wedyn dwi'n gweld fod 'na fwy o lwch a llwydni na dodrefn yma ac ma teithio'n ôl mewn amser yn blentynnaidd blentynnaidd blentynnaidd rhwbath plentynnaidd i obeithio amdano fo,

plentynnaidd diwerth rhyfedd drwg anghwrtais hunanol llwfrgi gwirion afiach gwallgo anghyfrifol pathetig gwan ffag sensitif tawel gwahanol boring

ond rhywsut (sut, sut, *sut?*) ma'r tŷ'n edrych yn fyw yn fama ar y tu fewn hefyd achos dwi'n gweld hyn:

llestri budr yn y sinc, llenni les tyllog sy'n llydan agored, papur wal yn gwywo, cwpan a soser ar y bwrdd crwn, y gwpan yn gwisgo mwclis o floda bach. (Wedi'u peintio efo llaw, ella? Ma nhw'n llwyd rŵan, y bloda, ond ers talwm sa nhw 'di gallu bod yn las neu'n oren neu'n binc.)

pictures fade like flowers... but how they impressed me,
those pictures fading there, little understood.

Ma fel fod pwy bynnag oedd yn byw yma wedi gadael un diwrnod a 'di anghofio dod yn ôl.

'Ma'r smel yn overwhelming withia ia so 'na i adal drws yn gorad chydig bach, iawn.'

Dwi'n troi at Anest. Ma hi'n tynnu ei sgidia a'u defnyddio nhw i stopio'r drws rhag cau'n llwyr, er fod 'na hen bâr o welis wrth y drws a digon o betha eraill o gwmpas sa hi 'di gallu'u defnyddio i gadw'r drws ar agor.

Dwi'n plygu ar fy nghwrcwd a dechra datod cria fy sgidia.

'Ym, ti'm yn goro, fydd traed chdi'n oer...'

Ma Anest yn agor ei bag ysgol ac yn tynnu pâr o sana trwchus allan, rhai Dolig efo pen Rwdolff ar bob un, trwyn mawr coch lle ma'r bys mawr i fod. Ma hi'n gwenu i lawr ar wên Rwdolff.

'Dwi'n prepared,' medda hi, ac ista ar y llawr i'w tynnu nhw ar ei thraed. 'Ti'n licio fo?' medda hi wrth i fi sylwi ar frodwaith o fas bloda mewn ffrâm ar y wal.

'Waw...' Dwi ddim yn gwbod, ddim yn gwbod be i ddeud.
'Ym...' Rhwbath rhwbath deud rhwbath rhwbath da rhwbath
call rhwbath normal rhwbath neith hi licio rhwbath
onest. *Onest.*

'Ma'n ym, anhygoel.' Dwi'n nodio. Fel sa fi'n cytuno efo fi fy
hun.

gwallgo gwallgo anghyfrifol pathet—

Stopia dim fama dim rŵan stopia

onest.

'Ia,' medda fi, 'anhygoel.'

Ma Anest yn sbio o'i chwmpas, yn ista efo'i choesa wedi
croesi.

'Dwi'n gwbod. Ma fatha fod o'n styc yndi, styc yn y blwyddyn
pan odd rhywun yn byw yma neu whatever.' Ma hi'n tynnu'r
ukulele allan o'r bagia plastig. 'Hynna pam dwi'n licio fo,
dwi'n meddwl. Achos fama dwi'n dod i pan dwi isio bob dim
stopio achos dwi fatha... dwi'n gallu smalio fod y byd i gyd
yn freezio rownda fi fatha ma'r tŷ di freezio mewn amser
gwahanol, a wedyn dwi jyst yn gallu... briddio. Neu whatever.
Ma'n stiwpid.'

Dwi isio isio isio isio deud fod hynna *ddim* yn stiwpid a deud
dwi'n deall, dwi'n gwbod yn union sut deimlad ydi isio
angen gobeithio begio *erfyn* ar y byd i stopio am eiliad i chdi

gael cyfle i ddal i fyny a stydio'r lliwia i gyd pan ma nhw'n llonydd,

Theo, what a great thing tone and colour are, and those who fail to learn to have feelings for them will remain far removed from real life.

ond ma hi 'di newid y sgwrs cyn i fi ddewis y geiria iawn.

tawel gwahanol boring –

stopia.

'A ti ddim yn mynd i ddangos o i neb, na? Achos dwi'n poeni fod fydd pobol erill yn rwinio fo i gyd, os sa nhw'n ffindio allan amdana fo. A mae o mor hawdd i ffindio, os sa pobol yn chwilio amdana fo ia. So nei di'm deud wrth neb, na?'

Dwi ddim yn meddwl fod 'na 'neb' arall yn fy mywyd i heblaw am Mam a Lowri ac Anest ond (na na na) dwi ddim isio deud hynna achos wedyn fydd hi'n gwbod na fi ydw i a 'mod i'n fwy pathetig na ma hi'n meddwl yn barod (na na na). So dwi'n ysgwyd fy mhen.

Dwi'n gosod ces y gitâr ar y llawr a'i agor efo fy nghefn at Anest achos dwi'n meddwl poeni meddwl (ella, ella) fod yr haul yn fy ngwên i'n gallu llosgi ei haelia a'i hamranna hi. Ac er 'mod i dal yn gallu teimlo'r Dwylo dan fy nghroen dan fy nghnawd yn fy esgyrn, yn gofyn

pam ma hi'n ffrindia efo chdi? pam ma hi isio bod efo chdi? pam ma hi'n dangos ei hoff le i chdi? pam pam pam?

ella, am chydig, yn fama, (rhywle rhywle rhywle), ma popeth yn iawn achos dim ond y ddau ohona ni sy'n bodoli.

Anest

nesh i feddwl amdan dod i fama neithiwr ia achos dwin gallu dreifio wan. ond pan dwi fatha on i neithiwr dwin teimlo, idk, teimlon afiach. fatha mar dead body yn gollwng croen di rotio syn hymian dros bob man a dwim isio neud fama hymian fatha dead body. sa hynnan rwinio fon fwy drwg na gollwng niwclear bom ambena fo.

man dechra twyllu go wir wan so da nin rhoi torches ffons ni ar i ni gal gweld y papur a gweld lle ma bysidd nin mynd ar ffrets uke a bass. dwin goro canu mor ychal dwin dechra cal dolur gwddw achos y glaw yn bomio lawr ar to a ma hynnan neud ni chwerthin gymaint dwin goro gorwedd lawr, mots am y llwch yn gwallt fi.

tbh dwi di gorffan y gan ers lot ond heb di deud hynna i deian achos ngl dwin licio neud hyn efo fo. a ella fydd om isio bod efo fi im mwy pan fy genna fom rheswm i neud.

ar ol i amser fynd way rhy ffast (shit yndi, fod amser ddim yn freezio go wir) ma deian yn sbio ar ffon fo a deud fod on goro mynd nol mewn munud.

da nim yn deud lot wrth ni cadw uke a bass, mond grando ar y glaw yn dal i stido ben y to. ond wedyn ma deian yn stopio ganol cau sip cot fo a sefyll yn sbio ar lawr am chydig a dwin gwbod fod o isio deud rwbath.

'tin ok?' medda fi a rhoi bag ysgol ar cefyn fi.

man nodio ar lawr.

'ym… ti di trio…' man dechra chwara efo sip cot fo fyny a lawr fyny a lawr syn annoying ond dwi ddim yn deud hynna i fo ofiysli achos dwi ddim gymaint a hynna o bitsh. 'ti di siarad efo teulu chdi? am sut tin teimlo?' dwi bron yn gollwng uke fi ar lawr

chos dwisio deutha fo.

ffoc dwisio deutha fo ia.

dwisio deutha fo fod dwi heb di deud i teulu fi achos dwim isio nw poeni amdana fi achos neith nw neud big deal allan ohona fo a *dwi ddim yn big deal*. fod dwim isio nw sbio arna fi mewn ffor gwahanol fatha dwi di neud rwbath yn rong a neud nwn drist. fod dwim isio wastio pres nhs.

'ym, dwim hynna agos ata nw,' medda fi a sbio ffwr fyd. ffs. 'a eniwe dwin meddwl ma group therapy yn dechra helpu.' a di hynna ddim yn clwydda achos dwin meddwl amdan rashmi a sut ma siarad efo hin neud fin hapus a teimlo fatha dwin gallu tyfu wings os sa fi isio. 'odd neithiwr – ym, dwin rili sori am deffro chdi.'

man chwerthin yn ddistaw a ysgwyd pen fo. sbio arna fi at last.

'paid a poeni am hynna, plis paid.' man sbio ar sgidia fo a ysgwyd pen eto. 'ma hyn yn swnion rhyfadd… ond… ond dwi di bod isio peintio ar croen rhywun ers lot eniwe?' man chwerthin. 'sori.'

sori. eto.

dwin gwenu a trio codi un eyebrow (dwi methu neud o run fath a rashmi tho).

a hynna pryd dwin clwad o. glaw di stopio. at last! dwin leanio drosodd i sbio allan o drws ond man edrych fatha ma dal yn bwrw glaw.

wiyd.

dwin codi fyny a cerddad allan chydig a —

ffoc

'ohmygodohmygodohmygod.'

dwin clwad deian yn rhedag ata fi. 'be sy?'

dwin troi ata fo yn gwenu fatha ffocin idiyt.

man bwrw eira. yn gymru. yn dechra december. probybli achos climate change ffs ond mots am hynna am wan ia achos

man bwrw eira!!!

dwin rhedag allan lawr y llwybyr a jympio dros y giat a fewn ir lon, yr awyr oer oer yn rili tyn rownda fi fatha onesie oedd genna fi eijys yn ol sy rhy fach wan a dwi methu stopio chwerthin fatha plentyn bach wrth i snowflakes disgyn ar gwynab fi a dulo fi a gwddw fi. tbh mae o mwy fatha glaw na eira a neith o deffo ddim sticio efo dwr glaw dros bob man ond dal, dechra december! nyts! dwin cau llgada a briddio fo fewn achos dwin lyfio *ogla* eira ifyn. ffresh a glan yndi, fatha fod on llnau bob dim a neud bywyd newydd i pawb.

dwin troi rownd a gweld fod deian yn sefyll wrth y car, yn sbio fyny ar yr awyr a gwenun stiwpid fatha fi. da ni mor babiaidd yndan, dwi mynd i fod yn eighteen blwyddyn yma ffs goro tyfu fyny rhwbryd ond dim heddiw

dim heddiw achos *man ffocin bwrw eira!*

dwisio aros allan am byth ond dwin dysaidio sbrintio i car pan dwin teimlo fatha dwin freezio bols fi off, a rhoi injan car ar i rhoi heating ar i neud o dechra mynd yn gynnas, gwynt oer heating yn neud i dannadd fi nocio foi gilydd fatha tin gweld mewn cartwns. ma deian yn dod ata fi ar ol fatha dau funud, ar ol sylwi fod dwi yn y car ma siwr. ma dal yn gwenun stiwpid pan man dod i fewn, run fath a fi ma siwr ia ffs, a gwynab on goch goch. ma dal yn gwenu pan dwin dreifio fewn i lon. tbh dwi ddim yn meddwl fod on stopio gwenu all the way nol i ty fo.

Deian

Dwi'n troi at y ffenest a gweld yn yr adlewyrchiad 'mod i'n gwenu. Yr haul – eto! Ma'n rhaid ma'n rhaid ma'n *rhaid* fod Anest wedi sylwi ar y gola, ar y gwres, ond rywsut (sut, sut) dwi ddim yn poeni os fydd hi'n sylwi neu beidio achos dwi'n meddwl, dwi'n gwbod dwi'n gwbod 'mod i *isio* iddi hi weld mor ddiolchgar dwi.

Ma Anest yn parcio o flaen tŷ ni ac yn diffodd yr injan. Dwi'n gallu gweld gola yn ffenest y gegin – ma'n rhaid fod Mam wedi deffro.

'Diolch,' medda fi.

Ma Anest yn chwerthin a sbio i lawr ar ei dwylo, yn cyffwrdd y paent ar ei braich yn ysgafn, fel sa hi'n cyffwrdd swigan ond ddim isio'i fyrstio fo.

'Diolch i'r eira ia.' Dwi'n meddwl fod hi'n gwbod nad yr eira o'n i'n cyfeirio ato fo.

Dwi'n pwyso fy mhen yn erbyn yr headrest, yn sbio i fyny ar do'r car fel o'n i'n sbio ar yr awyr llawn eira gynna. 'Dwi methu coelio... 'dan ni 'di sgwennu cân! 'Dan ni 'di sgwennu cân *go iawn*. 'Dan ni'n artists!' Ma'r geiria'n fy ngadael i heb i fi sylwi

ond dwi ddim yn eu casáu nhw, dwi ddim (dwi ddim dwi ddim).

Ma Anest yn chwerthin. '*Ti* yn,' medda hi, 'dwi ddim. Dwi ddim yn music artist neu whatever.' Ma hi'n ysgwyd ei phen. 'No way.'

'Wyt,' medda fi, a dwi'n meddwl am un o ddyfyniada van Gogh: '*One becomes a painter by painting*'.

'Be?'

Be?

'Nes i – nath hi glywed hynna? 'Nes i ddeud y geiria yna *allan yn uchel?*

'Ym... nath... nath, ym... *one becomes a painter by painting.* Van Gogh nath ddeud hynna mewn llythyr a o'n i, o'n i'n meddwl amdana fo achos 'nest ti ddeud bo chdi ddim yn music artist, ond ti 'di creu cerddoriaeth go iawn fydd pobol yn gallu gwrando arna fo? So ma hynna'n golygu bo chdi *yn* music artist. So... ma'r un peth efo peintio? Dwi'n meddwl? Ella. Dwi'm yn gwbod.'

A rŵan dwi isio dwyn holl eiria'r sgwrs o'r awyr a'u stwffio'n ddyfn ym mhocedi fy nghôt, eu gwasgu yn fy nwylo fel y taflenni gwaith sy'n casglu yna. Pam ma'r geiria mwya rhyfadd sy'n dianc bob tro??

Lawr lawr dwi'n sbio i lawr. Agor drws y car. Camu allan.

'Witsia...' Dwi'n troi i wynebu Anest ond yn sbio ar baced gwag o sos coch McDonald's sy 'di crychu ar lawr ei char. 'Dwi'n licio hynna ia, diolch!'

Dwi'n licio hynna.

Diolch.

Dwi'n gwenu ac yn siarad efo (gwallgo gwallgo gwallgo) – *at.* Siarad *at* y paced gwag o sos coch. 'Iawn. Iawn, so 'na i weld chdi... dydd Llun?'

Ma hi'n troi'r goriad i roi'r injan ymlaen eto.

'Ia. Ia, deffo. A ella nawn ni sgwennu cân arall wan ia so cofia bass chdi!'

Hi ydi'r unig un ohonan ni sy'n anghofio'i hofferyn weithia, ond dwi'n nodio ac yn gwenu, yn gwylio gola'i char yn troi'r eira'n gawod o sêr wrth iddi hi yrru i ffwrdd.

15

Snapchat 03:26

D: heia tin cysgu?

A: naaa

A: tin ok

D: yndw diolch, ond methu cysgu

D: poeni am mocks

A: same

D: :(((

A: fy chdin fine though ti ddim angen poeni!!

D: *Deian is typing*

A: ond genna fi idea ok

A: i helpu chdi fynd i gysgu

D: *Deian is typing*

A: lol hyn mynd i neu chdi feddwl fod dwin ifyn fwy o narcissist na ti probs yn feddwl dwi yn barod ond withia pan dwi methu cysgu dwin imajinio fy hun tha music artist famous ar graham norton show a ista fo celebrities erill ar y soffa

A: man wiyd a narcissistic af ond helpu fi gysgu withia lol

A: omg dwi gelan ma ego fin huge HAHAHAhahahah ha ha

A: ha

A: ha

D: na di! dwi'n meddwl fod na lot o bobol yn neud hynna. na i drio fo. diolch :)

A: okeee ur welcome

A: good luck

D: Diolch, a chdi!!

Anest

dwi ddim yn gwbod be dwin meddwl ar ol be nath digwydd heddiw ia. os dwin actually meddwl rwbath at all. ella dwi jyst di marw a heb di sylwi.

hmm.

so.

hyn nath digwydd:

- beisycli odd fi a rashmin siarad tan fatha 2am dydd sul (dydd llun? nos sul? bora dydd llun? idk) amdan teli achos ma dau ohona nin rili blin fod season 4 tv show ar netflix da nin lyfio di gal i ganslo
- ond wedyn nath hi siarad amdan love island (ma hin gwatsiad o. ddim yn ironic nam byd. ma hin actually *gwatsiad* o. ma hin deud fod on addictive.)
- so nesh i sendio list o true crime series ar netflix i hi watsiad a deud fod hin goro gwatsiad heina i gyd asap os ma hi isio cario mlaen i nabod fi.
- a gafo ni debate nath orffan efor dau o nin tecstio yn caps a bob dim. ffocin intense. mwy intense na pan ma dad yn gwatsiad news.
- wedyn natha ni meetio fyny yn caffi miaw am fatha 3pm achos odd y ddau ohona ni basiclyn cysgu tan hynna. odd rashmin gwisgo jacet pride flag hi.
- a odd siarad gymaint haws pan oedda ni di bod yn siarad am teli ers fatha 2am

- natha ni cario mlaen efor debate a bob dim
- a nesh i ofyn 'sut o chdin gwbod dwin siarad cymraeg pan nesh i ddeud amdan crocs chdi?'
- a nath hi ddeud 'achos acen chdi pan tin siarad saesneg. tin ffarmwr?'
- on i heb di bod mor offended o blaen yn bywyd fi. efyr. 'dwin edrych tha ffocin ffarmwr i chdi?' medda fi. ond mewn caps. caps italic.
- a nath hi jyst codi sgwydda a deud 'dwin trio bod yn open-minded. fel nath leanne ddeud wsos dwytha.'
- a hynna pryd nesh i nol rwbath o pocad hwdi fi a codi un bys arna hi
- wedyn
- wedyn
- *wedyn* ar ol hi orffan milkshake a fi orffan panad nath rashmi ddangos un or rwms bach yn cefyn idda fi lle ma nwn rhoi bwyd i cathod.
- gesh i rhoi bwyd i bob (dal ddim yn galw fon pws) a moggs a dwin cofio meddwl fod y cathod ma efor enwa mwya boring efyr as in sa gwbod amdan winclin rhoi hartan idda nw ond ma nwn ciwt so dwin gallu ycseptio hynna am wan.
- a wrth fi codi fyny a rhoi un powlan lawr nath rashmi symud gwynab hi ata fin ffast a wedyn tynnu nol efo llgada masif fatha fi odd di trio copio off efo hi a nid y ffor arall rownd.
- natha ni ddeud tra yn awkward af as in nesh i ddim even sbio nol ar gwynab hi at all
- a nath hi sendio snapchat i fi tua 30 mins yn ol
- a wan ia
- wan
- wan dwim yn gwbod be i feddwl.

fuck it.

fuck. it.

dwin agor y message.

rashmi: sori am hynna lol. dwin deall os ti ddim isho gweld fi eto

di heb di rhoid x nam byd.

fi: wtf na
fi: shit nid na as in misho gweld chdi eto, na as in dwisho gweld chdi eto
fi: dwim isho dim gweld chdi eto
fi: ffs bren fi methu neu geiria
r: haha same ond seriously?? ti ddim yn meddwl oedd hynna'n really creepy??

dwim yn gwbod be i atab i ddechra. achos dwim yn gwbod be dwin meddwl. dwi mor confused wtfwtf be sy rong efo fi? so dwi jyst yn deud y gwir achos dwin gallu deud y gwir efo hi.

fi: naaa wow ddim yn creepy. on i just confused a heb di neud im byd fo hogan o blaen

ma hi di agor o. dim yn deud im byd. dwin briddio fewn yn hir fatha dwin preperio deud rwbath idda hi go wir.

fi: ond dwin meddwl on i isho fo
r: ia??
fi: on
r: tin siwr???
fi: siwr

r: tisho ft
fi: ia plis

RHAN 2

Ydy ma'r awyr yn disgyn i ddarna
Ond os ti'n cyffwrdd y darna 'na,
Cyffwrdd y darna 'na,
Ella 'nei di ffeindio dy sana.

'Sana Coll', BRhys

16

Lowri

Dydi Lowri ddim yn cofio enw'r dyn ifanc noeth sydd â'i freichiau amdani. Gall fod yn Harry efallai, neu Jack.

Mae hi'n llyfu ei gweflau ac yn blasu chwys a fodca. Efallai ei bod hi'n blasu tecila hefyd, er nad ydi hi'n cofio yfed tecila. Coda'i phen yn araf. Mae masgara a minlliw wedi gwaedu ar hyd y cas gobennydd a photel wag o Echo Falls yn pwyso yn erbyn y bin, sy'n gorlifo dan weddillion *meal deals* di-rif o Tesco Metro a phamffledi Wythnos y Glas.

Mae HarryJack yn griddfan wrth i Lowri lithro o'i afael yn araf, ond mae'n cadw ei lygaid ar gau. Tynna'i hwdi dros ei phen a gwisgo pâr o siorts pyjamas cyn chwilio am ei ffôn.

Teimla siâp cyfarwydd y ffôn ym mhoced gefn pâr o jîns ac mae bron yn chwydu gan ryddhad. Sylweddola fod y batri ar 6% ond does dim golwg o'i *charger,* felly mae hi'n nôl ei *portable charger* o'i bag. Erbyn hyn mae hi wedi deg o'r gloch; mae hi wedi colli seminar arall.

Eistedda ar y carped er ei fod yn ei phigo trwy ddefnydd tenau'r siorts a dechrau tapio trwy ei stori Snapchat. Mae hi'n dysgu ei bod hi wedi dychwelyd i'r adeilad am *after party* yn fflat 12 tua 4 o'r gloch y bore. Gwena Lowri wrth wylio rhai o'r fideos a darllena'i chapsiynau ffraeth â balchder. Mae hi'n chwerthin wrth ailchwarae'r fideo o Bethany yn bwyta *chicken nuggets* o'r palmant ar ôl iddi hi faglu a gwasgaru cynnwys ei bocs polystyren ar hyd y concrit. Wrth ddileu'r *selfies* efo dieithriaid dydi hi ddim yn astudio'r wynebau hyd yn oed; mae ei chyfeillgarwch meddw wedi dychryn ei *flatmates* ers y *pre-drinks* cyntaf.

Cerdda'n droednoeth i fewn i'r gegin, yn falch o'i gweld yn wag; mae hi'n eithaf sicr ei bod hi'n dal yn feddw a dydi hi ddim yn barod i gael ei phryfocio gan Beth, Amir, Oscar neu Caitlyn eto. Fedr hi ddim ffeindio cwpan lân, felly mae hi'n codi'r pentwr o lestri budr o'r sinc ac yn plygu ei phen o dan y tap i yfed dŵr. Cyn mynd yn ôl i'w hystafell mae hi'n penderfynu nôl gweddillion y pitsa sydd wedi bod yn gorwedd yng ngwaelod y ffrij ers y Pizza Hut Delivery echnos.

Mae Lowri'n cau drws ei hystafell yn dawel ac yn gorffwys ei phen ar y pren trwm. Edrycha ar HarryJack. Ar y pentyrrau o ddillad budr sy'n cuddio'r rhan fwyaf o'r carped. Ar y gwerslyfrau trwm sy'n hel llwch ar y silff uchaf. Ar y nodiadau o'r darlithoedd prin a fynychodd ar wasgar ar hyd y ddesg, dim ond llond llaw o bwyntiau bwled wedi'u sgriblo dros y rhan fwyaf ohonynt. Caea ei llygaid ac anadlu'n ddwfn, gan arogli cynnwys y bin a'r gwin rhad a'r pitsa yn ei dwylo â'i gaws figan oer sy'n glynu i'w dannedd. Wedyn mae hi'n gosod y bocs pitsa ar y ddesg cyn camu dros ei dillad at y ffenest a'i hagor nes mae'r bleinds llwyd yn clecian yn y gwynt. Mae hi'n trio codi'r bleinds, cyn cofio eu bod nhw wedi torri ers pythefnos.

Caea'i llygaid i wrando ar sŵn y ceir sydd mor gyson â rythm tonnau. Llenwa'i chorff ag awyr y ddinas. A chyn iddi agor ei llygaid, mae hi'n

gwneud penderfyniad. Mae hi'n penderfynu peidio ag aros tan crôl
Nadolig yr Ysgol Hanes wythnos nesaf.

Arhosa yno wrth y ffenest am ychydig funudau i anadlu, i wylio. Gwylia
ganghennau'r goeden yn nodio'n llesg yng nghanol y cwrt concrit
(penderfynodd Amir ei fedyddio'n Sir Dave ar ôl un noson feddw;
roedden nhw wedi bod yn binjo ar raglenni David Attenborough ar
Netflix efo'i gilydd yr wythnos honno) – mae o wedi cael llond bol
hefyd, meddylia.

*

'Woyadoin?'

Dydi HarryJack ddim yn agor ei lygaid i siarad, ond mae Lowri'n rhy
brysur yn taflu dillad i fewn i'w ches i sylweddoli.

'Slow down for a minute, yeah. Come back 'ere.'

'I can't,' meddai Lowri wrth chwilio am bâr o jîns sydd ddim yn drewi.
'I'm leaving, I have to leave. I have to go home.'

'Wha? Like, now? Why?'

Arhosa Lowri am funud wrth i'r ystafell gyfyng siglo. Mae hi'n cau ei
llygaid ac yn gobeithio y bydd y pitsa'n aros yn ei stumog. 'I just... I'm
going home. I need to catch a train.' Trên nad oes ganddi docyn ar
ei gyfer eto.

'Uh, ok.' Mae HarryJack yn chwerthin yn arw. 'Didn't feel like you
wanted to go home last night.'

210

'Ym, yeah. Well.'

'Ok, yeah. Whatever.' Mae HarryJack yn codi o'r diwedd ac yn estyn am ei grys-t wrth droed y gwely. 'I could like, uh… leave, if you want?'

'Ym, yeah. Ok.' Dydi Lowri ddim yn edrych arno wrth siarad. 'Thanks,' meddai hi wrth ruthro o'i hystafell i nôl ei brws dannedd.

Mae hi'n gweld HarryJack yn y coridor wrth iddi ddychwelyd, yn union fel y mae hi'n cofio ei weld o neithiwr: gên sgwâr, gwythiennau gweladwy ar freichiau cyhyrog, digon tal i lenwi'r gwagle rhwng llawr linoliwm y coridor a'r to brics moel. Neithiwr, roedd Lowri'n methu â chredu sut yr oedd hogyn sy'n edrych fel fo yn *hoffi* hogan sy'n edrych fel hi. Ond rŵan, dydi hi ddim yn hyd yn oed ystyried oes ganddi hi ei enw ar Snapchat neu beidio.

Mi fydd rhaid iddi adael rŵan er mwyn dal y trên nesaf; does dim amser i gael cawod, felly. Clyma'i gwallt mewn cynffon a gwthio'r drws ar agor efo'i chefn, weip i lanhau ei hwyneb yn un llaw a'i ches yn y llall. Mae hi'n gwybod ei bod hi wedi anghofio sawl peth: siampŵ ar gyfer gwallt lliw. Pâr o sanau glân. *Charger* ei ffôn, hyd yn oed. Mae hi'n taflu'r weip i'r bin yn y coridor ac yn archebu Uber. Mi fydd hi'n egluro popeth ar *group chat* y fflat ar y ffordd i'r orsaf. Mi fydd hi'n e-bostio'i thiwtor personol o'r trên.

Wrth sefyll y tu allan i'r neuadd breswyl yn disgwyl am y tacsi, mae Lowri'n gwylio merch yn cerdded heibio iddi'n droednoeth; ei sodlau uchel yn ei dwylo, ei chyrliau wedi gwywo. Mae Lowri'n llyncu dagrau. Does dim syniad ganddi hi pam mae gwallt y ferch yn ei gwneud hi'n drist; efallai ei fod yn ei hatgoffa o ganghennau Sir Dave. Felly, mae hi'n edrych i fyny ar y cymylau ac yn llowcio'r bore oer fel y dŵr o dan dap y gegin, yn benderfynol o beidio â chrio.

17

Anest

'o,' medda fi.

taid yn gallu bod yn fun ia. dal yn sesho fatha man twenties efo mets fo yn run pyb yn dre bob dydd mercher i chwara pool. ond dwin meddwl fod on votio i tories wan. a man byw yn sir fon ers fatha dau blwyddyn. so ddim gymaint a hynna o sympathy. soz taid.

'tin dod?'

dwin meddwl amdan tro dwytha nesh i fisitio rhywun yn hosbitol. nain ochor dad eijys yn ol ella. nesh i dechra marw chwerthin achos dwi mor ffocin wiyd. achos y ffor odd hin briddio efo tiwbs yn ticlo trwyn hi a gwisgo rwbath odd yn edrych fatha ffrog bedyddio babis a nesh i feddwl ffyni fod babis a pobol hen yn gwisgo run fath pan ma nwn geni a marw.

a nesh i chwerthin. on in gelan ia.

ffoc

dwi gymaint o bitsh. ifyn pan on in hogan bach. yn fisitio pobol yn hosbitol.

be sy rong efo fi?

Deian

Ma Mam yn rhoi'r ffôn i lawr ac yn deud fod Lowri 'di penderfynu dod adra'n gynnar,

yn dod adra *heddiw*!

Dwi'n rhoi'r portffolio gwaith cwrs Celf i lawr ar y soffa a rhedeg i fy stafell.

Rhedeg?

plentynnaidd diwerth rhyfedd drwg anghwrtais hunanol llwfrgi gwirion afiach gwallgo anghyfrifol pathetig gwan ffag sensitif tawel gwahanol boring

Be 'na i ddangos iddi hi gynta? Y cerddi newydd? Y darlun wedi'i ysbrydoli gan Munch? Cân Anest? Y sgidia? Y sgidia ella. Dwi'n meddwl oedd o'n anodd iddi hi weld y manylder arnyn nhw ar FaceTime. Wedyn 'na i ddeud bob dim. Bob dim am y Chweched ac Anest a'r gân a parti clwb a Brenda Elias. Bob dim o'n i methu deud yn llawn ar Snapchat a WhatsApp.

Dwi'n disgyn ar fy ngwely a sbio i fyny ar y sêr, yn cofio rhwbath o *Letters of van Gogh*:

> *you convey the colours so well that I can see them.*

A dwi'n methu disgwyl. Dwi'n methu disgwyl clywed ei chwerthin hi'n tasgu trwy'r tŷ eto, ei lliwia'n neud y lle yn llawn.

Dwi'n darllen van Gogh eto wrth ddisgwyl i adael y tŷ am yr orsaf drên.

find things beautiful as much as you can,
most people find too little beautiful.

Ella 'na i ddarlunio'r Dwylo wrth gopïo *Anxiety*, ond eu neud nhw'n hardd. Dwi'n meddwl 'na i neud nhw'n ddu wrth ddefnyddio'r paent olew tywylla yn y tŷ, a rhoi sêr drostyn nhw. Mi fyddan nhw'n adlewyrchu awyr y nos, yr awyr sy y tu ôl i fi wrth sbio ar y darlun, yr awyr dwi'n methu'i gweld.

Lowri

Daw'r glaw wrth i'r trên arafu at yr orsaf; mae Lowri'n ei glywed yn tician ar y to.

Tynna'i hwd dros ei phen cyn gosod ei ches ar y platfform. Plyga'i hwyneb tua'r llawr i'w gwarchod rhag y gwaethaf o'r glaw, felly mae hi'n gweld sgidiau ei mam yn gyntaf; yr un bŵts brown y byddai hi'n eu gwisgo bob gaeaf ers blynyddoedd. Sylweddola Lowri fod careiau un esgid wedi'u datod. Efallai nad oedd amser ganddi hi i'w clymu cyn gadael y tŷ.

'Cariad,' meddai ei mam cyn gafael ynddi hi mor ffyrnig nes taflu hwd Lowri'n ôl.

Deian

Ma Mam yn rhoi Radio Cymru mlaen ar y ffordd adra ac ma 'na gân newydd yn chwara, gan fand o'r enw Brys, dwi'n meddwl. Dwi'n rolio'r ffenest i lawr ac yn estyn fy mraich allan, yn agor fy llaw. Erbyn rŵan ma'r glaw 'di stopio a gwynt oer yn lapio rownd fy mysedd; ma bron digon trwchus i fi afael ynddo fo rŵan. Fel hyn ma adar yn teimlo pan maen nhw'n hedfan?

Dwi'n tynnu fy adenydd yn ôl i fewn i'r car, ac ma Mam 'di diffodd y radio i ofyn i Lowri am y lliw newydd yn ei gwallt. Ma hi 'di rhoi highlights pinc ynddo fo, ac wedi cael piercing arall yn ei thrwyn.

Dwi'n cofio pan nath Lowri liwio'i gwallt am y tro cynta; gwyrdd, cyn diwrnod cynta Blwyddyn 10. Nath hi ddod adra o barti unwaith pan o'n i dal yn effro a dwi'n cofio gofyn (roedd Lowri dal 'di meddwi, wrth gwrs) pam ei bod hi wedi dewis lliwio'i gwallt. Nath hi ddeud (dwi'n meddwl. Ella. Byth yn cofio byth byth yn cofio bob dim), 'Chos dwi'm yn licio corff fi a isio bod yn prowd o o leia un peth am appearance fi.' Do'n i ddim yn gallu cysgu am oria wedyn. Achos sut sut sut ma person mor hyderus a chyfforddus ac onest yn gallu casáu pob dim am y ffordd ma hi'n edrych?

they… shun the most beautiful things… and clip their own wings.

*

Ar y ffordd adra 'dan ni'n stopio yn y pentra i gael takeaway Chinese, ac ma Mam yn mynd i Premier i nôl bagia o siocled (a crisps figan i Lowri). Ma hi'n gwenu fel sa hi 'di dwyn y bwyd wrth ddychwelyd i'r car.

Erbyn i ni gyrraedd adra, ma'r cymyla 'di clirio chydig so 'dan ni'n byta ar y soffa ac yn gwylio'r machlud yn peintio dros linell y gorwel. Wedyn 'dan ni'n mynd allan i'r ardd efo'r siocled a'r crisps, yn ista mewn hen gadeiria plygu pren

I am plunging into colour

a disgwyl nes na mond lliwia'r tri ohonan ni (chwerthin siarad meddwl) sy'n goleuo'r tywyllwch i gyd.

Lowri

Mi fydd yn anodd i Lowri arfer â chyrraedd adra heb glywed Begw'n cyfarth. Mae hi'n gweld y gwagle wrth ddrws y gegin lle'r oedd ei phowlen fwyd. A'r plwg wedi'i ddiffodd wrth y *diffuser* persawr nad oedd yn llwyddo i guddio ogla blew ci gwlyb ar ôl iddi hi fod yn chwarae yn y glaw.

Roedd Lowri wedi dychmygu y byddai ei mam eisiau troi ei hystafell wely yn stiwdio, ond mae'n union fel y gadawodd hi ar ddiwedd yr haf; bron yn wag gan fod y rhan fwyaf o'i heiddo yn y neuadd breswyl. Wrth eistedd ar y gwely ac edrych o'i chwmpas, mae hi'n gweld yr hoelen ar y wal a oedd yn arfer dal *collage* o luniau a gafodd hi'n anrheg pen-blwydd gan ffrind ysgol sydd heb gysylltu ar Snapchat efo hi ers mis Medi. Mae hi hefyd yn sylwi ar ambell lyfr *rom-com* Saesneg yn pwyso yn erbyn ei gilydd ar y silff lyfrau fel ffrindiau meddw. Wrth iddi hi gerdded i fewn i'w hystafell sylwodd Lowri ar yr L pren wedi'i hoelio ar y drws. Cofia wylio'i mam yn peintio buchod coch cwta a blodau menyn ar y llythyren; mae wedi bod yno cyhyd nes i Lowri anghofio ei bod yno tan heno.

*

Mae Deian wedi mynd i'w ystafell wely, a mam Lowri'n sychu llestri wrth y sinc.

'Ti isio help?' meddai Lowri.

'Dwi'm yn meddwl, bron â gorffan 'li.'

Gwylia Lowri ei mam wrth iddi hi gadw'r gwydr olaf yn y cwpwrdd uwchben y sinc, yn ymestyn ar flaenau ei thraed. Gall Lowri ei chlywed yn chwibanu'r gân newydd oedd ar y radio yn y car.

'Mam?' meddai Lowri, ei llais yn uchel. Teimla fel petai hi'n wyth oed eto ac ar fin cyfaddef ei bod hi wedi torri llen y gawod. Mae hi'n meddwl ei bod hi wedi bod yn gwisgo croen rhywun arall ers misoedd ond heb ddweud hynny wrth ei mam eto; dydi Lowri ddim eisiau i'w mam boeni amdani, gan ei bod hi'n dal i boeni gymaint am Deian. Ond mae hi'n gwybod nad ydi hi'n gallu dioddef diwrnod arall o'r dieithrwch sy'n dynn am ei hesgyrn.

Mae mam Lowri'n troi ati. Sylwa Lowri fod diferion o ddŵr wedi tasgu dros wydr ei sbectol.

'Dwi'm isio neud Hanes yn *uni* ddim mwy.' Mae'r geiriau'n troi'n ddagrau cynnes yn ei gwddf.

'O, Low,' meddai ei mam a gafael ynddi'n dynn, tywel sychu llestri yn ei dwrn. 'Paid â phoeni, cariad. Paid â phoeni o gwbwl, fydd bob dim yn iawn.'

'Ond – ond stwff fi i gyd! A ffrindia fi… dwi heb 'di deud tra yn iawn idda nhw eto.'

'Paid â phoeni,' meddai ei mam eto. 'Nawn ni sortio hynna i gyd. Ti ddim yn goro neud dim byd ti'm isio, iawn?'

Nodia Lowri yng ngwallt ei mam. Teimla'i chroen yn llacio'n syth, ac mae hi'n anadlu am y tro cyntaf ers misoedd.

18

Anest

da nin sefyll tu allan i rg5 dwrnod ola cyn gwylia dolig a ma deian yn rhoi presant i fi. a dwi fatha shit. shitshitshit bedwimyndineud dwi heb presant i fo bedwifodiddeud

ffoc.

'ym, diolch,' medda fi. llais fin crynu ohmygod cwilydd bedwifodineud

on im yn gwbod fod ni efo friendship presanta dolig *sut ffwc ti fod i wbod fod genna chdi friendship presanta dolig efo rhywun?* heitio dolig heitio heitio heitio fo!

*

dwin sgipio bac a sbrintio lawr i siop a gal bocs heroes achos mae o ar sale a dwi mond di ffindio £2.17 yn pocad cot fi a gwulod bag ysgol fi achos dwi di anghofio pwrs fi heddiw classic fi. sa nunllan pentran gwerthu wrapping paper ofiysli so dwin dwyn papur plaen o dosbarth maths a neud llwythi o llynia shit christmassy arna fo a wedyn dwin cofio fod deian yn *actually gallu neud llynia* so dwi jyst yn lliwio dros bob dim efo crayon coch odd genna fi yn pencil case fi syn nyts achos dwim yn meddwl dwi di iwsio crayons ers fi fod yn fatha chwech, a seloteipio fo ar ben y heroes.

oh

my

god.

well nam byd ma siwr yndi? yndi?

yndi?

dwisio crio.

fi di person mwya shit yn y byd.

*

ar ol gal adra dwi di calmio lawr digon i sbio ar y presant gan deian. mynadd disgwl tan dolig ond mar papur rownda fo mor daclus a del dwim isio agor o. ma na llwythi o robins coch hyd y papur syn goch i gyd nid jyst bol nw. ma deian di rhoi het sion corn i un ohona nw a speech bybl allan o ceg fon deud dolig llawen i fi. ciwt! dwin iwsio siswrn i torri fon slo so dwi ddim yn ripior papur a malu fo a hynna pryd dwin gallu gweld be dir presant. ma deian di sticio papur ar ben cardbord i neud on fwy cry ma siwr, cefn bocs weetabix neu rwbath.

a poem di o. ma di sgwennu poem arall. genna fo ddim teitl fathar un yn toilets, ond dwin meddwl na amdan ty hen fi yn y coed mae o achos ma na llun or ty yna, ond ddim fatha ma ty i fod. ma bits randym or tyn fflowtio rownd y poem a cuddiad tu nol i rhai or geiria, ond dir bits randym ddim ar ben u hunan achos ma nw i gyd di connectio foi gilydd efo y dail syn tyfu hyd y walia tu allan ir ty, yn tyfu allan o braich y tebot a rhedag fyny i troi fewn i ffram y ffenast wedyn dysaidio bod o isio bod yn llaw syn tynnur papur wal i ffwr. dwi methu dysaidio os na lot o llynia bach di o neu un llun mawr.

dwin sbio rownd ar walia fi. gwyn boring gwyn boring gwyn boring. im byd arna nw ers fi shredio polaroids fi gyd yn rha. ngl dwi bron yn methu faint mor crinj odda nw ia achos unig lliw genna fi yn rwm wan di pilows ar lawr fatha fod rainbow yn trio pwsho fyny trw carpad a deutha fi callio a bod mwy fatha person normal syn licio lliwia.

so dwin grando arna fo.

dwin sticio y wrapping paper ar y wal am ben gwely fi efo selotep, am ben lle ma pen chdi fod pan tin cysgu. wedyn dwin ista lawr ar gwely fi a darllen y poem.

dwin goro darllen o fatha tri gwaith i dechra dalld a trio peidio cofio gcses cymraeg (ych) ond yn diwedd dwi meddwl dwin gwbod be mae o amdan a di o ddim yn fatha dyscraibior ty fatha on i di disgwl idda fo neud. mae o amdan y ty yn teimlon drist achos ma person o di mynd a gadal o ar goll yn y coed ben i hun i fatha, marw. ond wedyn man teimlor dail a planhigion yn tyfu drosta fo a adoptio fo a hygio reit rownda fo, a ma hynnan neud idda fo deimlon hapus eto.

ma mor ciwt bechod. ma fatha pan on i ddim yn sbio nath deian wisbro ir ty neu rwbath, a heb fi glwad nath y ty wisbro nol.

19

<u>Deian</u>

Bob Dolig ar ôl brecwast llawn Mam ma'r tri ohonan ni'n ista ar y soffa i sbio ar hen fideos teulu. Dydi Mam byth yn ymlacio go iawn ar ddiwrnod Dolig tan ma'r fideo cynta'n dechra chwara achos 'dan ni byth yn gwbod os fydd y VCR Player dal yn gweithio.

Ma Dad yn cyrraedd y sgrin fel corwynt, ac ma Mam a Lowri'n gwenu achos ma nhw'n cofio hyn. Mam sy'n cario'r camera ac ma'i chwerthin yn crensian o'r fideo wrth i Lowri – tua dwy oed efo cyrls gola – gropian ar ôl tegan newydd (trên dwi'n meddwl). Ma Dad yn sbio ar Mam ac yn gwenu wrth symud ati hi, mor agos nes dwi'n gallu darllen y sgwennu ar label y crys ma'n wisgo; ma'n gwisgo'r crys-t tu chwith allan a wysg ei gefn. Dwi'n gwasgu mỳg o goffi efo fy llaw ac yn gwylio nes ma fy nghorff i gyd yn teimlo fel crys Dad. Tu chwith allan a wysg fy nghefn.

Swn i byth, byth, *byth* yn deud hyn wrth Mam a Lowri (BYTH BYTH *BYTH*), ond weithia (weithia, weithia. Bob tro. Ella. Na. Bob tro) dwi'n casáu gwylio fideos o Dad. Ma nhw'n fy ngwneud i'n flin, yn flin achos dwi'm yn gallu cofio'r petha ma Mam a Lowri'n cofio a wedyn dwi'n teimlo'n euog

hunanol llwfrgi gwirion afiach gwallgo anghyfrifol pathetig gwan ffag sensitif tawel gwahanol boring plentynnaidd diwerth rhyfedd drwg anghwrtais

achos fedra i ddim casáu rhwbath sy mor mor bwysig i Mam a Lowri fedra i ddim fedra i ddim fedra i ddim! Fedra i ddim casáu rhwbath sy'n deud wrthyn nhw fod eu hatgofion yn atgofion go iawn ac nid yn freuddwydion sy wedi'u geni o betha sy'n bodoli'n barod

achos ma'r petha *dwi'n* gallu cofio – sbio i fyny ac i fyny ac i fyny ar wyneb oedd mor uchel nes ei fod o'n rhan o'r awyr, a barf yn cosi fy moch wrth i freichiau cryfach na walia castell fy nghodi i fyny ac i fyny ac i fyny i fod efo'r cymyla hefyd – yr un fath i bob tad, dwi'n meddwl. So dwi'n meddwl, dwi'n meddwl fysa fy atgofion i *yn* gallu bod yn freuddwydion sy wedi'u geni o betha sy'n bodoli'n barod.

Ond weithia (weithia, weithia) pan dwi'n gwrando ar The Blue Jacks a rhai o recordia eraill Dad, dwi'n cofio rhai arogleuon; dur a huddyg a rhwbath cynnes dwi methu'i ddisgrifio'n iawn, ella coffi du ganol haf. Dwi ddim yn gwbod.

A dwi rioed 'di gofyn,

llwfrgi gwirion afiach gwallgo anghyfrifol pathetig gwan ffag sensitif tawel gwahanol boring plentynnaidd diwerth rhyfedd drwg anghwrtais hunanol

dwi rioed 'di gofyn os ydi Mam a Lowri yn cofio'i arogleuon.

Snapchat 11:44

A: diolch am y presant dwin lyfio fo!

D: croeso! ond diolch i chdi am ddangos y ty i fi

D: a diolch am y siocled :)

A: ond srsly tho sa neb di actually NEUD rwbath i fi o blaen tha presant dolig

D: *Deian is typing*

A: anyway dolig llawennnn dwi goro mynd at taid fi i hosbitol wan

D: iawn

D: gobeithio fydd taid chdi'n ok

20

Anest

dwin mynd i caffi miaw ar ol boxing day a dwin gweld rashmin llnau bwr wrth y ffenast so dwin pwsho trwyn fi fewn ir glass o flaen hi. ma gwallt hi mewn ponytail a dangos piercings hi gyd hyd clustia hi. ar ol hi orffan llnau ma hin rhoi y twal yn pocad apron hi a sbio fyny a gweld fi efo trwyn fi erbyn y ffenast a dwin gallu clwad hin gweiddi trwr ffenast. ma hin troi rownd yn ffast ond mond un hen ddynas efo sbectols hiwj a gwallt llwyd mewn byn sy yn y caffi. di hi ddim yn edrych fatha bod hi di clwad eniwe. rhy deaf ma siwr.

'*paid* a gwenu,' medda rashmi wrth fi gerddad fewn, wedyn wisbro, 'be os sa fi di rhoi heart attack ir hen ddynas a lladd hi. sa chdim yn gwenu wedyn na!'

'dwim yn meddwl nath hi ifyn sylwi,' medda fi, a nodio pen fi ata hi, lle ma hi di gorffan panad a cau sip bag hi, un or bags na syn edrych fatha suitcases ma pob dynas hen efo i siopa a shit. sa hin gallu bod yn glenys, yr hen ddynas odd yn byw yn y ty ganol nunlla.

'eniwe,' medda rashmi, a codi cwpan off bwr arall, 'nesh i weiddi achos on in meddwl na refflecshyn fi nesh i weld, a on i di dychryn achos on in edrych mor hyll.'

'ffoc off,' medda fi a pwsho ysgwydd hi chydig so fod y te sy ar ol yn y cwpan ma hin gafal yn bron yn tollti ar lawr. ma hin sbio fyny arna fi yn trio edrych yn flin efo eyebrows at i gilydd ond dwin gallu deud fod hin trio ddim gwenu.

ma rashmi mond efo deg munud ar ol o shifft hi so ma hin taflu apron hi tu ol i counter a rhoi milkshake masif gwyn ganol y bwr lle dwin ista efo dau stro ynddo fo. dwi di dysaidio peidio bod yn pussy (no pun intended) a trior milkshake cathod.

'be di o?' medda fi.

'large persian.'

dwin codi eyebrows fi arna hi. dwi di bod yn practisio yn miryr ond dal methu neud jyst un fatha ma rashmin gallu neud.

'large vanilla a salted caramel,' medda hi a dechra yfad trw un or stros. ma na cath yn dod fyny ata ni wrth ni yfad, un du drosta fo gyd. ma cot on edrych mor shaini a sofft dwin goro plygu lawr i petio fo.

ma rashmin plygu lawr fyd i rhoi o bach a ma llaw hin twtsiad un fi. ffoc. dwin sbio rownd yn ffast ifyn tho mond y dynas hen sy yma a tynnu llaw fi ffwr.

'be sy?' medda rashmi. shitshitshit

dwi methu sbio arna hi. pussy pussy pussy

'be os – be os ma rhywun yn ytacio ni?'

ma rashmin codi un eyebrow mor ychal ma angan space suit. *'ytacio* ni?'

'ia, nes di weld ar twitter? am be nath digwydd yn lle na, yn warrington wsos dwytha? dau o genod yn copio off yn parc a wedyn nath na boi ffilmio nw a ytacio nw a—'

ma rashmin rhoi llaw hi am ben un fi eto a gafal so dwi methu tynnu ffwr. sbio reit fewn i llgada fi efo rhai gold hi. *gold*. dal heb di arfar efo ffocin llgada gold hi. 'da ni ddim yn warrington, ok? a os ma rhywun *yn* ytacio ni...' ma hin gafal rownd y cath du, 'na i daflu pebbles ata nw. ma claws on lethal, sbia.' ma hin codi coes fo a dangos claws o idda fi.

'yndi,' medda fin twstiad claws bach taini fo. 'ma nwn lethal.' (ond... *pebbles?*)

ar ol ni stryglo i orffan y milkshake efo stros papur ni, ma na grwp masif o tourists yn dod fewn a dwyn y byrdda erill i gyd.

'tisio mynd i parc?' medda rashmi, yn wisbro.

'pam tin wis—' medda fi ond wedyn dwin gweld o. ma hin nodio pen hi lawr at pocad hi. at y bag bach plastic yndda fo. dwin brathu lips fi i stopio gwenu.

'tin gwbod dwi mond yn smalio licio chdi wt?' medda fi, yn codi fyny a rhoi cot fi ar run pryd, 'chos y weed?'

ma hin nodio. 'aye, ma hynnan ofiys. hynna a cat therapy am ddim.'

dwin gwenu ar cefyn hi a dilyn hi allan or caffi. 'a hynna. dwi meddwl dwi mynd i trio dwyn un ohona nw iawn? cath fin psychopath.'

ma hin troi rownd a codi un eyebrow. eto. man neud fi fynd yn sofft a afiach tu fewn, chydig fatha sponge cake pinc. 'psychopath?' medda hi.

'na i ddangos fideos i chdi ar ffon fi wedyn,' medda fi, 'ti *ddim* yn barod am hyn ia.' ond dwim yn gwbod os di hin dalld i gyd o be dwin ddeud achos dwin chwerthin gymaint.

*

da nin ista tu nol i bushes, yn cuddiad so di pobol syn cerddad cwn nw trw parc methu gweld ni ond dwim yn gweld pwynt o hynna ia achos ma siwr neith nw ogla fo eniwe. ma rashmin iwsio peip oren plastic gath hi off amazon a pan da nin pasio fo rhwnga ni mar byd yn dechra disgyn i ffwr yn slo, y pobol y cwn y bushes y coed y gwair y ceir sy bell i ffwr. y byd i gyd heblaw amdana ni.

dwin gallu teimlo gwallt hin sofft sofft dros bocha fi (fatha sponge cake pinc!) a croen forehead hin smooth ar un fi syn bympi a hyll efo spots, wedyn trwyn del ciwt hi ar un hiwj fi a eyelashes hin ticlo fi fatha eira neith byth meltio a da nin neud daisy chains fatha dwin cofio neud yn ysgol bach a ma hin rhoi un hi idda fi ond ma coesar blodan rhy dena a mar daisy chain yn malu yn llaw fi a troin daisy string ond dwin rhoi on pocad cot fi eniwe

a dwi methu stopio meddwl pam pam pam pam fi dwim yn haeddu hyn i gyd ia hin haeddu rhywun gwell na fi haeddu rhywun gwell ond am wan mond ni sy yn y byd i gyd so am wan am wan am wan da nin aros fama a dwin meddwl ma hynnan ok ma hynnan ok. so hynna i gyd da nin neud.

jyst aros fama.

Snapchat 21:03

A: haia

D: Haia, tin iawn?

A: yndw dwi angen deud rwbath i chdi ond tin goro addo ddim deud i NEB iawn???

D: Iawn. Addo!!

A: ok

A: dwin bi

D: *Deian is typing*

A: dwin licio hogan a dwi meddwl da ni mynd allan?

D: waw!!! dwi mor hapus i chdi!! sut nes di gyfarfod hi??? be di enw hi??

A: Rashmi, group therapy lol

D: So ma hi'n dallt be tin mynd trwyddo fo!

A: ia yndi

D: Dwi mor hapus i chdi!! :)

A: lol diolch!

Deian

Dwi mor hapus i chdi!!

Mi rydw i. Mi rydw i. Dwi'n gwbod 'mod i

(dwi'n meddwl. Ella. Dwi'n gwbod. Dwi'n meddwl. Na. Ella. *Na*. Dwi'n meddwl dwi'n meddwl dwi'n meddwl?)

ond ella (ella ella) fydd hi ddim yn dibynnu arna fi rŵan? Ddim yn ffonio ganol nos? Ddim yn Snapchatio ganol nos?

Fydda i

fydda i ddim mor bwysig iddi hi â ma hi i fi.

Na na na paid paid *paid* â meddwl fel'na, *na*. Rhy hunanol hunanol hunanol. Ma hi'n haeddu cael bod yn hapus! Hapusach.

hunanol llwfrgi gwirion afiach gwallgo anghyfrifol pathetig gwan ffag sensitif tawel gwahanol boring plentynnaidd diwerth rhyfedd drwg anghwrtais

Dwi'n hapus. Yn hapus. Dwi'n *gwbod* 'mod i!

(dwi'n meddwl dwi'n meddwl dwi'n gobeithio dwi'n meddwl)

Yndw. Dwi'n hapus. Ma hi'n hapus. Dwi'n hapus.

Dwi'n hapus.

21

Anest

dwrnod cynta nol o gwylia dolig dwin gweld deian yn sefyll tu allan i drws rwm sixth form ben i hun bechod, yn darllen llyfr van gogh fo wrth i pobol pasio i fynd fewn ir stafall. ma rhywun di sticio tinsel glas shaini ar drws room sixth form efo selotep ifyn tho ma dolig drosodd.

'haia,' medda fi. ma deian yn sbio fyny a gwenu a cau llyfr fo, yn tynnu receipt o pocad fo i iwsio fatha bookmark. dwim yn gwbod pam man meddwl fod o goro iwsio bookmark ia achos mar pejans i gyd di plygu lot a mynd yn mess yn barod so sa fon gallu plygu pejan i cofio lle mae o. wiyd.

'haia,' medda fo.

da nin cerddad i dosbarth cofrestru, a ma deian yn dangos meme i fi ar twitter oedd ar for you page tiktok fatha wsos yn ol ond dwin chwerthin fatha dwin gweld o tro cynta.

*

ma arwel roberts yn chwara efo chins fo wrth sgrolio trw cofrestr (man dena af, mwy tena na dad, ond genna fo fatha 20 double chin. hynnan impressive ia ngl), yn gweld pwy sy nesa i neud gwasanaeth. da ni gyd yn clwad on deud mond enwa ffion a gwenno ifyn tho ma enw deian rhwng nw dau. ma syr yn cerddad rownd dosbarth i handio pritt sticks a siswrn allan wedyn a dwin sbio lawr so dwim yn goro gweld gwynab deian ifyn tho man ista rwla tu ol i fi eniwe. shit. ma siwr fod hynnan neis tho, peidio goro neud gwasanaeth.

Deian

Dwi'n cau sip fy mag mor ara â phosib. Un dant bach ar y tro. Wedyn dwi'n sbio fyny – pawb arall 'di gadael y dosbarth. Gwisgo bag. Dos.

A caged bird in spring knows perfectly well that there is some way in which he should be able to serve.

Dos.

Erbyn i fi gyrraedd desg Mr Roberts ma fy nwylo 'di dechra chwysu. 'Syr?'

Ma'n codi ei lygaid o sgrin y cyfrifiadur ac yn gwenu. 'Ti'n iawn, Deian?' Dwi'n canolbwyntio ar friw siafio ar ei ên.

'O'n i isio gofyn, ym... os ydi o'n bosib plis... ga i neud y gwasanaeth? Efo Ffion a Gwenno?'

Ma'n craffu arna fi tu ôl i'w sbectol. 'Ti'n siŵr? Nid gwasanaeth dosbarth ydi hwn, sti. O flaen yr ysgol i gyd mae o.'

Llyncu. Anadlu. 'Dwi'n gwbod,' medda fi, 'diolch.'

Ma'n codi ei aeliau, ond ar ôl chydig o eiliada mae'n gwenu eto a nodio. Wedyn ma'n troi at y cyfrifiadur a phrintio tudalen arall o'r gwasanaeth.

'Ti'n siŵr am hyn, w't?' medda fo wrth roi'r papur cynnes yn fy llaw i.

Na na na na na

gwirion afiach gwallgo anghyfrifol pathetig gwan ffag sensitif tawel gwahanol boring plentynnaidd diwerth rhyfedd drwg anghwrtais hunanol llwfrgi

Dwi'n nodio. 'Diolch.'

Lowri

Mae hi wedi bod yn gwylio Deian ers bron i awr, yn syllu ar ddarn o bapur ar y bwrdd gegin. Erbyn hyn mae'n dal ei ben yn ei ddwylo, yn mwmial geiriau bob hyn a hyn – mae Lowri'n clywed 'oblegid rydym ni oll megis y daten drwy'i chroen, ein siacedi yn datgelu dim am yr hyn sydd ar y tu fewn, yn gynnwys i ni.'

Gwasga'r botwm Send ar e-bost arall i'w thiwtor personol a gosod ei laptop wrth ei hymyl ar y soffa.

'Be ffwc ti'n darllen?' meddai hi.

Tynna Deian ei ddwylo i lawr a'u cau'n ddyrnau bob ochr i'r papur. 'Gwasanaeth.'

Wrth gwrs. Roedd Lowri wedi anghofio am athroniaethu'r gwasanaeth ysgol.

'*Pam*?' meddai hi. 'Dy'n nhw ddim i fod i fforsio chdi i neud o, na?'

''Nes i ofyn i gal neud o. Achos...' edrycha i lawr ar y papur eto, yn gafael yn yr ymylon yn dyner fel petai'r papur yn ddarn hynafol o gelf, 'achos dwi'm isio bod fel'ma am byth.'

'Be ti'n feddwl?' Mae Deian yn edrych i fyny arni. Mae Lowri'n deall yn iawn beth mae'n ei feddwl.

'Dwi isio neud be ma pawb arall yn gallu neud.'

Dydi Lowri ddim yn gwybod sut i ymateb i hynny, felly mae hi'n suddo i fewn i gefn y soffa. Daw atgofion o Wythnos y Glas ati: clybio bob nos er iddi hi gasáu'r syniad o dalu er mwyn closio at ddieithriaid meddw, chwyslyd tan oriau mân y bore. Ond roedd rhaid addasu er mwyn sicrhau nad oedd hi'n colli cyfle i ffurfio cyfeillgarwch. Erbyn hyn mae clybio mor hawdd â sgrolio trwy Instagram iddi hi, ac mae hi bron yn mwynhau'r profiad hyd yn oed – pan mae hi'n ddigon meddw wrth gwrs.

'Iawn,' meddai Lowri a chodi o'r soffa i eistedd gyferbyn â'i brawd wrth y bwrdd, 'sa neb yn grando ar y gwasanaeth, na, neb! O'n i ddim. Bwlshit ydi o, sa neb yn cerio, iawn?'

Nodia Deian heb godi ei lygaid o'r papur.

'A ti efo bron wsos i fynd drosto fo 'fyd! Lot yn gallu digwydd mewn wsos.'

'Oes,' meddai Deian, ac edrych i fyny i gwrdd â llygaid Lowri. 'Sa'r ysgol yn gallu chwythu fyny?'

Mae Lowri'n chwerthin a Deian yn gwenu am eiliad cyn plygu ei ben eto. 'Ia, ella. Ond rhag ofn neith o ddim, ti'n goro bod yn barod.' Nodia'i phen at y papur. 'Ti isio practisio?'

Mae Deian yn llonyddu. 'Rŵan?'

'Ia, 'nawn ni fynd i stafell chdi os ti isio?' Mae Lowri yn gwybod ei fod yn fwy cyfforddus yno. Mae Deian yn nodio ac yn plygu un cornel o'r papur cyn ei sythu eto.

Er mai Deian sy'n gadael y gegin yn olaf, mae Lowri'n cerdded heibio iddo yn ôl i'r gegin i ddiffodd y golau. Rowlia ei llygaid ar ei brawd ac mae o'n gwenu tuag at y carped – dydi Deian byth yn cofio diffodd y golau.

22

Deian

sa neb yn cerio

Dwi'n darllen y paragraff am y tro ola wrth i'r pennaeth ddechra'r cyhoeddiada. Ma'r ymylon yn fwy bregus nag adenydd gwyfyn achos dwi 'di'u cyffwrdd nhw eto ac eto wrth ymarfer efo Lowri.

Ma Ffion yn dringo i'r pulpud i ddechra'r gwasanaeth. Dwi'n trio dilyn ei geiria hi ar y papur ond fedra i ddim (fedra i ddim) *gwirion gwirion gwirion pam 'nes i benderfynu neud hyn gwirion mor wirion pam pam pam??*

Ma Ffion yn dringo i lawr ac ista yn y sêt rhwng Gwenno a fi. Dwi dal yn gallu clywed gwichian sodla'i threinyrs ar bren y llwyfan yn adleisio drwy'r neuadd.

sa neb yn cerio sa neb yn cerio sa neb yn cerio

Dwi'n codi (rhy gyflym? Rhy araf?). Symud. *Symud.* Un droed o flaen y llall (ydw i 'di anghofio sut i gerdded??). Un droed. Un arall. Yn araf. Dim baglu. Dim. Baglu.

Ma'r aer yn y neuadd fel bath poeth ond dwi'n dal y papur i lawr ar y pulpud be bynnag, rhag ofn. Rhag ofn fydd o'n chwythu i ffwrdd.

sa neb yn cerio sa neb yn cerio

Dwi'n pwyso mlaen at y meicroffon a wedyn yn ôl yn ôl yn *ôl* achos dwi'n gallu clywed y cryndod yn fy anadl drwy'r hen seinyddion mawr bob ochr i'r llwyfan.

sa neb yn cerio

Sbio lawr sbio *lawr.* Dwi'n sbio i lawr ar y papur, ar y geiria pwysig ma Lowri wedi'u huwcholeuo efo highlighter i fy atgoffa i'w pwysleisio nhw, a'r sêr bach ar ddiwedd rhai brawddega i ddeud i fi stopio, anadlu, ac edrych i fyny ar y gynulleidfa. Ma hi'n meddwl fod hynna'n creu'r argraff o hyder.

Argraff.

sa neb yn cerio.

Anadlu fewn.

sa neb.

Anadlu allan.

yn cerio.

Anest

man siarad yn fwy distaw na odd ffion ia ond yn slofach so dwin dalld *bob gair* man ddeud a dwi mor ffocin prowd! dwim yn dalld be mar geirian feddwl, ofiysli, gwasanaeth yn pointlys, ond dwin gallu clwad y geiria. be ffwc sgenna jacet potatoes i neud efo ysgol, heblaw am gal nw efo cinio withia efo caws a ham a bins? mor ffocin wiyd.

dwin ista reit yn ffrynt neuadd ganol plant blwyddyn 10, a reit ar ej set fi. literally. achos dwin ista reit yn ffrynt ia, dwin gallu gweld bysadd deian yn ysgwyd chydig bach yn gafal yn bob ochor i papur fo ond tbh ma dulo fin ysgwyd ifyn mwy so dwi di goro rhoi nw yn pocedi fi. ma rwbath amdan y ffor man gafal yn y papur yn neud fi feddwl amdan leonardo dicaprio yn gafal yn y drws na yn y dwr ar diwedd titanic.

man sbio fyny rhwng un sentence a un arall a stopio am chydig, i gal whatever odd on deud sincio fewn, ella? idk. ma llgada fon symud nol lawr a dwin gweld nwn mynd yn hiwj a dechra sbrintio hyd y pejan.

shit. di o di colli lle fo?

shitshitshit

dwin gallu deud fo llgada fon trio gafal yn y geiria ma di colli bechod ond wedyn ma nw jyst yn

mynd

marw

a ma gwynab o run lliw ar papur odana fo a ma di stopio rhy hir wan a pobol yn dechra wisbro a chwerthin, y twats, a ohmygod be dwi fod i neud be dwin gallu neud so dwin neud y thing cynta syn dod fewn i pen fi a smalio disgyn drosodd a crasho fewn ir plant blwyddyn 10 drws nesa i fi, y cadar yn neud twrw masif wrth i fo mynd lawr efo fi. dwin gal ffwc o dyrtans gan y genod blwyddyn 10 nesh i hitio ar ffor lawr, a gan y headteacher fyd ond dwin gwenu ar pawb a *gweiddi* sori so fod pawb yn clwad.

wedyn dwin ista nol yn slo a sbio nol fyny ar deian. man edrych fatha di o heb di sylwi achos ma dal yn sterio ar y papur, ond man dechra siarad eto yn ffast ffast so ti methu dalld im un gair. ddim fod hynnan neud diffrens tho tbf. ar ol gorffan man tynnur papur ffwr fatha man ripior pejan off llyfr ond di o ddim yn ista nol lawr ar y llwyfan efor genod erill odd yn darllan, myn cofio be di enwa nw. yn lle neud hynna man cerddad lawr off y llwyfan a trw pawb a allan o neuadd.

ond sa ddim lot o bobol yn sbio arna fon gadal tho achos ma pawb dal yn sterio arna fi.

Deian

Dwi'n cerdded trwy ddrws y neuadd, ar hyd y coridor, ac allan trwy'r brif fynedfa; dwi 'di gadael fy nghôt a 'mag ysgol ar y llwyfan. Dwi'n pwyso fy nghefn yn erbyn y wal goncrit tu allan wrth i'r drysa trwm gau tu ôl i fi, dwy glec fawr fel sa nhw'n clapio'n sarcastig arna fi.

Ma'r gwynt yn oer ar fy mocha so dwi bron (bron, bron) methu teimlo'r dagra.

pathetig gwan ffag sensitif tawel gwahanol boring plentynnaidd diwerth rhyfedd drwg anghwrtais hunanol llwfrgi gwirion afiach gwallgo anghyfrifol

Dwi'n sychu fy llygaid yn gyflym. Fedra i ddim fedra i ddim fedra i ddim gadael i neb sylwi, *neb* (na na na na na), ddim hyd yn oed y gwylanod sy'n ffraeo dros baced gwag o greision ar yr iard.

pathetig gwan ffag sensitif tawel gwahanol boring plentynnaidd diwerth rhyfedd drwg anghwrtais hunanol llwfrgi gwirion afiach gwallgo anghyfrifol

Dwi isio tynnu bob gair i ffwrdd ohona fi fel tynnu gwallt o fy mhen pam pam pam fedra i ddim jyst

bod fel pawb arall??

Hyd yn oed efo'r drysa 'di cau dwi'n gallu clywed lleisia'r disgyblion eraill yn llifo'n hawdd hawdd hawdd o'r neuadd ac i fewn i'r coridor. Dwi'n gwrando ar y lleisia. Y gwawdio. Y ffraeo. Y chwerthin. Chwerthin arna fi, ella. Dwi'n tynnu tabled allan o'r bocs yn fy mhoced cyn cofio fod y botel ddŵr dal yn fy mag ar y llwyfan, ond dwi'n ei llyncu be bynnag achos dwi dal, dwi dal dal dal yn gallu teimlo bob gair, *bob un gair* o'r gwasanaeth ar fy nhafod fel blas paent.

Anest

lle ffwc ath o? dwi ddim yn meddwl sa fo di mynd fyny grisia ia so dwin mynd lawr y coridor a allan a heibio rysepshyn a trw main entrance a dwin gweld on leanio erbyn y wal, pen i lawr as usual, gwallt on cuddio llgada fo. dwi ddim yn meddwl fod o di gal haircut ers fi meetio fo.

'ti mynd i fod yn hwyr i lesson careers sti,' medda fi, trio swndion normal, 'nei di fethu gweld boi middle-aged syn lyfio graffs yn trio bod yn youtuber… *sgiliau hanfodol*!'

di om ifyn yn sbio fyny pan dwin neud impression fi o gwyneth. man impression shit tbf.

man ysgwyd pen fo nol a mlaen nol a mlaen, 'dwi methu mynd nol fewn.' man sbio nol at drysa rysepshyn, 'fydd pawb yn syllu.'

'so?' medda fi, a leanio nol ar wal wrth ymyl o, 'mots be ma nwn feddwl na!'

hynna pryd dwin cofio amdan y llynia o notes nath rashmi sendio i fi o group therapy. 'eniwe…' dwin tynnu papur allan o pocad cot fi. (nesh i copior notes allan ar papur achos man well *teimlo* rwbath yn dulo fi weithia i wbod fod on existio a fod dwin existio a dwi methu neu hynna lot efo ffon na.) ma dal bach yn lyb o glaw ddoe so dwin goro agor on rili slo so dwi ddim yn ripio fo.

'tim yn gallu dewis y petha syn siapio bywyd chdi, ond tin gallu dewis be syn diffainio fo.' wtf. dwin swndio fatha ffocin mother teresa neu politician neu rwbath. idiyt. 'hynna o therapy.' dwin ffoldior papur a rhoi o nol yn pocad fi. 'so beisycli os ma nw mynd i sterio ia, geith nw sterio am rwbath tin gallu dewis, rwbath tin controlio? dwi meddwl hynna man feddwl ia. i dont know.' dwin dechra chwerthin achos ma hynna *mor ffocin crinj* ond ma deian yn sbio fyny fewn i llgada fi am chydig. wedyn sbio lawr eto. a wedyn dwin gweld on gwenu. man gwenu!

'iawn?' medda fi. man nodio. 'careers wan ia.'

dwin neud pivot rownd at y drws yn trio neud fatha on i fod i neud yn netball eto ond ma coesa rhy hir fin neud fi colli balans a dwin hitior wal. classic fi ffs ond wedyn dwin clwad deian yn chwerthin tu nol i fi so ella di coesa rhy hir fi ddim yn iwslys *i gyd*.

23

Lowri

Pan mae Lowri'n clywed y drws blaen yn agor a chau, mae hi'n gweiddi trwy ddrws agored ei hystafell, 'Sut oedd o?'

Mae Deian yn ymddangos yn ffrâm y drws ac yn edrych i lawr, yn dal ei holl gorff yn dynn fel petai'n ofni i'w feddyliau ddisgyn ohono.

'Ym, oedd o'n iawn. Diolch am helpu fi.'

Agora Lowri ei cheg i siarad, ond cyn iddi ddweud gair mae Deian wedi croesi'r coridor a chlecio drws ei ystafell ei hun ar gau.

*

Edrycha Lowri ar y cloc ar waelod sgrin ei laptop; mae hi wedi bod yn ysgrifennu ei datganiad personol newydd ar gyfer UCAS i astudio'r Cyfryngau ers i Deian a'i mam fynd i'r gwely bron i ddwy awr yn ôl. Erbyn hyn mae hi wedi ysgrifennu brawddeg. Ar ôl ei ailddarllen am y milfed tro, mae hi'n dileu pob gair ac yn syllu ar dudalen wag eto.

Penderfyna wrando ar gerddoriaeth am ychydig o 'ysbrydoliaeth', meddylia, ac wrth agor Spotify mae hi'n gweld fod Deian ar-lein ac yn gwrando ar BRhys. Gwena Lowri. Mae hi'n cau ei laptop ac yn mynd allan i'r coridor i gnocio ar ddrws ei brawd. Does dim ateb ond mae hi'n agor y drws beth bynnag.

244

'Ti'n grando ar BRhys eto?' meddai hi wrth wenu er bod y stafell yn rhy dywyll iddo weld ei hwyneb. 'Oeddan nhw'n swnio'n dda yn y car.'

Eistedda Deian ar y sil ffenest, y llenni'n lledagored a'i draed yn gorffwys ar y gwely. Chwilia Lowri am y switsh golau ar y wal. Mae'r bwlb yn fflachio deirgwaith cyn goleuo ac mae Deian yn tynnu'i glustffonau yn gyflym. Wedyn mae Lowri'n sylweddoli ei fod wedi bod yn crio.

'Be sy?' meddai hi.

Mae Deian yn ysgwyd ei ben unwaith. 'Dim byd.'

'Na.' Eistedda Lowri ar y gadair droelli wrth y ddesg. 'Na, ti'n goro deutha fi. Be sy? 'Nest ti ffwcio fyny?'

Mae Deian yn nodio ac yn edrych ar ei ddwylo. Mae'n troelli cord y clustffonau am ei fysedd.

Cofia Lowri am y noson hir a dreuliodd hi a'i *flatmates* mewn Tesco Extra yn y ddinas yn ôl awgrymiad Caitlyn, ar ôl i gariad Oscar orffen ag o. 'Ti isio mynd i Tesco Extra? Dwi'n meddwl ma'r un yn dre'n 24 hours.'

Mae Deian yn datod y cortyn. 'Pam?'

Coda Lowri ei hysgwyddau. 'Dwi a *flatmates* fi'n mynd – *oeddan* ni – yn mynd yna lot ganol nos pan oeddan ni isio meddwl, isio *comfort*? Dwi'm yn gwbod... ond ma 'na *rwbath* am fod mewn lle hiwj a gwag, oes. A bwyd! Neith bwyd fficsio *bob dim*.'

Mae Deian yn nodio eto. Cerdda Lowri at y drws a'i ddal ar agor i siarad. "Na i ddisgwl yn car am chydig os ti isio dod.'

*

Mae Lowri'n dod o hyd i oriadau car ei mam yn syth: wedi'u taflu ar hen fwrdd pren Nain Bryn wrth y drws. Wrth gerdded i'r car mae hi'n meddwl ei bod hi'n ddigon oer i'w hanadl godi'n wyn o'i cheg, ond mae'n rhy dywyll iddi hi gadarnhau hynny.

Cychwynna injan y car er mwyn ei gynhesu ac mae ei thraed ar y pedalau'n barod pan mae hi'n clywed crensian cyfarwydd camau ar lwybr gro'r lôn. Dydi Lowri ddim yn gwybod ydi o'n gallu ei gweld hi eto, ond mae hi'n gwenu beth bynnag wrth i Deian nesáu at y car.

*

'So, ti'n mynd i ddeutha fi be nath ddigwydd heddiw?'

'Ym, dwi'm yn gwbod.' Mae Lowri'n gwybod mai dyma mae Deian yn tueddu i'w ddweud yn lle 'na'. 'Sori.'

Mae'n troi ei ben i ffwrdd oddi wrthi hi i edrych drwy'r ffenest, er ei bod hi'n rhy dywyll i weld llawer mwy na'r goleuadau stryd wrth iddyn nhw wibio heibio un ar ôl y llall, pob un yn cario eiliad arall o dawelwch. Dydi Lowri ddim yn hoff iawn o dawelwch; dyma pam mae hi'n syrthio i gysgu efo clustffonau yn ei chlustiau bob nos. Felly, mae hi'n rhoi'r radio ymlaen ac yn chwilio trwy'r gorsafoedd nes dod ar draws rhaglen am ddeuawdau Louis Armstrong ac Ella Fitzgerald.

Dydi Lowri ddim wedi gwrando ar jazz ers blynyddoedd ond mae hi'n aros ar yr orsaf hon gan ei fod yn ei hatgoffa o'i thad.

*

Mae Lowri'n parcio'r car mor agos at y drysau awtomatig â phosib, yn wynebu'r ffenestri tal sydd bron cyn daled â tho'r archfarchnad. Am y tro cyntaf, mae Lowri'n sylwi mor debyg ydi'r goleuo yma i oleuadau ysbyty yn y nos. Gobeithia nad ydi Deian yn sylweddoli hynny hefyd.

Ar ôl cerdded i fewn, gwêl Lowri'n syth fod yr adeilad wedi'i amddifadu o gwsmeriaid, bron; dim ond llond llaw o bobl mewn gwisg NHS sy'n crwydro'r eiliau, ac mae hi'n clywed grŵp o bobl ifanc meddw wrth y *self-checkout*, yn canu'r gân oedd ar Radio 1 wrth iddi chwilio drwy'r gorsafoedd radio yn y car.

Mae hi'n troi i wynebu Deian; mae'n rhaid iddi graffu arno dan y goleuadau llachar. 'Ti 'di trio'r bisgedi *salted caramel*?'

'Ym, dwi'm yn meddwl, ond...' Mae Deian yn tynnu ei lygaid o'r llawr ac yn edrych ar boced hwdi Lowri, '... ti'm yn figan 'ŵan?'

Sudda Lowri ei dwylo i'w phoced. 'Rhan fwya o'r amser dwi yn. Ond dwi dal yn cal cravings am siocled weithia.' Gwena. 'Fatha yn Harry Potter, i neud i'r Detestors fynd i ffwrdd!'

'Dementors,' meddai Deian yn dawel.

Dechreua Lowri gerdded wysg ei chefn at y becws yng nghefn y siop, yn gweiddi, 'Nyrd.'

I Lowri, mae gwên Deian yn edrych fel petai bron yn llenwi'r adeilad wrth iddo'i dilyn hi.

*

Does yna ddim bisgedi *salted caramel* ar ôl, felly maen nhw'n dewis paced o fisgedi siocled dwbl a donyts jam sydd yn hanner pris gan eu bod nhw'n mynd yn stêl heddiw. Wedyn maen nhw'n crwydro pob eil yn hamddenol, ac er nad oedd Lowri wedi bwriadu prynu dim byd arall mae hi'n cofio am rai pethau mae hi wedi'u gadael yn y brifysgol.

'Lowri?'

'Hm?' Mae hi'n estyn am siampŵ ar gyfer gwallt lliw.

'Os dwi'n cal hwn, sa chdi'n helpu fi neud o plis?'

Edrycha Lowri ar y bocs yn nwylo Deian. 'Ym, ocê?' meddai hi, a chodi ei haeliau. 'Ti'n siŵr tho?'

Mae Deian yn darllen y cyfarwyddiadau ar gefn y bocs a gwenu. 'Yndw.'

'Iawn,' dechreua Lowri chwerthin, ac mae hi'n gafael yn y bocs i'w roi yn y fasged. 'Os ti'n siŵr.'

*

Mae pwysau'r fasged yn nwylo Lowri yn dechrau rhoi straen ar ei breichiau, felly mae hi'n arwain Deian trwy'r ardal ddillad i gyrraedd y tiliau yn gyflymach. Ceisia Lowri beidio â gadael i'w llygaid oedi ar y posteri o'r modelau o'i chwmpas; dydyn nhw ddim yn rhy fyr fel hi, yn rhy grwn fel hi, heb sbotiau'n dangos trwy'u colur, heb ddwylo mawr trwsgwl, heb *stretch marks* ar eu coesau hir.

Ar ôl sganio'r donyts ar un o'r tiliau *self-checkout*, mae Lowri'n sylweddoli fod Deian wedi diflannu. Ymddiheura i'r aelod o staff wrth y tiliau er ei bod hi'n rhy gysglyd i ymateb, a chael cipolwg ar hyd pob eil. Mae hi'n rhegi'n dawel, yn melltithio'i hun am anghofio'i ffôn a Deian am fod mor ddistaw.

Ar ôl llai na phum munud, mae hi'n dod o hyd iddo yn ôl yn yr ardal ddillad – yr ardal dynion. Mae'n eistedd ar y llawr â'i bengliniau wedi'u tynnu at ei gorff. Mae Lowri'n gwenu'n araf. 'Be ti'n neud?'

Neidia Deian fel petai Lowri wedi rhuo arno. 'Sori,' meddai wrth godi, yn edrych ar y llawr o'i gwmpas. 'Dwi'm… dwi'm yn gwbod…'

'Ti'n iawn? Be ti'n neud?' meddai Lowri eto, yn cerdded at Deian. Ac wrth wynebu'r man lle roedd o'n edrych, mae hi'n gweld y posteri.

*

Mae Deian yn bwyta hanner bisged cyn syrthio i gysgu efo'r bocs ar ei lin. Ar ôl llai na munud o dawelwch mae Lowri'n agor ei ffenest a dechrau ar ei hail ddonyt. Wrth iddyn nhw basio Dominos, cofia Lowri am ei phrofiad cyntaf yno efo'i fflat. Gollyngodd hi ei bocs o *wedges* ar y llawr ond ni ddechreuodd ei ffrindiau newydd chwerthin fel rhai pobl yn y ciw; rhannodd Bethany ei phitsa efo hi (doedd Lowri ddim wedi cyfaddef eto ei bod hi wedi bod yn bwyta'n figan ers tri mis) a rhoddodd Amir y rhan fwyaf o'i *wedges* iddi. Ar ôl gorffen eu bwyd ar fainc yn y parc, aethon nhw i'r Wetherspoon's agosaf i yfed a rhannu powlenni o tsips. Cofia Lowri i'r tsips ddiferu o finag ac roedd ei bysedd yn drewi am ddiwrnod cyfan wedyn; mae hi'n cofio poeni fod ei bysedd yn ludiog wrth ddal gwallt Caitlyn y tu ôl i'w phen pan fuodd hi'n chwydu wrth ymyl *wheely bin* y tu ôl i far coctels. Estynna am ddonyt arall, ond dydi o ddim yn llenwi bwlch yr hiraeth yn ei stumog.

Ar ôl parcio'r car mae Lowri'n ysgwyd braich Deian yn dyner. Mae'n gwenu ar ôl deffro, ar ôl sylweddoli ei fod wedi bod yn cysgu, ac yn edrych i lawr ar gefn y bocs eto. Cofia Lowri fod yr un olwg ar ei wyneb pan ddechreuodd o ddarllen y llyfr o lythyrau Vincent van Gogh ar ddiwrnod ei ben-blwydd flynyddoedd yn ôl.

24

Anest

nesh i dreifio i ysgol yn gynnar bora ma so genna fi soffa i fi fy hun
yn rwm sixth form. ma na grwp o genod yn rhoi ffwc o dyrtans i fi
ia a dwisio deud ffoc off wrtha nw achos di o ddim fatha nw *biar*
soffa nam byd na!

dwin gal gwaith cartra maths o bag fi. past paper. dwi di dysaidio
trio neud at least un cwestiwn cyn y lesyn stret rol cofrestru.

Deian

Un arall. Dwi'n llyncu un arall. Rhag ofn.

Anest

ohmygod

ohmygodohmygod.

ma pawb yn sterio. wedyn sbio ar i gilydd a gwenu. rhai ohona
nwn edrych yn disgysted y dickheads. ma deian yn yfoidio llgada
pawb a ista ymyl fi ar y soffa.

ohmygod.

ma gwallt deian yn fatha, *glas*!

as in, glas. lliw glas. a di o ddim yn edrych yn wiyd. di o ddim yn edrych yn afiach.

man edrych yn ffocin disynt a ngl dwin jelys fod on gallu pwlio fo off!

dwi methu stopio gwenu ia a ifyn tho mae o di cochi i gyd bechod di o methu stopio gwenu fyd. fatha plentyn bach sy newy neud pranc ar rhywun a trio cuddiad o.

'nes di ddeud...' dwin ysgwyd pen fatha ffocin idiyt, 'nes di ddeud ddoe odda chdim isio pobol sterio!' medda fi ar ol i pawb arall colli intryst a sbio nol ar ffons nw neu whatever.

ma deian yn codi sgwydda fo. 'ym, on in meddwl... am be nes di ddeud? am ddewis y petha syn diffinio chdi?' man sbio fyny chydig ar y genod syn ista ar y soffa dros ffor i ni. 'a rwan... rwan ma nwn syllu am rwbath dwi di dewis fy hun, so...' man sbio nol arna fi. dal yn gwenu.

a dwi fatha no way. ma hyn achos *y fi*. fi!! wtf

dwin rhoi llaw fi fewn i pocad cot fi a teimlor papur.

na. nid fi. nid fi no way. *ffoc* na. rashmi. achos rashmi. ddim achos fi. swn i byth di gallu neud rwbath fela digwydd ben yn hun na. ella sa deian di neud o ben i hun yn diwadd eniwe.

sa fo di neud o ben i hun eniwe.

Deian

Dydi Mam ddim yma heno achos ma 'na arddangosfa celf myfyrwyr yn y coleg so ma Lowri a fi'n ista ar y tywod ar ôl te er fod y gwynt dal yn teimlo fel sa fo'n brathu ar sodla'r gwanwyn. Ma Lowri'n agor paced mawr o vegetable crisps a'i osod o rhyngthan ni.

Dwi'n troi i sbio ar Lowri. 'Ti 'di meddwl pa gwrs ti'n mynd i newid i?'

Ma hi'n symud ei dwylo trwy'r cerrig a'r cregyn o'i chwmpas fel sa hi'n chwilio am rwbath.

'Dwi'm yn gwbod. Dwi… dwi'm yn gwbod os dwi isio mynd 'nôl i *uni* sti.'

Be?

Dwi isio deud 'ond gest ti 3 A! Be oedd y pwynt i chdi neud Lefel A os ti ddim am fynd i *uni?*'

ond na. Na na na fedra i ddim rhoi pwysa arni hi fel'na! Fedra i ddim fedra i ddim fedra i ddim

hunanol llwfrgi gwirion afiach gwallgo anghyfrifol pathetig gwan ffag sensitif tawel gwahanol boring plentynnaidd diwerth rhyfedd drwg anghwrtais

so yr unig beth dwi'n deud ydi, 'Na?'

Ma Lowri'n stopio chwilio ac yn sbio i fyny. 'Achos... dwi'm yn gwbod. Dwi'm yn gwbod be dwi isio neud eto a be sy mynd i neud fi'n hapus. So... ym, dwi di applyio am job cymhorthydd ysgol yn dre. Ella neith hynna roi cyfla i fi feddwl am chydig.'

Dwi'n sbio i fyny ar y môr ac yn cael syniad am ddarlun o Lowri'n cerdded allan o'r tonna sy 'di cael eu neud o lyfra trwm, y tudalenna'n disgyn i ffwrdd ohoni hi fel diferion o ddŵr. Ella 'na i roi chydig o dywod yn y paent i neud o deimlo fel y môr go iawn. Yn un o baentiada van Gogh o'r môr, ma 'na ronynna o dywod yn y darlun; dwi'n cofio'u gweld nhw wrth stydio copi o'r llun efo chwyddwydr yn y Van Gogh Museum yn Amsterdam. Ond does 'na neb yn gwbod os oedd hynna'n fwriadol neu os oedd van Gogh yn peintio ar y traeth y diwrnod hwnnw a gronynna o dywod 'di chwythu dros y darlun a mynd yn sownd ynddo fo, am byth.

'Ti 'di deud wrth Mam?' medda fi.

Ma hi'n sbio i lawr eto ac yn ysgwyd ei phen. Ond dydi hi ddim yn edrych fel sa hi'n poeni. Yn drist. Yn nerfus. Ma hi'n edrych fel sa hi 'di ffeindio cyfrinach yn y tywod o'r diwedd, cyfrinach am lwybr sy mond yn agor iddi hi. 'Fydd hi'm yn meindio, na?' medda hi.

Dwi'n ysgwyd fy mhen er fod Lowri ddim yn gallu fy ngweld i – ma hi'n dal yn gwenu i lawr ar y tywod.

'Dan ni'n dawel am chydig, wrth i ddynas hŷn gerdded heibio

yn cario ci bach. Ella'i fod o 'di blino gormod i gerdded yn bellach.

'Hei, 'nes i weld ar Facebook fod ffarm Llŷr Owen yn rhoi puppies i ffwrdd.' Ma Lowri'n troi ataf i. 'Ti isio gofyn i Mam os gawn ni un? I pen-blwydd chdi ella?'

Dwi'n nodio. 'Ia!' Rhy frwdfrydig?

plentynnaidd diwerth rhyfedd drwg anghwrtais hunanol llwfrgi gwirion afiach gwallgo anghyfrifol pathetig gwan ffag sensitif tawel gwahanol boring

'Ia, 'nawn ni ofyn,' medda fi. Dwi'n pwyso mlaen ar fy nglinia a gafael mewn carreg sy mor, mor llyfn dwi'n methu credu na mwytho'r tonna sy 'di creu'r siâp. Miliyna a miliyna o flynyddoedd – yn fy llaw i! 'Dydi hi byth yn deud im byd, dwi'n gwbod... ond hi sy'n methu Begw fwy na ni gyd dwi'n meddwl,' dwi'n gwenu ar y garreg, 'odd hi byth yn dod at chdi a fi pan oddan ni'n galw'i enw hi, na?'

Dwi'n gweld Lowri'n ysgwyd ei phen o gornel fy llygad. Yn nôl llond llaw o grisps. 'Ti'n... ti'n meddwl neith hi gal cariad arall rhywbryd?' medda hi.

Dwi'n teimlo fel sa fi newydd gael fy nhaflu i ganol storm.

Sgidia mwdlyd dyn sy ddim yn Dad. Tei tyn dyn sy ddim yn Dad. Chwerthin creigiog dyn sy ddim yn Dad. Dwi'n gosod y garreg yn ôl ar y tywod ac yn ista wrth ymyl Lowri eto.

'Ym, dwi'm yn gwbod. Ti?'

'Dwi'm yn meddwl.' Ma'i llais hi'n swnio fel cragen 'di torri.

Dwi'n sbio ar y cerrig o'n cwmpas ni eto, yn trio ffeindio un arall sy'n llyfn. Faint o fywyda maen nhw 'di gweld? Sut fydda cerrig yn ailbeintio'r byd, heb sôn am glawr record The Blue Jacks?

Dwi'n sbio'n ôl ar Lowri. Dwi'n meddwl fod 'na storm o'i chwmpas hi hefyd; dwi'n gallu deud wrth edrych yn ei llygaid hi.

'Na fi,' medda fi.

25

Anest

dwisio hi licio fo ia. ty hen fi yn y coed. dwim isio hi feddwl fod on wiyd. nath deian im deud fod on wiyd naddo. ond di om yn deud im byd jyji am neb so ti byth yn gwbod efo deian ia. ella odd on heitio fo. ella odd on heitio fo ond misio deutha fi.

ella fydd hin heitio fo. ella fydd hin meddwl fod on hyll.

shitshitshit be ffwc dwi di neud?

*

dwi heb di teimlon *iawn* felma o blaen. efyr.

fatha, dwin cofion ysgol bach oedd na bocs pren efo tylla di torri yndda fo, tylla siap seren a sgwar a cylch a triongl, a odda chdin goro ffindior siapia pren odd yn ffitio yn y tylla. ma fatha hyd bywyd fi gyd dwi di bod yn gwatsiad pawb arall yn ffition rili del yn tylla nw a dwi di bod yn stryglo i gal fewn im un twll, mots faint dwin trio fforsio fy hun fewn iddan nw. dwi jyst *ddim* yn ffitio yndda nw. yn im un. ond heddiw, wan, dwin teimlo bach mwy fatha dwin ffitio a fatha dwi *fod* yma

a dwin meddwl am wan

am wan dwin meddwl ma bob dim yn ok.

so

cwilydd cwilydd cwilydd ddim o flaen hi ohmygod cwilydd

so am chydig ia

cwilydd *cwilydd* ond dwi methu helpu fo ia ffs ffs ffs

dwin crio.

*

da nin gorfadd yn llwch am hir yn sbio fyny ar y mould ar y to.
dwin troi pen fi i sbio ar rashmin sbio fyny. ffoc. dwi methu sbio
arna hi digon ia. methu twtsiad hi digon. methu bod efo hi digon.
ma fatha fod bob dim sy tu fewn idda ni di gal musical chairs a
wan ma organs fi yndda hi a swn i methu gal nw allan ifyn os swn
i isio.

'sut fod dillad fin edrych yn well arna chdi?' medda fi. 'di om yn
ffer.' ma hin chwerthin a ma fatha grando ar glaw di neud allan o
silfyr yn stido am ben to y ty.

ma rashmin gofyn amdan teulu fi. dwin deud sam byd i ddeud
achos dwim isio siarad amdan teulu fi. so dwin gofyn amdan teulu
hi.

a ma hin deutha fi. amdan sut ma mam a dad hin heitio pan ma
hi a dau brawd hin cwyno am shit fatha bwyd di nwm yn licio a

258

cerddad i ysgol achos atha nw trw *shit* pan odda nwn plant, ifyn tho di nw byth yn siarad am details, mond taflu breichia fyny a tynnu sbectol a cerddad i ffwr yn siarad yn bengali pan ma hi a dau brawd hin gofyn. ma hin deud fod hi mond yn gallu cyfri i 10 yn bengali tho (ond ma brawd mawr hin jiniys efo iaith aparyntli a di dysgu lot o bengali idda fo i hun ar duolingo a shit fela).

wedyn ma hin deud fod nath mam hi symud o bangladesh i lloegr efo nain rashmi yn y 70s ar ol y bangladesh liberation war a dwin nodio fatha dwin gwbod exactly be ma hin son amdan ifyn tho dwi ddim efo ffwc o idea. ma hin deud fod odd taid hin un o tri miliyn o hindus gath u lladd. tri miliyn. ffoc. ond da nim yn dysgu im byd amdana fo yn ysgol nam byd. wtf?

so wedyn nath mam hi meetio dad hi mewn wedding masif yn birmingham. wedyn natha nw symud i fama ar ol i brawd mawr hi gal i geni ar ol bod ar holide a lyfio fo. ma rashmin cofio pan odd mam hin dechra dysgu cymraeg a lyfio y gair pilipala a deud o drwr amser, bob tro odd hin flin ifyn. wiyd. ffyni tho, ma hin deud fod hi dal yn deud o weithia pan ma hin flin a frustrated a confusio pobol pan ma hin goro witsiad yn hir yn ciws self checkout mewn siop.

so wedyn ma hin deutha fi amdan hi hun. di hi heb di deud wrth neb am sexuality hi heblaw amdan fi a rhai o ffrindia hi, ond efo pride flag ar jacet hi ma hin trio deutha mam a dad hi heb actually *deutha* nw. ond ma hin terrified achos genna hi ddim idea sut fydda nwn reactio. ma nwn pobol ycsepting ma hin deud ond ma dal yn anodd gwbod achos ma hi di clwad chydig o teulu hin deud shit homophobic o blaen a dwi isio deud fod dwi di clwad lot o teulu fin deud shit homophobic fyd ond i gyd dwin deud di 'waw' achos dwin idiyt a wedyn, 'tin religious?'

ma hin ysgwyd pen na. gwallt hin symud fatha dwr du.

'dwin licio rhai or values ar philosophy... fel meaning of life ydi
i wbod fod gan bob dim yr un un enaid a ma bywyd i gyd yn
connected a bob dim yn un thing. ond yr unig beth dwin neud
wan ydi yoga.' ma hin chwerthin. eto. 'a hynna mond achos ma
leanne yn deud fod on dda i chdi. tin religious?'

dwin ysgwyd pen fi na a troi i sbio fyny ar y papur wal yn pilio ar
to.

'nath mam fforsio fi a chwaer fi fynd i ysgol sul efo nain pan on in
fach ifyn tho dwi ddim yn meddwl fod hi di actually bod i capal
o blaen. heblaw am prodas a ffiwnyryls. isio rhoi choice i ni a shit
fela ella. dwim yn gwbod.'

ma hin troi ata fi so fod corff hi gyd ar ochor a rhoi o bach i braich
fi. tu fewn i braich fi. dwin gallu gweld calon hin shrinkio yn llgada
hi.

'ti dal yn neud?' llais hi di shrinkio fyd. ffoc.

'na,' medda fin wisbro a tbh dwin teimlo bach yn prowd. bo fin
gallu deud o a deud y gwir. 'dwi heb di neud ers... ers fatha mis
dwin meddwl.'

'dyna pam ti byth yn gwisgo tshirts?'

dwin troi pen fi ffwr. neud llais fin taini fatha un hi. 'pobol im yn licio gweld na cofn i plant bach dychryn, a ma jyst... man embarassing yndi.'

'embarassing? tim yn feddwl hynna na?' ma hin codi fyny ar elbows hi. 'man dangos fo chdi dal yma yndi, fod chdi di mynd trw shit ond ti dal yma. fo chdin gry.'

dwin chwerthin. dwi methu helpu. *gry? mynd trw shit?*

ma hin disgyn nol lawr. 'pam tin chwerthin? oedd o ddim hynna cheesy na?'

'na. mots.'

'yndi.' ma hin siarad efo volume normal hi wan. llais neis di mynd. ffs dwin rwinio bob dim. *'pam?'*

swn in gallu. swn in gallu deutha hi *bob dim.* a thing ydi, sa hin dalld. sa hin grando. a dwi

dwi

isio

ond methu. ti methu selffish selffish methu neud hynna i hi man *selffish.*

fatha fod on gwbod dwi angen gal yn safio, ma ffon fin pingio. notification facebook. dwin ista fyny i ddarllen o. ma na gig yn dod fyny. yn dre. gwilym a band dwi heb di clwad o blaen or enw brhys. ma llwythi o ysgol a dre di deud fod nwn going yn barod.

'be di o?' medda rashmi.

'ma na gig yn dre ar y 17th. tisio mynd?' dwin gorwedd nol lawr, ar ochor fyd so fod trwyna ni bron yn twtsiad. ma hin codi llaw hi off llawr a rhoi o bach i gwallt fi a rhoi o tu nol i clust fi fatha ma hin neud efo gwallt hi i hun constyntli.

'dwi methu,' medda hi, llais hi di shrinkio eto, 'dwin gadal mis nesa yndw. apprenticeship, yn gaerdydd.'

shit. on i di anghofio. *shit.*

'o ia,' medda fi, sbio ar clust hi a piercings hi a nid llgada hi. trio swndion hapus trio swndion hapus. 'ecsaiting!'

'yndi, ond... ond dwim yn gwbod tho achos brawd mawr fi, man byw yn caerdydd a fel, mis – dau fis yn ol? – nath na bobol stopio fon stryd a galw fon terrorist a threatenio fo a...' ma llais hin shrinkio gymaint dwi methu clwad o im mwy.

ffoc.

'ffoc,' medda fi achos be ffwc arall dwin gallu deud i hynna?

'aye. mam a dad ddim isio fi fynd wan ond ma pobol yn racist fama fyd? yn ysgol, siop, gp.' ffoc. ma hin sbio ffwr at clust fi. 'sa neb di ytacio fi ofiysli ond ma dal yn *shit*. ond dwi... dwi *isio* mynd. dwi angen, dwin goro dwi meddwl. dwin goro *gweld* petha. gal o ma. a on in meddwl ella...' ma hin briddio fewn a allan, yn neud gwynt syn symud gwallt fi. a sbio nol fewn i llgada fi efo llgada gold hi. '... on i mynd i ddisgwl tan i exams chdi fod drosodd i ofyn hyn ond fuck it, ella sa ti isio dod efo fi? dwim isio fforsio chdi a fyny i chdi mae o ofiysli, ond…' ma hin stopio i briddio fewn a allan a symud gwallt fi eto, 'dwin gwbod gymaint tin casau byw efo mam a dad chdi.'

'ym,' medda fi. shit. *shit.*

dwi methu deud im byd. methu siarad. dal yn sterio ar clust hi, ar bob un o earrings silfyr hi. genna hi un siap pineapple bach. a dwisio deud swn in *lyfio.* dwisio deud ia ia ia ia achos swn im yn goro byw efo mamadadaalys a mynd i 6.2 a neud a levels a mynd i uni a gweld gwyneth a pobol erill yn sixth form a ella neith y dead body aros fama so ella na i ddim cal dwrnoda lle dwi methu neud fuck all a ella fyddain gallu chwara uke mwy a sgwennu caneuon i *fi* a nid jyst i ysgol a neud youtube channel ella a ella gal chydig o followers a gal pres fela a swn in byw rwla lle ma na actual *bywyd* yn digwydd bob dydd trw dydd ond dwin pussy. dwin ffocin pussy. a ffoc sa deian probybli efo neb wedyn na. selffish selffish *selffish*

a ma hi

ma hi angen cal bywyd call heb rhywun fatha fin dragio hi lawr neu whatever. haeddu rhywun gwell na fi. haeddu bywyd newydd i hi ffindio hogan newydd hogan delach hogan fwy clyfar hogan gwell yn caerdydd.

'fydd on iawn,' medda hi. *shit.* 'nawn ni facetimeio ok? neith o withio. man gwithio i lot o bobol yndi a neith o withio i ni. fydda nin ok.'

methu siarad. methu ffocin siarad. jyst ysgwyd pen fi na na na a tin haeddu rhywun gwell sut tim yn dalld hynna gweld hynna dwin shit dwin shit dwin shit a ma llaw hi dal yn gwallt fin rhoi o bach a dwi methu siarad methu deud na fydda ni ddim yn ok fydda ni ddim. fydda ni ddim achos dwim digon da. fydda hi rwla newydd bywyd newydd pobol newydd pobol gwell bywyd gwell a fydda fi ddim digon da im mwy

a dwi ffocin methu. dwi methu deutha hi.

*

dwin dysaidio rwbath wrth fi dreifio adra. dwin dysaidio dwi methu rhoi rashmi trwr shit esh i trw efo deian. dwi methu risgio ffwcio fyny fela pan ma bywyd hin dechra, yn dechra go wir. ma hin haeddu bod efo rhywun gwell na fi. deffo! ma hin haeddu cal im byd yn dragio hi lawr yndi. haeddu ddim cal neb yn dragio hi lawr dan mor pan ma hi jyst yn dechra fflowtio fyny fatha pawb arall a mynd fyny fyny fyny at y tywod ar haul ar lan mor neu whatever

so dwin gaddo i fi fy hun i ddim facetimeio hi. i ddim atab messages hi. i disgyn off bywyd hi fatha oedd y byd i gyd yn neud pan natha ni smocio weed a neud daisy chains yn y parc.

Deian

Notification Snapchat gan Anest. Dwi'n rhoi'r beiro i lawr i agor y neges.

tisho mynd i gig gwilym yn dre?? 17th?

na. fedra i ddim.

Dyna dwi isio, isio'i ddeud. A dwi efo esgus *go iawn* achos ma'r traethawd Bac i fod i fewn yr wythnos wedyn a dwi heb neud digon o waith portffolio Celf yn ddiweddar. Ond ma Lowri mor siomedig ei bod hi'n methu'r gìg (ma hi'n mynd 'nôl i'r brifysgol am benwythnos i wagio'i stafell a ffarwelio efo'i ffrindia) so mi fyswn i'n teimlo'n euog, yn hunanol i fethu'r cyfle.

hunanol llwfrgi gwirion afiach gwallgo anghyfrifol pathetig gwan ffag sensitif tawel gwahanol boring plentynnaidd diwerth rhyfedd drwg anghwrtais

Dwi'n sbio ar y rhestr Going ar Facebook – ma'n hirach na oedd rhestr parti clwb Dafydd ac Amy. A dwi'n gwbod. Dwi'n gwbod dwi'n gwbod dwi'n gwbod fydd o fel sefyll ar gyrion bywyda pobol eraill mewn bocs gwydr cul cul cul (methu anadlu methu symud methu meddwl) a fydd yn amhosib, *amhosib* i'w dorri.

llwfrgi gwirion afiach gwallgo anghyfrifol pathetig gwan ffag sensitif tawel gwahanol boring plentynnaidd diwerth rhyfedd drwg anghwrtais hunanol

Ond, ond weithia ma Christine yn deud 'mod i angen wynebu ofna i'w goresgyn nhw. Dwi'n gorfod *neud* petha.

Dwi'n gorfod.

So dwi'n ateb:

Ia, edrych mlaen! :)

ac ma Anest yn deud wedyn ei bod hi'n *buzziiin!!!*

Dwi'n rhoi fy ffôn i lawr ac yn trio darllen y cwestiwn ar y cyn-bapur Cymraeg eto, ond dwi'n darllen yr un frawddeg drosodd a throsodd achos dwi'n gallu gweld Anest a fi yn y gìg: ma'r ddau ohonan ni'n sbio ar y llwyfan trwy focs gwydr a pawb arall yn dawnsio'n wyllt o'n cwmpas, yn tywallt cwrw dros y gwydr glân. Dwi'n cau'r ffolder ac yn chwilio am bapur a phensil i sgetsio'r darlun cyn iddo fo ddiflannu (am byth am byth am byth), fel powdwr gwydr yn y gwynt.

26

Rashmi

Ar ôl cadw ei ches ar y rac, mae Rashmi'n chwilio am sêt wag ar y trên. Eistedda i lawr gyferbyn â dyn moel mewn siwt sy'n teipio ar MacBook.

Tynna'i chlustffonau o'i bag a chwilia am gyfrif Anest ar Spotify. Mae hi'n pwyso Shuffle ar y *playlist throwbacksss!!* ac yn cau ei llygaid.

Mae hi'n disgwyl nes mae'r trên wedi teithio trwy saith gorsaf cyn ffonio.

Dywed ei mam wrthi fod y ffôn ar *loudspeaker;* mae ei thad yn gallu'i chlywed hefyd. Doedd Rashmi ddim wedi disgwyl iddyn nhw godi'r ffôn – roedd hi wedi paratoi'r neges ar gyfer y peiriant ateb yn barod – felly mae'r geiria'n disgyn ohoni hi.

'Dwi'n licio genod. Dim hogia, mond… mond genod.'

Mae ei llais yn tawelu â phob gair fel petai hi wedi defnyddio ei holl allu i siarad i'w dweud nhw a does dim geiriau ganddi hi ar ôl.

Distawrwydd. Mae hi'n gallu clywed criw meddw o ferched canol oed yn canu 'Pen-blwydd hapus i Sharoooon' ym mhen draw'r cerbyd. Yr hogiau ifanc sy'n eistedd y tu ôl iddi hi yn eu dynwared nhw. Yr hogan fach sy'n chwarae gêm ar ffôn ei mam, y sain mor uchel â phosib i'r trên cyfan glywed sŵn car yn rasio i gyfeiliant piano synth.

Wedyn mae Rashmi'n clywed ei rhieni'n siarad ymysg ei gilydd yn Bengali. Ei thad yn dweud ei henw. Yn dweud eu bod wedi dyfalu. Yn dweud eu bod eisiau i'w plant fod yn hapus, ond...

Ond? Ond be? Mae hi'n siarad yn rhy uchel. Mae'r dyn MacBook yn codi ei lygaid o'r sgrin.

Ond mae'n rhy beryg. Rhy beryg.

'*So?* Fydd Kiaan yna. A dwi mynd i neud ffrindia... am y tro cynta yn bywyd fi dwi am fod efo ffrindia sy'n edrych fel ni! Gweld pobol sy'n edrych fel ni yn cerddad lawr y stryd – yn sinemas, yn siop. Yn therapi. Ella ga i ffrindia sy'n genod sy'n licio genod hefyd a fydd hynna ddim yn neud i fi deimlo fel dwi mewn *danger,* fydd hynna'n neud fi deimlo fel *fi.*'

Ac mae hi'n pwyso'r botwm coch.

Sycha Rashmi ei llygaid â'i llewys, a throi at y ffenest i guddio'i dagrau rhag y dyn MacBook. Mae ei ffôn yn neidio yn ei llaw; tecst gan ei mam mae'n siŵr. Mi fydd hi'n ffonio ei rhieni eto cyn i'r trên gyrraedd y briffddinas.

Ac wedyn, wedyn mi fydd hi'n Facetimeio Anest.

Anest

incoming call from rashmi

dwin rhoi ffon fi dan pilow ar lawr a pwshor pilow ambena fo so dwi methu clwad y ringtone. wedyn man mynd off eto. a eto. pan ma 30 secynds yn mynd heb fon mynd off, dwin lluchio y pilow at wal fi, breichia fin lladd ar ol pwsho fo lawr lawr lawr lawr am hir.

27

Anest

dwin ffocd.

pam nesh im gal pre sesh? fatha pawb arall aparyntli? i wish swn i efo fake id achos man ffocin joc ia, bartenders gig rhy strict i syrfio pobol dan 18. twats.

dwin sbio rownd chydig a gweld grwp o genod yn tynnu llynia oi gilydd efo iphone cases see through yn dangos cash a cardyn aba. ma un o nwn sterio arna ni a ma ffrind hin goro weifio ffon hi yn gwynab hi i gal attention hi so fod hi ddim yn sterio arna ni im mwy.

wel, dim sterio arna *fi* na.

'dwi meddwl ma na hogan yn sterio arna chdi,' medda fi.

'be?' ma deian yn sbio rownd fatha dwi newy ddeud fod na asasin yma syn huntio fo lawr. ma di cuddiad gwallt glas fo efo het llwyd. dwi di gofyn wrtha fo dynnur het at least 20 gwaith ers ni gyrradd. 'pam?'

dwi methu helpu chwerthin yn ychal, digon ychal i neud pobol syn sefyll ymyl ni troi rownd. '*pam*? tin siriys?'

man stopio sbio rownd a consyntretio ar dulo fo. rhaid fi jyst deutha fo ia.

'ma hin sterio arna chdi ia, achos ma hin *attracted* i chdi. ti ddim yn teip fi at all ok ond tin ciwt, a hynna pam ma hin sterio. a mar hogan yn ciwt fyd yndi so tin *goro* mynd i siarad efo hi, tin goro!'

ma deian yn mynd yn llonydd llonydd heblaw am llgada fo. ma llgada fon tyfun hiwj fatha man trio ddim blincio mewn staring contest.

dwin twistio rownd so fod dwin sbio stret arna fo.

'ond tin *goro* tynnu het chdi gynta ia. achos to be honest, man edrych bach yn wiyd. tin edrych chydig fatha boi hyll na off skins bechod, ar netflix.' ifyn tho man artist di o ddim yn neud y fashion choices gora ia. man gwisgor sgidia arty odd genna fo yn parti clwb a tshirt am ben top efo sleeves hir a efo hynna i gyd a het ma siwr fod on ffocin swetio.

di o ddim yn tynnu het fo. 'boi hyll off skins?'

'ia,' medda fi, 'sid.' di hynnan rhy mean i ddeud? dwin gymaint o bitsh wtf be sy *rong* efo fi? *ffoc.* 'ym, dwim yn meddwl fod o *hynna* —'

'sid? ond…' man gwenu chydig bach bach. dwin meddwl? 'ond dwim yn meddwl fod on hyll?'

dwi meddwl na hynna di tro cynta efyr i deian disagreeo efo fi a ma gwynab on cochi. neu ella ma pen fo jyst yn dechra mynd rhy boeth.

tbh *dwin* dechra mynd rhy boeth ifyn tho dwi di tynnu denim jacet fi off yn barod.

'ym, na fi, ddim go wir. dwi jyst fatha… trio…' idiytidiytidiyt, 'dwi mynd i gal drincs i ni, iawn?' medda fin ffast i trio neud ir ddau o ni anghofio faint o bitsh dwi, 'aros fama a trio neud eye contact efor hogan, wedyn ella nei di pullio, dwi mor ecsaited!'

ma deian yn dechra codi or soffa bach lledar da nin ista ar. ma na cracs drosta fo i gyd, a foam yn dod trwdda nw. 'na, na i —'

'gei di gal un nesa.' wast o bres tbh, ond dwi isio edrych fatha dwin yfad *rwbath*. ella os dwin fforsio fy hun i feddwl fod dwin yfad vodkacranberry neith na shit psychological digwydd i bren fi a na i gal yn fake drunk neu rwbath. dwim yn meddwl fod hynnan ifyn thing ond dwin goro gal chydig o hope yn y mess ma.

Deian

Ti'n ciwt. Ciwt?

pathetig pathetig CIWT gwan ffag sensitif tawel gwahanol boring plentynnaidd diwerth rhyfedd drwg anghwrtais hunanol llwfrgi gwirion afiach gwallgo anghyfrifol

Dwi'n gwylio Anest nes ma'r dorf wrth y bar wedi ei llyncu hi'n gyfan,

a dwi ar fy mhen fy hun.

Lawr lawr lawr dwi'n sbio i lawr so 'mod i ddim yn gallu gweld yr holl lygaid yn syllu, yn syllu ar yr hogyn rhyfedd sy'n ista ar ei ben ei hun.

rhyfedd rhyfedd drwg anghwrtais hunanol

wiyd. Ti'n edrych yn wiyd. Dwi'n codi fy llaw yn ara (ara, ara). Llithro'r het i ffwrdd. Ei stwffio i fewn i fy mhoced.

A dydi'r byd ddim yn ffrwydro. Dydi'r llawr ddim yn ysgwyd hyd yn oed.

Sbia fyny sbia fyny sbia fyny llwfrgi llwfrgi llwfrgi

a dwi'n cofio, cofio van Gogh yn sgwennu

my own future is a cup that cannot pass from me unless I drain it

wrth i fi godi fy mhen (hanner modfedd? modfedd? dwy?) ac ma darn o fy ngwallt yn disgyn dros fy llygad. Dwi'n trio trio peidio neidio achos dwi heb arfer efo'r lliw newydd eto; dwi dal yn dychryn pan dwi'n gweld fy adlewyrchiad yng nghhar Mam neu'r drycha yn y dosbarth Celf.

A dwi'n sylwi

dwi'n sylwi fod 'na neb yn syllu arna fi. *Neb.* Hyd yn oed efo gwallt *glas*! A (dwi methu peidio) dwi'n gwenu wrth wylio cannoedd o ddarlunia o fy mlaen i:

dawnsio. copio off. drymia. downio diodydd. genod yn gafael

dwylo'n symud mewn rhes o ganol y dorf at y toileda. cân gyfarwydd. hogyn hanner noeth yn cael ei dywys o'r neuadd gan fownser.

Ma fel sbio ar baentiada 'Massacre of the Innocents' gan Peter Rubens. Fel sa 'na storm 'di mynd ar goll ar hyd y stryd gul tu allan a 'di penderfynu cerdded i fewn i'r neuadd.

A wedyn,

na na na

wedyn ma hi'n dal fy llygad i.

Anest

dwin cerddad at y bar a pasio sgwod masif o genod syn posio am llun, breichia nw rownd i gilydd achos ma nw i gyd yn besties awwww da chi mor genuine! ma nw i gyd yn sgwisho at i gilydd i sbio ar y llun a dechra bitsho achos ma hannar ohona nwn hapus i rhoi o ar instagram ar hannar arall yn heitio fo. ffs.

ma mwy fatha mob na ciw wrth y bar tbh so dwin sbio nol i gal rowlio llgada fi ar deian ond ma na llwythi o bobol di joinior mob tu nol fi yn barod a dwi methu gweld o.

Deian

Dwi'n trio smalio 'mod i'n berson fel hi. Dwi'n trio smalio na ddim *fi* ydw i. Dwi'n trio.

(Dwi'n trio.)

'Dan ni'n rhannu enwa. Ysgolion. Blwyddyn. Pyncia Lefel A. Dwi'n trio peidio deud mwy na ma hi isio fi ddeud. Dwi'n trio atgoffa fy hun ei bod hi 'di meddwi so ella dydi hi ddim yn canolbwyntio lot ar be dwi'n ddeud be bynnag. Dwi'n cadw fy nwylo yn fy mhocedi so fod hi ddim yn gweld eu bod nhw'n crynu. Gafael gafael gafael yn dynn yn y bocs tabledi. Ma hi'n deud ei bod hi isio nyrsio ac yn siarad yn hir am ei phrofiad gwaith yn Alder Hey. Ma'r rhyddhad o beidio gorfod siarad yn fwy swnllyd yn fy mhen na'r gerddoriaeth a dwi'n nodio er 'mod i ddim yn gallu clywed bob dim ma hi'n ddeud.

llwfrgi gwirion afiach gwallgo anghyfrifol pathetig gwan ffag sensitif tawel gwahanol boring plentynnaidd diwerth rhyfedd drwg anghwrtais hunanol

Ar ôl tua munud (dau? deg? mil?) ma hi'n tawelu. Yn sbio i lawr ar ei gwinadd pinc. Dwi'n trio meddwl am gwestiwn i lenwi'r bwlch yn y sgwrs achos ma hi 'di siarad gormod a rhaid rhaid rhaid i fi ddeud rhwbath unrhyw beth cwestiwn diddorol dim rhyfedd diddorol be sy'n gwestiwn diddorol pam pam PAM fedra i ddim meddwl rhwbath unrhyw beth rhy dawel rhy dawel rhy dawel

pathetig gwan ffag sensitif tawel gwahanol boring plentynnaidd

ond wedyn ma hi'n cyffwrdd fy ngarddwrn ac ma fy nghroen
i'n diflannu.

*

Ma'r hogan yn cyffwrdd y darna caled ar flaena fy mysedd.
'Ti'n chwara gitâr?' medda hi.

'Ym, ia. Yndw.' Ydi hi'n gallu clywed fy llais yn crynu? 'Bass
guitar. Ti?'

'Telyn.'

'O.' Be be be arall fedra i ddeud??

Ydi hi…

ac ydi hi'n gallu deud na virgin dwi?? Be os ma hi isio cael sex?
Na na na be os dwi *methu* a fydd hi'n deud wrth pawb na na
na –

a ma hi

wedyn ma hi'n symud

symud yn agosach

a dwi

dwi'n *troi i ffwrdd*

achos fedraiddim fedraiddim

hunanol hunanol hunanol

fedra i ddim.

Fedra i ddim smalio 'mod i fel pawb arall, 'mod i ddim yn *fi*. Mi fydd hi'n gweld, rhywbryd, rhywbryd mi fydd hi'n gweld pwy ydw i, pwy ydw i fewn yn *fama* ac mi fydda i wedi gwastraffu ei hamser hi.

hunanol hunanol llwfrgi gwirion afiach gwallgo anghyfrifol pathetig gwan ffag sensitif tawel gwahanol boring plentynnaidd diwerth rhyfedd drwg anghwrtais

'Ma'n ocê,' medda hi. Yn ara. Ma alcohol yn neud i'w llais hi swnio fel triog. Dwi'n codi fy mhen i sbio arni hi. Ar ei sgert denim a'i chrys-t du, tyn, a'i sbectol a'i brychni a'i gwallt cyrliog melyn sy'n ysgafn fel gola lleuad. 'Be 'di Snapchat chdi?'

'Ym...' Be be be fedra i ddeud rŵan? *Be fedra i ddeud rŵan?* Dwi'n gwthio'r gwallt o fy llygaid ac yn gweld gymaint ma fy mysedd i'n crynu. Gobeithio (plis plis plis) ei bod hi'n rhy feddw i sylwi. 'Ym, sori, dwi – dwi methu, sori dwi... dwi'n goro mynd. Sori...'

Anest

dwin sbio ar ciw toilets. ciw bar. ar dance floor, ifyn tho dwin gwbod sa fo byth yn mynd yna ben i hun ia. wedyn dwin sbio rownd cefn lle ma na students uni yn sterio lawr ar ni gyd fatha da nin llai nar pydls o cwrw ar lawr, yn sterio lawr efo dillad vintage a nose rings a gafal yn peints fatha ma cwpana plastic nwn llawn gold a nid rwbath cheap af syn blasu fatha piss.

a hynna lle dwin gweld o, wrth y drws. dwin gweld rhywun efo het llwyd yn cerddad allan.

be ffwc?

dwin rhoi cokes ni tu nol i soffa ni i trio cuddiad nw chydig a pwsho trw pawb sy rhyngdda fi a deian tan dwi allan or drws a ma awyr o tu allan yn freezing so dwin rhoi denim jacet fi nol ar. ma na glaw bach yn disgyn, glaw sy digon i fod yn annoying ond ddim digon i neud chdi goro agor ymbarel fyny. dwi dal yn gallu teimlor miwsic trw traed fi ifyn tho dwi tu allan.

man ista ar wal carrag ymyl neuadd, lliw piso cwrw hyd sgidia fo.

'eith tin chdin lyb fanna,' medda fi ond dwi dal yn ista lawr ar wal efo fo. di o ddim hynna glyb tbf. dwin gallu gweld briddio nin wyn yn y gola syn dod o neuadd gig. 'tin ok wt? nes di pullio?' medda fi. 'lle ma hi?' shit.

ond wedyn dwi fatha ffoc a dwi methu stopio fy hun gwenu, achos be os –

'oh my god nes di gal *boner*?'

di om yn deud im byd ond tbh os ma newy gal boner sa fo probybli di mynd i toilets i wancio fo off a nid tu allan i glaw. idk.

man sbio ffwr o gwynab fi. dwin gallu gweld chydig o gwallt glas yn dod trw gwulod cefn het fo.

'pam tin ffrindia fo fi?' medda fo. dwi barelyn clwad o dros swn dryms a electric guitar a synths keyboard.

'e?' medda fi. 'be ti feddwl?' be ffwc?

di om yn atab. man gwasgu bysidd o at i gilydd mor galad man edrych fatha man brifo.

'tin bod yn stiwpid wan ia.' dwin sbio dros y lon at y siop di cau dros ffor. dwin gallu gweld fi a fo yn refflecshyn y ffenast fatha da nin styc dan dwr. 'achos… achos dwin meddwl na chdi di un or pobol mwya genuine dwin nabod sti. ti byth yn slagio neb off na jyjo neb. tin cerio am be ma pobol erill yn feddwl mwy na chdi dy hun a hynnan neud chdin berson lot gwell na rhan fwya o bobol yn ysgol. so os ma twats yna i gyd yn haeddu ffrindia, ti yn fyd. *deffo.*'

dwin troi i sbio arna fo, dal yn sbio ffwr oddi wrtha fi.

'be dwisio gwbod ia, ydi pam ffwc tin ffrindia fo *fi*!' dwin chwerthin i trio neud o swndion ffyni. ffwr a hi. joc. 'hynna syn mystery.'

man ysgwyd pen fo. 'na… na, ti… ti mor hyderus a —'

dwin chwerthin eto, mor galad dwi bron yn slipio off y wal.

'confident? go wir?' dal ddim yn deud im byd. dal yn sbio ffwr oddi wrtha fi. 'ok, ella geith confidence chdi fyny ar stej i neud gwasanaeth a neud chdi dawnsio ben dy hun flaen pawb yn clwb ond petha ar y surface di hynna ia. di om yn bwysig, na.' dwin stopio i gal gwallt allan o ceg fi. 'ti ddim yn siarad lot weithia ia ond dwim yn cerio am hynna at all achos tin grando ar bwlshit fi a hynna lot fwy pwysig na confidence yndi.'

a ella

ffoc

ella swn i ddim yma hebdda chdi. hebdda chdin grando.

ond dwi methu deud hynna *ffoc* na. misio dychryn o. misio rhoi pressure masif arna fo fela. selffish selffish selffish.

man sbio lawr. ddim yn convinced.

'ond… ond dwi ddim fatha pawb arall. dwi ddim yn *normal*.' man deud 'normal' fatha sa bod yn normal yn fficsio *bob dim*, nid jyst y fo. fatha sa bod yn normal yn rhoi bwyd i pawb syn starfio yn y byd a neud neb yn sal byth eto a fficsio politics a global warming a neud i pawb sbio ar pawb arall fatha fod nwn human. 'dwi jyst – dwi isio bod fatha pawb arall.'

man infinite ia, faint o bwlshit swn in gallu deud i hynna i trio neud o teimlon well ond i gyd dwin dysaidio neud, yn y ffor lleia romantic a dwin gallu, di rhoi llaw fi am ben llaw fo a gafal. dwin disgwl idda fo fynd yn stiff i gyd neu cerddad i ffwr yn disgysted neu rwbath ond di o ddim. dwin disgwl idda fo tynnu ffwr a rhoi dyrtan i fi ond di o ddim. dwin disgwl idda fo dychryn pan ma na grwp o hogia oed nin cerddad heibion gweiddi siarad ar i gilydd ond di o ddim.

dwi meddwl ma brhys di dechra chwara erbyn wan a dwin gwbod ma deian yn licio albym newydd nw. man sbio fyny pan mar chord sequence cyntan dod fyny ar y gitar o tu fewn i neuadd.

'dawnsio!' medda fi a sefyll fyny mor ffast ma deian yn jympio a bron yn disgyn off wal. dwin dechra chwerthin achos dwi methu helpu fo a ar ol chydig man sbio fyny arna fi a dechra chwerthin fyd. 'da ni angen dawnsio wan, tyd. ond tin goro tynnu het chdi off gynta ia achos os ti ddim fydda chdin boiling pan da nin dechra dawnsio,' medda fin trio method arall i gal o tynnur ffocin het.

ma deian yn ista nol ar wal. 'ond, fydda i ddim yn mynd yn boeth os dwi ddim yn dawnsio?'

'ti *yn* dawnsio.'

man sbio lawr ar dulo fo eto. ma na chydig o paent coch a oren di sychu ar un o bysidd fo. man ysgwyd pen. 'nadw?'

'yndwt!'

man ysgwyd pen fo. ffs. dwin gafal yn rist fo fatha sut nesh i neud yn clwb (dwin meddwl? ddim yn cofio lot or noson tbh) a dragio fo nol fewn i neuadd a all the way at y dance floor wrth y stej. mar llen packed wan ia a sa na ddim digon o le agos at y stej i ni gal

dawnsio sut dwisio dawnsio so dwin stopio rwlan canol wrth y
bar.

'tyd!' medda fi, a dechra *dawnsio*.

dwi ddim yn gwbod lot or geiria eto achos man can newydd ond
dwin meddwl ma deian yn gwbod nw a man siarad efor llawr i
ddeud nw, dulo yn pocedi fo. na. no way dwin gadal fo i fo gal get
away efo hynna! so ganol sbinio rownd dwin dwyn het fo off pen
fo a stwffio fo lawr am ben pen fi. dwin sbinio nol rownd at deian
a oh my god dwin chwerthin achos man sterio arna fi fatha ma
newydd ffindio fin sbio trw internet history fo.

'tyd,' medda fi eto a fuck it, tra ma dal yn paralysed dwin dragio
fon fwy agos at stej lle ma na llai o le i fi ddawnsio heb nocio
pobol allan ond mar miwsic mor ychal man neud i coesa fi teimlo
chydig fatha ma nwn fflowtio a dwin troi rownd at deian a dechra
sgrechian canu achos dwin gwbod geiriar cytgan a gafal yn dulo
fo i dawnsio a di o ddim yn tynnu ffwr, man sbio fyny arna fi a
dechra canu y geiria efo fi a di o ddim yn sterio arna fi fatha dwi di
sbio trw internet history fo ddim mwy. ddim at all.

Deian

Dwi'n meddwl

dwi'n meddwl ma 'na bwysa wedi llacio o fy fferau (o'n i ddim
yn gwbod eu bod nhw yna tan rŵan!) a dwi'n meddwl

(dwi'n meddwl)

’dan ni’n *hedfan*.

Anest

dwi angen diod. dwin trio chwilio am soffa ni ond ma na fatha deg person yn ista arna fo wan so no way fydda nin gallu gal at cokes ni. shit. dwin gweiddi hynna i gyd fewn i clust deian a man gweiddi nol fod o mynd i talu am y drincs yma so man dod efo fi at y bar.

da nin ciwio am fatha hanner awr achos dwi ddim yn meddwl sa deian isio trio stwffio efo fi. ar ol ni gal at ffrynt ciw at last mar hogan tu nol i bar yn rhedag ffwr rwla i nol cokes idda ni a dwin ganol nol ffon fi o pocad i weld faint o gloch di o pan dwin clwad rwbath tu nol i fi a dwin gollwng ffon fi mewn pydl o cwrw ar lawr.

‘na, dim yn ysgol ni wan.’

‘na… sbia, sbia ar braich hi wedyn ia, dwim yn gwbod os man dangos…’

‘braich hi?’

‘mm. ma hin cytio.’

‘shit. sut tin gwbod?’

‘changing rooms yn p.e.’

'ond isio sylw ma hi ia? tim yn cytio ar braich chdi fela os tim isio sylw na?'

'ia, sa chdin neud rwla lle di pobol methu gweld!'

'tin cofio wiyd odd hin ysgol fyd?'

'yndw! fatha fod him *isio* cal ffrindia.'

ma dulo fi di stopio gwithio a dwin goro disgwl chydig a briddio briddio briddio ar lawr yn ganol pobol syn sefyll fyny a ma chydig fatha bod yn ganol y coed lle ma ty hen fi. pobol mawr a tal a tywyll. dwin clwad y bartender yn gweiddi 'sics fforti faif' a 'dau coke?' a ma bysidd fin gafal yn ffon fi fatha bysidd rhywun arall fatha bysidd yn symud trw dwr fatha bysidd dead body a dwin codi fyny a troi at deian ond man gwatsiad y stej a dal yn deud y geiria i gyd so dwi ddim yn meddwl nath o glwad y genod at all. so dwin gal cardyn fi o tu nol i ces ffon fi a rhoi o ir hogan.

'nesh i gollwng ffon fi ar lawr' medda fi fatha llais o machine google translate. ma hin tapio cardyn fi ar y contactless i hun a dwin sbio ar cylchoedd glyb lle odd drincs pobol cyn fi a twstiad nw efo bysidd ded fi, yn malu nw so fod nwn ffocd, so fod nw byth yn cylchoedd perfect byth eto.

isio sylw wiyd isio sylw isio sylw

dwin gafal yn cokes ni a ma hannar nwn tollti ar lawr a hyd jins fi achos ma breichia fi mor shit. ond dwi di gal y syniad mwya jiniys *yn y byd* achos mond un peth syn mynd i distractio fi wan. dwin tapio ysgwydd deian a gweiddi, 'tisio mynd i gal pitsa ar ol can ola brhys? fydd gwilym efo gig arall rhwbryd.'

wiyd wiyd wiyd

ma deian yn nodio. dwin sbio ffwr achos dwim isio gweld os di on disypointed neu ddim. ffoc dwi mor selffish wtf. selffish selffish selffish wiyd wiyd isio sylw

man gal walet fo allan. 'dwi jyst angen talu —'

'na, nesh i neud,' medda fi. wiyd isio sylw wiyd wiyd

dwin rhoi coke deian idda fo a wrth ni cerddad allan man trio rhoi ffeifar i fi ond dwi jyst yn deutha fo fod geith o talu am y pitsa.

selffish wiyd isio sylw isio sylw cytio *hyll*

a dwisio

dwisio deud hyn i gyd i rashmi dwin methu hi methu hi methu hi isio siarad efo hi amdan hyn isio deutha hi isio isio ond dwi *ffocin methu* selffish selffish selffish a dwin teimlo fatha dwi ar goll pan da nin cerddad i lle pitsa, ond dwi di bod yna gymaint sa fi dal yn gwbod y ffor ifyn os sa rhywun yn cuddio llgada fi efo sgarff.

dwin dechra teimlo bysidd fi eto pan da nin leanio erbyn wal pebble dash tu allan i lle pitsa, yn byta pitsa peperoni rhwnga ni yn y glaw.

Snapchat 23:37

D: Heia :) ti'n ok? achos oedda chdi ddim yn deud lot ar y ffordd adra?

A: iaa sori, just di blino sti

D: Ti'n siwr?

A: yndww. basically nesh i clwad genod o ysgol hen fin siarad amdana fi

D: *Deian is typing*

D: Do? be oedda nhwn ddeud??

A: ok hyn yn message hir tin siwr tin barod am essay o bullshit

D: Yndw!!

A: lol ok. so tin gwbod pan ti di bildio dy hun fyny i fod yn un type o person tin kind of chydig bach yn proud o withia ella a wedyn tin ffindio allan be exactly ma pobol erill yn gwbod am chdi a be dir opinions ma nw di neud i fyny amdana chdi a tin sylwi fod ar tu allan tin person completely gwahanol i be tin meddwl ti yn tu fewn?

A: tin gwbod be dwi feddwl??

D: dwi ddim yn gwbod

D: Sori!!

A: np. basically ma fatha os tin main character yn bywyd dy hun a wedyn ffrindia chdi di supporting characters?

D: Ia.

A: ond wedyn tin sylwi fod ffrindia chdi DDIM yn supporting characters achos ma nw i gyd yn extras go wir a odda chdi ddim di noticio hynna so wedyn tin gweld faint mor shit oedd ffrindia chdi ond ella hynna on in haeddu go wir? idkkk

D: Dwi'n deall be ti'n ddeud ond dydi hynna ddim yn wir!! Ti newydd ddeud wrtha fi fod os ma nhw i gyd yn haeddu ffrindia dwi yn fyd, a mae o run peth i chdi dwin addo!!! paid a meddwl felna

A: okkk diolch

D: Iawn. :)

A: aye

D: Ti'n siwr??

A: hahaa yndw!!

A: diolch :)

28

Deian

Dwi'n ista ar y soffa pan ma'r ffôn yn canu, yn neud llun o Anest a fi'n gwisgo adenydd yn y gìg ar gefn taflen o lyfryddiaeth ar gyfer ffug arholiad Cymraeg. Ma'r adenydd mor fawr, ma nhw'n chwalu'r bocsys gwydr sy'n cau amdanan ni.

I do need more air and space...
I must be able to spread my wings a little.

Mam sy'n ateb y ffôn.

'Lle wt ti?' medda hi efo llais fel cyllell oer a dwi'n gwbod dwi'n gwbod dwi'n gwbod

dwi'n gwbod yn syth na Dad sydd yna.

'Lowri,' medda fi, 'ty'd yma. Ma Dad ar y ffôn.'

Ma Lowri'n brysio i fewn i'r gegin ac yn ista i lawr wrth y bwrdd. 'Dan ni'n gwylio Mam yn sgriblo rhwbath ar bapur. Cyfeiriad?

Ydi o'n rhoi cyfeiriad i ni?

Dwi'n ymuno efo Mam a Lowri wrth y bwrdd. Ar ôl i Mam orffen sgwennu ma Lowri'n troi'r papur i ni allu'i ddarllen o.

Manceinion?

Dwi'n sbio i fyny ar Lowri. Ma hi 'di cuddio'i cheg efo'i llaw. Ei llygaid fel sêr.

> *To express hope by some star...*
> *That's... something that really exists, isn't it?*

Mae o mor agos.

Mor

mor

agos. Swn i'n gallu estyn llaw allan a'i gyffwrdd o.

Ma Mam yn rhoi'r ffôn ar loudspeaker i Lowri a fi siarad efo fo a'i glywed o fel sa fo'n ista wrth y bwrdd efo ni. Fel sa ni efo'n gilydd. Fel

fel teulu.

Dwi'n gweld Mam yn brathu ei gwefus. Dim ond un waith dwi'n ei chofio hi'n crio wrth siarad ar y ffôn efo Dad; y tro cynta iddo fo ffonio ar ôl gadael, dwi'n meddwl. Dwi'n cofio Lowri a fi'n sefyll wrth y drws yn ei gwylio hi am funuda, oria ella. Dwi ddim yn cofio. Ella o'dd hi'n ista yn yr un gadar â ma hi'n ista ynddi hi rŵan. Dwi ddim yn cofio.

Dwi *byth* yn cofio.

Ma'n dechra'r sgwrs yr un fath ag arfer, yn deud fydd o ddim yn gallu siarad am hir rhag ofn eu bod nhw'n gwrando. Ma Lowri'n dechra crio'n dawel a Mam yn mwytho'i braich.

Ma Mam yn gofyn gawn ni ddod ata chdi? Plis, medda hi, plis, ac ma'n deud na, ma'n rhy beryg. Dydi o ddim isio'n peryglu ni. Risgio'u bod nhw'n gweld, risgio'u bod nhw'n clywed. Wedyn ma'n deud fy enw i, yn gofyn os ydi'r record wedi cyrraedd. Yndi, dwi'n deud, diolch, ma'n wych. Dwi'n deud 'mod i wedi bod yn chwara'r bas eto. Yn cyfansoddi weithia. Ma'n deud ei fod o wedi gwerthu ei fas dwbl a'i fod yn hiraethu amdano. Dwi'n sychu'r dagra cyn iddyn nhw ddisgyn.

llwfrgi gwirion afiach gwallgo anghyfrifol pathetig gwan ffag sensitif tawel gwahanol boring plentynnaidd diwerth rhyfedd drwg anghwrtais hunanol

'Ty'd adra,' medda Lowri a dwi'n deud yr un peth tyd adra tyd adra tyd adra drosodd a throsodd fel sa'r geiria'n ddigon i gadw ei lais yn y ffôn fel dal gola seren yn ein dwylo ni, ond ma'r llinell yn marw cyn i ni ffarwelio a nodyn cras y ffôn yn chwara lle roedd ei lais o mond eiliada eiliada *eiliada*'n ôl ac ma'r Dwylo'n ysgwyd fy nghalon a gwthio yn erbyn fy llygaid a llenwi fy nghlustia a dwi'n cerdded – rhedeg – heibio'r soffa a'r llyfra a'r llunia a'r teledu a dwi'n agor y drws pam pam pam fedra i ddim cofio ei lygaid o a'r llinella yng nghledra ei ddwylo a'i wên pan mae o 'di blino pam fedra i ddim cofio a dwi ddim yn stopio dim stopio dim stopio nes dwi ar y tywod a dwi'n sbio i lawr a gweld 'mod i ddim yn gwisgo sgidia

rhyfedd rhyfedd gwirion gwallgo afiach pathetig gwan ffag sensitif
tawel gwahanol diflas hunanol

a dwi'n gafael yn fy ngwallt ac yn tynnu nes ma'r dagra'n dod
achos y boen ar groen fy mhen ac nid yr isio angen methu isio
angen methu.

Methu.

Methu Dad. Begw. Lowri yn yr ysgol. Nain a Taid. Chwara pêl-
droed amser chwara. Bagia parti plastig yn drewi o gemegion
a chacen pen-blwydd mewn tishw Tomos y Tanc. Fy meddwl
i'n cerdded yn yr un cyfeiriad â phawb arall. Hafau glas llachar
heb gymyla. Methu peidio teimlo pawb a phopeth, a Dwylo yn
dringo drosta i pan dwi'n gadael y tŷ. Methu darllen llythyra
van Gogh am y tro cynta pan oedd celf a chreu mond yn
dechra cynna yn fy mysedd i. Methu gweld cerflunia Brenda
Elias yn Steddfod am y tro cynta. Methu bod yn *normal* pam
pam pam

rhwbath. Ma rhwbath yn cyffwrdd fy mraich. Dwi'n codi fy
mhen i weld Mam yn ista yn ei chwrcwd wrth fy ymyl i (dwi'n
ista hefyd?), y gwynt yn chwythu ei gwallt dros ei hwyneb so
dwi methu deud os ydi hi'n gwenu neu'n crio. Sori, medda fi,
sori a ma Mam yn deud na na na ti ddim 'di neud dim byd yn
anghywir, cariad. Dim byd, iawn? Dim byd.

Ma hi'n gwisgo siwmper werdd, ac wrth iddi hi afael amdana
fi

pathetig gwan ffag sensitif tawel gwahanol boring plentynnaidd diwerth rhyfedd drwg anghwrtais hunanol llwfrgi gwirion afiach gwallgo anghyfrifol

dwi'n sylwi fod y lliw yn union fel dail y coed pinwydd o amgylch hen dŷ Anest.

Anest

ma mam adra cyn amsar te heddiw a ma hin fforsio fi gal te efo hi a dadaalys. ma hin gofyn llwythi amdan ysgol a shit fela a dwin gwenu a nodio arna hi yn gobithio fod hynnan rhoi ateb syn neud sens. dwin chwara efo cyrri microwave dad ar plat fi fwy na byta fo, yn trio neud gwynab allan or reis ond dwi methu neud o edrych fatha dim byd heblaw amdan reis. sa deian mor disypointed.

ma mam di mynd yn rili ecsaited fod dwi yma *a* fod hi adran gynnar *a* di hi ddim isio nap so ma hin llenwi powlan efo doritos a fforsio ni gyd ista lawr yn living room a gwatsiad ffilm. ffilm shit am world war one ar netflix. no idea pwy nath dewis o. dwim yn cofio methur conversation.

ma ffon fin canu a pen mam yn troi rownd fatha tylluan ar speed. dwin sbio ar sgrin fi. enw deian sy na.

'sori,' medda fi a codi fyny off soffa. dwi bach yn drist ia ngl, on i di anghofio mor cymffi odd o. 'ffrind fi… ym, angen help dwi meddwl?'

wrth fi sbrintio fyny grisia dwin meddwl dwin clwad mam yn deud, 'tyd nol ata ni wedyn plis.' dwin cau drws a pwsho gwyrdd i atab o.

'hei, tin ok?' medda fi a gorfadd lawr dros chydig o pilows ar lawr. di o heb di ffonio fi o blaen. efyr.

'ym, yndw. diolch. tin brysur?'

ideal. excuse i ddim goro dealio fo mamadadaalys. 'na… tin nabod fi at all?'

di o ddim yn chwerthin. im yn deud im byd. ella odd o ddim yn ffyni at all i ddeud hynna a jyst wiyd a mean a wan dwi di dychryn fo. ffs.

'tisio facetimeio yn lle?' medda fi ar ol idda fo fod yn dawel am way rhy hir. 'reception ffon fin shit yn ty.'

'ym…' medda fo, a wedyn dwim yn clwad im byd ond swn afiach static ffon yn clust fi. dwi meddwl dwin dalld tho. di o probybli ddim isio facetimio ond misio admitio hynna.

'mots,' medda fin ffast, 'rhy dywyll i facetimio wan eniwe.' ifyn tho ma lamp fi ar. 'be sy?'

'ym, dim ots os tim isio… os man – os man ormod i chdi ond… ym, sa chdin gallu dod yma? ella? sa nin gallu mynd am sbins? dwi isio, ella, deutha chdi… ond man iawn os tim isio! paid a poeni —'

'deffo isio sbins!' medda fi a ista fynyn ffast, 'ond mond os dan nin mynd i maccies gynta, i gal mcflurry,' dwi heb di gal maccies ers way rhy hir. dwim efo plentyn ofiysli a byth isio un achos dwim isio risgio pasio genes ffocd fi lawr i babi bach innocent, ond os swn i efo a heb di gweld o ers hir, dwin gesio san teimlo felma, fatha peidio cal maccies am hir. idk. neu ella ddim. be ffwc sy rong efo fi?

'ym, ok,' medda fo.

ideal. 'dwi dod wan,' medda fi, a pwsho coch.

*

man ffocin effort goro dreifio yn twllwch ia ond ar ol chydig dwin dechra joio ddim gweld be sy o flaen fi. ma fatha bod mewn horror movie.

dwin dechra slofi pan dwin mynd lawr y lon sy mynd lawr i lan mor a stopio flaen ty deian efo injan dal ar. dwin messagio fon deud fod dwi yma.

di o ddim yn sbio arna fi wrth ista lawr yn no.2, mond deud haian ffast a sbio stret o flaen o a rhoi dulo yn pocad hwdi leavers blwyddyn 11 llwyd fo syn edrych fatha dau seis rhy fawr idda fo. ella odd om isio bod yr unig hogyn efo hwdi size small, idk. man wiyd, allan o holl lliwia i gyd da nin gal dewis allan o i hwdis leavers, nath deian dewis llwyd. sa chdi meddwl fod o di dewis lliw fatha, artsy neu rwbath. melyn. glas i matsio gwallt fo. coch. idk. jyst ddim llwyd.

dwi ddim yn gofyn be sy di digwydd a be ma isio siarad amdan eto achos dwin gwbod neith o ddeutha fi pan man barod neith so da nim yn siarad at all tan da ni di cyrradd dre a dwin gofyn wrtha fo pa mcflurry ma isio.

*

da nin byta wrth ni sbio allan ar cae swings yn twllwch. ffoc, man edrych mor depressing yn twllwch yndi, efom un plentyn bach i chwara arna fo a ma jyst yn neud chdi feddwl amdan yr holl drygs sy probyblin cal u iwsio ma. dwin witsiad tan dwi di gorffan ice cream fi gyd cyn fi ddeud rwbath arall.

'da ni di gal maccies ni wan ok, wan tin *goro* deutha fi. neith ice cream ddim distractio fi am byth sti.'

man chwerthin ifyn tho nesh im deud im byd ffyni at all so dwin gwbod ma na rwbath masif yn rong.

dwin troi i sbio arna fo a rhoi pen fi lawr ar steering wheel i trio edrach yn chill ond ma pen hiwj fi yn disgyn lawr bach rhy galad so mar horn yn mynd am secynd a rhoi ffocin hartan i fi.

'ffoc, sori,' medda fi, hannar chwerthin hannar ded. di om yn edrych fatha ma di sylwi tho, jyst sterio allan o ffenast ffrynt car fatha man trio gweld y sgratsys ar y sleid a darllan graffiti di ffeidio ar y swings.

'nath dad ffonio heddiw,' medda fo at last, llais o run mor ychal a swn briddio. dad fo? on in meddwl odd dad fo di marw neu rwbath? 'tro cynta ers… dros blwyddyn?'

'o. waw.' be ffwc arall dwi fod i ddeud?

man sbio lawr ar pocad hwdi fo, lle ma dulo fo dal yn cuddiad.

'ym, nath o adal pan on i tua… chwech oed dwin meddwl? a dwi ddim di gweld o ers hynna, na mam na lowri. da ni ddim yn gwbod lle mae o rhan fwya or amser.'

'ym, waw. rili sori fod hynna di digwydd i chdi.' dwin sbio stret o flaen fi trw windscreen wrth fi siarad a ych dwisio chwdu achos dwin *shit* yn comfortio pobol shit shit shit

'achos ym, cyn idda fo adal nath mam ddeud fod o di dechra gweld petha? petha odd ddim yna? a clwad lleisia weithia, lleisia pobol syn dod ar ol o. man meddwl fod nwn dod ar ol ni fyd. ym, odd o fod i gymryd tabledi i helpu, ond dwim yn meddwl oedda nwn helpu lot neu… neu ma mam yn meddwl fod o ddim yn cymryd nw go iawn? achos odd on meddwl nar bobol yna odd yn rhoi nw iddo fo? dwim yn gwbod.'

dwin gallu clwad breth fon ysgwyd wrth idda fo briddio fewn a allan yn hir hir. bedwifodiddeu bedwifodiddeu bedwifodi —

'ma mam yn deud fod o di stopio mynd i gwaith wedyn a – a wedyn un noson nath o ffonior heddlu achos y lleisia a dyna pryd nath o adal, y noson yna. da nim yn gwbod pryd neith o ddod adra, a… os neith o ddod adra. da nim yn gwbod.'

dwi ddim mor agos a hynna efo dad na, ond dwi ddim yn heitio fo a dwi dal methu imajinio ddim gweld o hyd bywyd fi, gwbod fod o dal yn fyw ond methu gweld o a methu helpu fo. hynna mor shit.

dwisio deud rwbath ond i gyd dwin gallu meddwl amdan di fod oedd titshyr ffis hen ysgol fi fela aparyntli, di bod yn gweld shit odd ddim yna go wir. ond odd genna hi job. a teulu a bob dim. so dwisio gofyn sut di dad o heb di gallu gal hynna fyd ond tbh dwi meddwl sa fo haws os dwi ddim yn deud im byd am wan ia. mond grando fatha man neud i fi (dwi meddwl) a hyn dir mwya ma di siarad efo fi *efyr* ia a mar shit man deep af fyd so man haws aros yn llonydd yndi a jyst cario mlaen sterio allan o windscreen cofn ma isio deud mwy. hefyd os dwin dechra deud mmm a iaaa a shit fela fyddain swndio fatha therapist a dwim isio swndio fela no way!

man dechra briddion ffastach a mar gwynt yn neud i swings fynd mor ychal ma nw jyst a fflio ffwr, fatha briddio deian syn neud nw symud.

'sori, dwi ddim… sori.' a man agor drws car a dechra cerddad ffwr heibio swings a fewn i twllwch cyn fi ddeutha fo i stopio.

'witsia, lle ti mynd? sut ffwc ti mynd i gal adra?' dwin tynnu seatbelt a di agor drws car yn barod pan dwin gweld on dod nol at y car. man cleimio nol fewn ir car a dod a ogla oer efo fo, ogla nos tu allan.

'sori,' medda fon ddistaw wrth idda fi lluchio rybish ni i cefn car achos genna fim mynadd cerddad at bins yn twllwch, a mar lle man sgeri af. dwisio gofyn wrtha fo sori am be a deutha fo stopio deud sori drwr adag ond man sbio i ffwr o fi allan o ffenast a dwi ddim yn meddwl fod o isio siarad im mwy so dwi jyst yn dechra injan car.

Deian

Dwi 'di bod yn darllen yr un frawddeg ers tua deg munud pan dwi'n penderfynu cau'r clawr i droi at Mam.

'Ydw i... ydw i fatha Dad?' Dwi'n plygu un o gorneli'r clawr a'i agor eto. Ac eto. Ac eto. Ac –

Ma Mam yn tynnu ei sbectol a'i gosod ar dop ei phen. 'Wyt. Wyt, dwi'n meddwl ti'n debyg iawn iddo fo, sti.'

Na.

'Na, ydw i... *fatha* Dad?'

Ma Mam yn gosod ei ffôn ar y glustog wrth ei hymyl. Dwi'n sylwi fod y môr yn ei llygaid yn llonydd heddiw.

'Na dwyt,' medda hi, ei llais hi bron mor bell â'r tonnau y tu hwnt i'r drws. 'Ti'n gwbod hynna.'

Dwi'n sbio i lawr ar wyneb van Gogh ar y clawr ac yn nodio.

What am I getting better for?

'Sbia arna fi, cariad.' Dwi'n codi fy llygaid at y teledu. 'Dwi'n gwbod fod o'n ara, ac yn anodd, ond dwi yma'r holl amser, ti'n gwbod hynna, dwyt? Dwi yma, a dwi'n caru chdi. Gymaint.'

Dwi'n sbio i lawr, eto. Nodio, eto.

'A dwi'n meddwl… dwi'n meddwl ma'r petha gora yn y byd yn cymyd amser weithia, sti.' Ma hi'n troi ei phen i sbio ar y cloc ar y wal. 'Fatha lasagne!'

Ma Mam yn codi i agor y popty a dwi'n codi i osod y bwrdd.

Anest

dwin gwbod man mean ia achos di o ofiysli ddim yn hapus idda fo, ond am chydig dwin teimlon hapus fod deian di deutha fi am dad fo, fod on trystio fi i siarad am shit fela efo. ond wedyn dwi fatha

ffoc

fi?

haeddu gwell na fi yndi. angan rhywun gwell na fi i siarad efo, on i methu ifyn comfortio fon iawn. methu deud fuck all. odd on disgwl i fi ddeutha fo shit fatha fydd bob dim yn iawn no worries shit fela ia ond nesh i ddim. nesh i ffwcio fyny. haeddu rhywun gwell na fi ond genna fo neb arall so ydi rhywun fatha fi yn well nam byd? idk.

idk

29

Deian

Cyn dechra ar y darn terfynol, dwi'n neud fersiwn arall o baentiad gan artist, artist o Chicago. Dwi'n licio'r ffordd mae o 'di darlunio adar achos ma'u cynffonna a'u bolia melyn yn toddi i fewn i'r lliwia tu ôl iddyn nhw so ma'n edrych fel sa nhw wedi'u geni a thyfu o'r awyr, fel sa nhw rioed 'di cyffwrdd y ddaear o'r blaen.

Dwi wrth y sinc ar ochr arall y dosbarth pan ma syr Celf yn siarad efo Llŷr Lewis, ond dwi dal yn gallu clywed bob gair.

'Wow. Mêt. Ma hwnna'n ymeising!' Dwi'n troi fy mhen digon i fi allu gweld syr yn gwasgu sgwydda Llŷr fel sa fo'n ffrind.

Dwi'n sbio i lawr. Fedra i ddim fedra i ddim fedra i ddim sbio fedra i ddim gweld be mae o 'di'i greu achos be os

be os ma'n well na fi. *Ma'n well na fi.*

Ma syr yn ista wrth fwrdd Llŷr ac yn siarad efo fo fel sa nhw mewn tafarn a dwi'n cael fy nhynnu i lawr lawr lawr y draen – bob un darn ohono fi heblaw am eiria van Gogh am Guillaume Régamey, yr artist o Baris:

I am not as good as he was.

Pan ma'r gloch yn canu dwi'n rhwygo fy hun o'r dosbarth i lawr y coridor i lawr y grisia i lawr y coridor arall trwy'r drws i fewn i'r ciwbicl toilet agor bag llyfr allan lle mae o lle mae o lle mae o

tudalen 329.

> *A person who doesn't feel small – who doesn't realize*
> *that he's a speck – what a fundamental mistake he makes.*

Dwi isio bod yn un deg tri oed eto. Blwyddyn 9. Pan o'n i'n gallu gofyn cwestiyna wrth van Gogh ac roedd o'n ateb.

Sut fedra i chwilio am, am rwbath sa neb arall 'di'i weld o'r blaen os dwi'n llai pwysig na seren, 'speck', gronyn?

Sut?

Sut?

Dim ateb. Dim byd.

Dim

byd.

*

Ar ôl cyrraedd adra, dwi'n agor Instagram.

Dim post ers mis. Dau comment yn gofyn lle dwi 'di mynd. Dwi'n chwilio trwy'r camera roll ar fy ffôn am rwbath. Unrhyw beth. *Unrhyw beth*!

Na. Na. Na.

> *I don't think it is vivid and powerful enough.*

Dydi o ddim yn ddigon da.

Dwi'n sbio trwy lyfr braslunio. Un arall. Un arall. Dim byd dim byd dim byd

> *Sometimes there are sheets in a sketchbook which, although they are mere scribbles, nevertheless have something to say.*

dim byd. Ddim yn wir, ddim yn wir i fi. Ma o'n anghywir!

Dim byd digon da.

> *I'm conscious of my inferiority...*
> *But I shall try my best to do something good.*

Tria tria tria

Trio rhoi geiria ar dân i greu gola i greu sêr sy'n deor i greu cytser i greu galaeth i greu cerdd. Isio gallu tynnu'r geiria o fy ngheg fy mol fy nghalon fy nghlustia fy mhen y croen dan fy ngwinadd.

Unrhyw eiria, hyd yn oed os ma nhw'n gwaedu – dim ots!

Unrhyw eiria unrhyw air unrhyw beth a

dim byd. Dim byd digon da!

Dwi'n trio neud fersiwn arall o'r gerdd a'r darlun dant y llew
ond dydi o ddim mor hardd ag oedd o go iawn. Ddim mor
hardd â ma fy llygaid i'n ei gofio fo.

*diwerth rhyfedd drwg anghwrtais hunanol llwfrgi gwirion afiach
gwallgo anghyfrifol pathetig gwan ffag sensitif tawel gwahanol
boring plentynnaidd*

So

so dwi'n agor Instagram eto a deletio'r account. Bob un llun.
Bob un o'r 2,235 o followers a'r comment gan Brenda Elias.

Snapchat 01:24

A: tin cysgu?
D: na, ti'n iawn?
A: yndw hyn yn random af ond on in meddwl gynna ia faint
mor amazing sa fo os sa lliwian gallu siarad
A: lol dwin swndion crazy ond ch
A: *chos os sa melyn yn gallu deud rwbath sa byd lot haws
ia os sa chdi gallu grando ar melyn
D: *Deian is typing*
A: os tin teimlon drist jyst dos i rhoi melyn a fydda chdin
fine ella tha elton john sa melyn
D: Ia! A Yws Gwynedd ella?
A: ia

D: Dwi'n meddwl sa'r byd lot mwy diddorol os sa pethan gallu siarad, fel hen records a cerrig. sa hynnan dda, gwrando ar storis nhw!

A: iaa fysa

A: lol pam da nim yn hapus efo be gany ni

D: *Deian is typing*

A: sa ni gyd di gallu evolvio heb clustia a llgada a heb brens ifyn tha jellyfish. bechod ella ma jellyfish fatha swn i lyfio cal llgada i gweld shit! sa hynna mor cool sa byd lot gwell fela

D: *Deian is typing*

A: sgenna jellyfish even llgada?

D: dim syniad!

A: pam da nim yn hapus efo be gany ni?

D: *Deian is typing*

A: mots

D: dim syniad

Deian

Ar y ffordd 'nôl o therapi, ma Mam yn stopio yn y siop i brynu bara.

'Ti am ddod efo fi? Cofn chdi weld rwbath ti isio?'

Dwi'n ysgwyd fy mhen. 'Dwi'n iawn, diolch.'

Ma hi'n gwasgu fy mhen-glin cyn camu allan o'r car. Dwi'n nôl fy ffôn o fy mhoced a newydd bwyso Shuffle ar Spotify pan dwi'n clywed chwerthin cyfarwydd tu allan (lle lle lle dwi 'di clywed hynna o'r blaen?). Ma fel gwrando ar rywun effro'n chwerthin y tu allan i freuddwyd. Dwi'n codi fy mhen, ac yn ei gweld *hi*.

Gwallt melyn cyrliog. Brech yr haul fel tywod dros ei hwyneb. Yn union fel dwi'n ei chofio hi yn y gìg!

Ma hi'n cerdded heibio'r car at y siop. Ma'n rhy hwyr, rhy hwyr i drio cuddio ond dwi ddim yn meddwl ei bod hi 'di sylwi arna i be bynnag – dwi ddim yn meddwl sa hi'n fy nghofio i os fysa hi *yn* sylwi – a dwi'n gallu gweld rŵan,

gallu gweld ei bod hi'n gafael yn llaw hogyn wrth gerdded heibio. Mae o o leia troedfedd yn dalach na hi, a dwi'n gallu gweld siâp ei sgwydda cyhyrog trwy'i gôt. Ma'n dal ei ben yn uwch na'r coed wrth gerdded, ella yn uwch na'r cymyla hyd yn oed.

Dwi'n gwylio nes iddyn nhw ddiflannu drwy'r drysa awtomatig a sbio'n ôl lawr ar fy ffôn. Dwi'n falch, dwi'n meddwl? Dwi'n falch dwi'n falch dwi'n falch na *fi* ydw i. Dwi'n falch 'mod i wedi camu i ffwrdd mewn pryd, achos ma hi efo rhywun gwell. Lot gwell! Rhywun fydd yn ddigon cry i'w chario wrth ddawnsio efo hi, rhywun fydd yn gallu'i gwarchod hi a siarad ar ei chyfer hi, rhywun fydd ddim yn embaras iddi hi.

Ma Mam yn gwenu arna i wrth agosáu at y car. Ma'n rhyfadd bod ni'n dechra byw ar fydoedd gwahanol; dydi hi'n amlwg ddim wedi nabod yr hogan wrth ei phasio hi.

'Ti'n iawn?' Ma hi'n gosod y bagia siopa yng nghefn y car, yn amlwg 'di prynu mwy na bara.

'Yndw,' medda fi a gwenu'n ôl arni hi, 'mond 'di blino dwi'n meddwl.'

'Wel gesia be, o'dd Ben and Jerry's ar sêl so 'nes i brynu dau!'
Ma hi'n chwerthin wrth gau ei gwregys. 'A 'nes i ffeindio ice cream dairy-free i Lowri 'fyd.'

Dydi Mam ddim yn sylwi'i bod hi 'di anghofio prynu bara nes 'dan ni'n gallu gweld y môr yn syth o'n blaena ni.

Snapchat 20:51

A: ti di deletio insta chdi??
D: Do, isio canolbwyntio mwy ar ysgol
A: naaaa
D: sori :(
A: neidi dal sendio llynia i fi o art chdi plis?
D: iawn :)
A: diolch

30

Anest

stret ar ol deffro dwin tynnu ffon fi off charger a gweld fod genna fi notification ar facebook. parti clwb arall ma siwr. dwin agor ap fb.

ffoc.

penblwydd deian di o shitshitshit sut on im yn gwbod? ffoc ffoc dwin ista fynyn ffast a meddwl amdan rwbath i postio ar timeline fo achos ma bron yn 12pm yn barod *shit*!

penblwydd hapus!!! ti 17 wan wtf tin gallu dreifio!!!! a emoji car ffoc ma mor generic ond genna fi ddim amsar meddwl am rwbath orijinyl. *shit.*

ohmygod be genna fi fatha *presant?* shit dwi mor shit wtf be dwi di neud?

dwin sbio rownd rwm fin ffast yn trio gal inspiration (ffs), a dwin gweld bocs plastic o fairy lights nath mam gal i fi fatha dau dolig yn ol pan on i dal yn trio bod fathar genod erill i gyd ar instagram a youtube. a dwin agor cyrtans plis plis plis

dim glaw.

a dwin cal syniad. man crinj af, ond well nam byd yndi ond *ffoc* man crinj ia dwisio chwdun barod idiyt idiyt idiyt. ond genna fim amser i feddwl am rwbath gwell.

shit.

Deian

Ma sgarff Anest yn cuddio fy llygaid, ond dwi'n gwbod 'dan ni ar y traeth; dwi'n gallu blasu'r halen ar y gwynt a chlywed y tonna'n sibrwd – dwi'n meddwl na mond y creigia sy'n dallt be ma nhw'n ddeud.

rhyfedd drwg anghwrtais hunanol llwfrgi gwirion afiach gwallgo anghyfrifol pathetig gwan ffag sensitif tawel gwahanol boring plentynnaidd diwerth

Dwi'n gollwng fy nwylo i deimlo'r defnydd dwi'n gorwedd arno fo, ac ma'n sibrwd hefyd. Plastig tena ella?

'Gei di dynnu fo... 'ŵan.'

Dwi'n llithro'r sgarff o fy mhen ac yn gweld llinynna o oleuada gwyn (goleuada Dolig?) ar do pabell, duct tape yn eu cadw nhw i fyny.

'Waw,' medda fi, 'ma'n edrych fel sêr.' Ond dwi ddim yn meddwl fod Anest 'di clywed. Rhy dawel rhy dawel *bob tro*.

'Ffoc,' medda Anest rhwng ei dannedd. Dwi'n ei gwylio hi'n

trio sticio un o'r llinynna gola'n ôl ar y to, yn gwthio ei bysedd yn erbyn darn o'r tâp. 'Dwi'n gwbod...' medda hi'n ista lawr efo'i chefn ataf i. Ma hi'n torri darn arall o duct tape efo'i dannedd ac yn ei sticio ar ben y darn sy'n disgyn. '... dwi'n gwbod fod o'n crinj ia ond o'n i 'di trio neud o edrych fatha sêr? Fatha pan odda ni yn hosbitol, ti'n cofio? Lot o sêr noson yna, oedd? Ifyn tho oddan ni methu gweld lot o nw o tu fewn.'

'Oedd, dwi'n cofio.' Dwi'n ista fyny ac yn cyffwrdd un o'r bylbia bach cynnes; ma to'r babell yn isel, y goleuada'n ei dynnu i lawr.

I fi. Ma hi 'di neud hyn i gyd i *fi*!

'Sori fod o mor shit.' Ma Anest yn troi i nôl rhwbath o'i bag ysgol y tu ôl iddi hi.

'Dydi o ddim yn shit!' medda fi, ond ma Anest 'di troi rownd cyn i fi orffan siarad, gwallt yn disgyn dros ei hwyneb wrth iddi hi ysgwyd ei phen ar fanana yn ei llaw. 'Dwi —'

'Nesh i panicio achos ma'n edrych mwy fatha Instagram basic hogan bach Blwyddyn 9 na sêr yndi, so nesh i trio sticio hwn...' Ma hi'n codi'r banana i fyny fel sa hi'n athrawes sy'n dangos gwaith siomedig i'r dosbarth. '... fyny fatha lleuad i neud o edrach mwy fatha awyr ia ond odd o rhy drwm a nath o'm aros fyny!'

Ma hi'n estyn y banana ataf i a dwi'n sylwi ei fod o'n llawn cleisia, ella ar ôl iddo fo ddisgyn o do'r babell.

'Pen-blwydd hapus?' medda hi.

Dwi'n cymryd y banana a gafael ynddo fo'n dynn, darn o duct tape sy wedi glynu iddo fo yn crafu fy mysedd wrth i fi wasgu

achos fedra i ddim fedra i ddim fedra i ddim sbio i fyny ar Anest, sbio yn ei llygaid coelcerth. Fedra i ddim fedra i ddim fedra i ddim

fedra i ddim, rhag ofn iddi hi weld 'mod i ddim yn ei haeddu hi fel ffrind (na na na), er gwaetha bob dim nath hi ddeud yn y gìg (clwydda clwydda clwydda). Achos dydi hi ddim yn *gweld*, dydi hi ddim yn gweld *fi*, y fi go iawn. Dydi hi ddim yn gweld be dwi'n gweld pan dwi'n agor fy nghroen weithia a sbio tu fewn. Dydi hi ddim yn gweld *hyn*

pathetig gwan ffag sensitif tawel gwahanol boring plentynnaidd diwerth rhyfedd drwg anghwrtais hunanol llwfrgi gwirion afiach gwallgo anghyfrifol

Na. Na na na na na *na*

Fflat. Dim byd. *Fflat*. Dwi'n trio trio trio troi fy meddylia'n fflat rhag ofn fod Anest wedi dysgu sut i ddarllen meddylia'n ddiweddar

plentynnaidd diwerth rhyfedd drwg anghwrtais hunanol llwfrgi gwirion afiach gwallgo anghyfrifol pathetig gwan ffag sensitif tawel gwahanol boring

ac yn cau fy llygaid yn dynn am chydig eiliada fel sa hynna'n gallu gwasgu'r meddylia i lawr lawr *lawr.*

'Diolch,' medda fi ar ôl oedi'n rhy hir. Rhy hir rhy hir rhy ryfadd.

'Ocê, so pa gêm tisio?'

Ma Anest yn gwenu efo'i dannedd i gyd yn dangos ac yn troi at ei bag eto i'w wagio ar lawr y babell, yn creu pentwr o gemau bwrdd a chardia. Wedyn ma hi'n gafael ym mhob gêm, un ar ôl y llall, cyn dewis paced o gardia Uno. Dwi'n sylwi fod ymylon bob cerdyn yn wyn lle ma nhw 'di gwisgo; ma'n atgoffa fi o ewyn tonna. Dwi'n rhannu'r banana efo Anest wrth iddi hi rannu'r cardia.

A dwi'n disgwyl disgwyl disgwyl nes ma Anest yn sbio ar y cardia, ei phen i lawr,

pathetig gwan ffag sensitif tawel gwahanol boring plentynnaidd diwerth rhyfedd drwg anghwrtais hunanol llwfrgi gwirion afiach gwallgo anghyfrifol

cyn sychu fy llygaid.

Anest

ma unon mynd rhy ffast efo mond dau person so da nin chwara lot o gems a troi o fewn i twrnament. ma deian yn ennill y tri gem cynta ond dwin meddwl man gadal fi ennill y gem wedyn ia. na, dwin *gwbod* fod o di gadal fi ennill achos nesh i sbio ar y cardia odd genna fo wedyn wrth idda fi shyfflo cardia eto a gweld fod odd genna fo dau cardyn pick up four nath om iwsio.

da nin sterio allan ar y mor, y tonnan hitio tywod a cerrig eto a eto a eto.

'tisio mynd i nofio?' medda fi.

ma deian yn chwerthin. dwin meddwl man hapus ia. dwin meddwl man licio presant wiyd af fi ifyn tho odd on rili distaw yn cychwyn a edrych fatha on i newydd kidnappio fo (which nesh i kind of neud tbf).

'ym, dwim yn meddwl… dwim efo stwff nofio?'

shit ia. nesh i anghofio deutha fo ddod a shit i nofio yn, ond ella sa hynna di rwinio y sypreis wedyn.

'ym, ok. dwi mynd i dwi meddwl, ond mond am two secynds iawn?'

dwin gwisgo swimsuit dan dillad fi ond ma dwr am fod yn freezing, ofiysli, so dwin cadw top fi ar.

'ti di ennill!' medda fi a pointio at y cardia cyn rhedag at y mor, cerrig bach bach yn pigo gwulod traed fi fatha fod on bwrw needles upside down.

Deian

and the blue sky teaches us to see.

Dwi'n gallu cofio hafa pan oedd yr awyr i gyd yn las fel'ma ond rŵan, weithia (weithia weithia), ma'n teimlo fel ma'r dyddia yna 'di mynd ar goll, 'di disgyn trwy'r rhwyg rhwng y môr a'r awyr

gwirion afiach gwallgo anghyfrifol pathetig gwan ffag sensitif tawel gwahanol boring plentynnaidd diwerth rhyfedd drwg anghwrtais hunanol llwfrgi

na na na cau llygaid *cau llygaid*

so dwi'n cau fy llygaid i weld Mam yn deffro Lowri a fi'n gynnar yn ystod gwylia'r haf i ni gael rhoi'r tyweli a'r ymbarél ar y darn gora o dywod cyn i'r twristiaid i gyd gyrraedd. Tywal Lion King ac ymbarél efo coes gwyn metel oedd 'di dechra rhydu. Dwi ddim yn gallu cofio'r ymbarél pan oedd o'n newydd, mond cofio fod y rhwd 'di'i neud o'n amhosib i'w gau. So oedd Mam yn trio trio trio'i gau o bob haf cyn iddi hi ei daflu fo chydig o flynyddodd yn ôl. O'dd o'n llenwi hanner yr atig, dwi'n meddwl!

Y diwrnod yna (dwi'n meddwl. Ella. Dwi'n meddwl) 'nes i ddilyn Lowri i chwilio am bricia môr yn y brwyn rhwng y lôn a'r traeth a'u defnyddio nhw fel pensilia mawr i neud geiria yn y tywod, geiria fel 'pw' a 'daria'. Nath Lowri ddeud eu bod nhw'n eiria drwg a 'mod i ddim yn cael deud wrth Mam be oeddan ni'n neud go iawn. So pan oedd Mam yn gofyn i weld be oeddan ni 'di greu, nath Lowri ddeud fod o'n gyfrinach, yn syrpréis.

Nath y llanw ddod i fewn wedyn so nath Lowri a fi drio adeiladu argae efo cerrig a tywod i drio achub y campwaith. Ond er i ni weithio nes fod crafiada'r tywod glyb yn neud croen ein bysedd ni losgi, doeddan ni'n methu stopio'r tonna rhag dwyn y geiria roeddan ni 'di gweithio mor galed i'w gwarchod.

Anest

ohmygod ohmygod dwin freezing pan dwin cerddad allan o mor. ifyn tho ma haul yn blaindio fi, dwi methu teimlo fo ar croen fi at all. mar cerrig yn brifo traed fi eto fyd so ma siwr dwin edrych fatha dwin cachun hun pan dwin rhedag nol at tent. dwin lluchio twal rownda fi a mar tywod arna fon sgratsio croen glyb fi. ych.

'tisio tywal arall?' medda deian. ma dannadd fi di dechra mynd fatha tren ia.

'ia, plis,' medda fi, 'ma na un mewn bag asda tu nol i bag ysgol fi.' dwin lluchior twal arall dros coesa fi wedyn sychu dulo fi chydig ar y twal a tynnu bag o mnms allan a bluetooth speaker fi i chwara brhys.

dwin tollti fatha hannar yr mnms i fewn i llaw fi a rhoi rhai i deian.

'be sy yn hein?' medda fo.

'ti meffu deud?' medda fi rownd ceg llawn o mnms, 'peanut butter ia?' dwin checkior bag. 'ia.'

'o,' medda fo, 'ym, dwin allergic i peanuts.'

ffoc.

mar mnms yn llaw fin disgyn ar y twal dros coesa fi. 'oh my god...' shitshitshit be ffwc dwi di neud? *shit*

'joc – ym, joc di o.' ma deian yn sbio lawr, gwallt on cuddiad llgada fo a dwin sylwi fod na roots tywyll yn dangos yn top pen fo. (ngl ia ond man edrych bach yn wiyd efo gwallt du reit yn top a gweddill yn fatha glas, ond tbh tim yn rili notisio fo ynles ti fatha ista reit ymyl o a sbio dros pen fo. a dwim yn gwbod faint o bobol man gweld mor agos a hynna tbh, heblaw amdan teulu fo a fi a therapist ella. idk.) ma dal yn gwenu tho. *twat.* 'joc, paid a poeni.'

dwi methu siarad. dim un gair. *dwi mor. ffocin. gullible.*

ma deian yn sbio ffwr a chwerthin yn ddistaw efo ceg o di caun trio cuddiad o, corff o i gyd yn ysgwyd fatha washing myshin. dwin gafal yn un or mnms nath disgyn ar twal fi a lluchio fo ata fo.

'twat,' medda fi. man troi i sbio arna fi dal yn chwerthin a di o ddim yn edrach fatha fo ond hefyd man edrach yn fwy fo na dwin cofio o blaen efyr no idea pam a wedyn dwin dechra chwerthin fatha nytar fyd achos di hynna ddim yn neud dim sens na a man chwerthin gymaint di o ddim yn sylwi fod y ser yn chwerthin efo ni rwla tu nol ir glas i gyd.

ar ol am byth da nin stopio a ma deian yn tynnu hwdi fo off a man gwisgo tshirt gwyn odana fo a dwin meddwl amdan faint o tshirts gwyn sy genna fo achos di o methu gwisgo dillad gwyn pan man peintio na. da nin sbio allan ar mor am chydig, ar y tonna mwya pell i ffwr yn disgyn am ben y dwr a mynd yn wyn fatha tshirt deian.

man sbio lawr at sgidia fo. di o ddim yn gwisgo rhai artsy fo heddiw, mond trainers normal. 'ym, di rashmin ok?' medda fo.

shit. na na na ffoc methu meddwl

'ym, yndi iawn dwi meddwl?' medda fi, a wedyn meddwl ffwcia fo. sam pwynt deud clwydda na. sam pwynt. 'ym, na. dwim yn gwbod. ath hi i caerdydd ia a wan da ni – dwin meddwl da ni di gorffan?'

paid a crio ffoc ffoc paid a crio pussy *pussy.*

'o, sori.' medda fo, llais on rili ysgafn fathar tywod syn chwthu hyd twal fi gan y gwynt. 'ym, pam? os… os ti ddim yn meindio fi ofyn?'

ffoc. dwin goro deud yndw. *ffoc.*

'dwmbo. on i… paid a deud im byd iawn? ond dwin meddwl ma hin haeddu rhywun gwell na fi ia.' dwin chwerthin. ha ha. 'rhywun fwy clyfar, fwy ffyni, fwy…' dwin codi sgwydda fi, 'bob dim.'

dwin gweld on agor ceg fo ond cyn i fo ddeud im byd dwin deud 'dwin gwbod be ti mynd i ddeud so *paid*, ok? dwi fatha, rhy fucked up, di malu. di om yn ffer idda hi fod dwi felma na. di om yn ffer.'

dwin teimlo gwddw fin cau fynyn ffast so dwin stopio siarad cofn i geiria fi dechra malu fyd.

thing ydi ia, sa fon ok os na fi odd yr awyr o blaen neu rwbath. pawb di bod yn sbio fyny arna fi a gwenu am hir hir. sa fin teimlo fatha sa fi di neud rwbath pwysig a di bod yn sbesial ifyn os dwi ddim yn sbesial im mwy. idk. man wiyd.

ond on i ddim na. on i ddim yn awyr. so ma jyst yn *shit*.

'ond weithia, os ti – os tin teimlo fod chdi fela, di malu, ella… ella weithia mar darna sy di malun gallu bod yn iawn, ella, a os tin twtsiad nw fydd bob dim yn ok?' ma deian yn chwerthin a cochi bechod. 'ella. sori. dwim yn gwbod.' man ysgwyd pen fo. 'dwin mwydro. meddwl am y gan na gan brhys?' man pwyntio ar speaker fi, 'sana coll? "er fod yr awyr yn disgyn i ddarna, ella nei di gyffwrdd y darna a ffindio dy sana"? rwbath fela… dwim yn cofio. sori… dwi – dwin mwydro. sori.'

dwin sbio ar deian lle man ista ben y tywod, dal yn ysgwyd pen fo o ochor i ochor a chwara for tywod odana fo.

dwin cofio rha ia, cyn dechra sixth form eto. noson yn hosbitol a bob dim rownda fin chwalu ond nesh i meetio deian. a nath o helpu fi efo can fi. a shit erill lot mwy pwysig. a nesh i meetio rashmi

ffoc na na stopia

'nadwt,' medda fin ffast i stopio stopio meddwl amdan hynna (gwallt hi gwddw hi bob dim hi *na*). dwin siarad bron run mor dawel a deian wan. 'ti ddim yn mwydro.'

Deian

Dwi 'di llithro nodyn y tu ôl i'r clawr:

Dad, os ti dal yn Manceinion, dwi isio chdi gael y llyfr yma. 'Nes i gael o fel anrheg pen-blwydd 4 blwyddyn yn ôl. Oeddan ni'n drist achos fod chdi wedi gorfod gwerthu'r bas dwbl. Dwi ddim yn meddwl fyswn i'n gallu gwneud hynna a bod fel chdi heb bapur a beiro a paent i wneud lluniau neu farddoniaeth. Felly, dwi'n meddwl fydda chdi angen hwn fel ysbrydoliaeth, tan ti'n ffeindio ffordd i greu cerddoriaeth eto. Dwi wedi highlightio'r dyfyniadau dwi'n hoffi fwyaf, ac wedi plygu'r tudalennau yna hefyd. Ond gyntaf dwi isio chdi gofio hyn (tudalen 338 yn y llyfr, llythyr i Wil, un o chwiorydd Vincent):

'It's not a bad idea for you to want to become an artist, because if one has fire within and soul, one can't keep stifling them and – one would rather burn than suffocate. What's inside must get out. For me, for instance, it's a relief to do a painting, and without that I should be unhappier than I am.'

Caru chdi,
Deian

Ma'n rhaid rhaid *rhaid* i'r llyfr ei gyrraedd o. Ma'n rhaid iddo fo. Achos dwi ddim yn meddwl swn i'n gallu rhoi fy nghroen i tu chwith allan i unrhyw berson arall na na na *neb*

achos ella (ella ella *plis*), fydd o'n helpu fo i gofio sut ma'n teimlo i fod yn Dad ac yn artist a helpu fo sylwi fod bod yn artist a bod ar goll

ddim yn gorfod bod yn ddau beth, yn ddau beth sy ar wahân.

Snapchat 01:06

D: Heia ti'n cysgu?

A: nope

D: *Deian is typing*

A: tin ok?

D: yndw!

D: *Deian is typing*

A: be sy?

D: dim byd sori!

A: be sy??

A: deutha fi!!

D: haha ok

D: weithia dwin teimlo fod dwi ddim i fod yma? fatha dwi yma by mistake a be bynnag nath benderfynu rhoi cyfle i fi yn y byd, fod nhw ddim efo syniad on i mynd i fod mor ddrwg a hyn

A: wtf ti efo any idea mor rong tin deud hynna?? ti deffo i fod yma, just sbia ar wal chdi ma art chdin amazing

D: ia, ok :) diolch!!

A: tin ok?

D: yndw diolch!

A: tin ok go wir??

D: yndw!

A: siwr ti misio ft neu ffonio neu rwbath

D: yndw diolch :)

A: okkk just cofio tin gallu bullshitio efo fi am rwbath ok

D: ok!

D: Hefyd, ti'n gwbod am turbulence yn maths?

A: Naaa pam?

D: ti di clywed am llun Starry Night gan van Gogh?

A: do dwi meddwl

A: be amdana fo?

D: ma van Gogh a rhai impressionists eraill weithia yn neud i'r gola edrych fel man symud a dwin cofio darllen rhywla fod Starry Night wedi helpu pobl ffeindio allan mwy am rwbath or enw turbulent flow yn fluid dynamics? Sori dwi ddim yn meddwl fod hyn yn ddiddorol i chdi ond dwi ddim yn deall o a achos nes di ddeud fod tin licio maths a tin neud o yn ysgol on i'n meddwl ella fod chdin gwbod mwy!

A: naa dwi ddim yn gwbod be di hynna sori, ond edrych yn cool

D: Ok, sori! :)

Snapchat 01:41

A: so dwi di ffindio shit ar internet am turbulence a starry night a basically mar golan edrych tha man symud achos luminance, y thing syn deud faint mor intense dir lliwia syn neud gola yn y painting. Os ma na dau lliw gwahanol efo luminance run fath ma na un part o bren nin mixio nw foi gilidd. Ond ma part arall o bren ni ddim yn gweld y luminance so mond yn gweld y dau lliw gwahanol. achos fod llygad a bren nin mwy sensitif i luminance na lliwia apparently, ma hynnan neud i gola edrych tha man symud

A: a dwin meddwl mar brushstrokes yn bwysig, yn neud

llinella specific i neud i fo edrych tha gola dmel ond ti probably gwbod mwy amdan hynna na fi

D: *Deian is typing*

A: a ma turbulent flow yn digwydd os ma na swirls mawr yn pasio energy i swirls bach tha dwr yn neud pattern swirly lawr draen, a nath na scientist weld swirls yn space mewn cymyla o tha birth seren a compario heina i starry night. wedyn natha nw ffeindio fod na patterns o turbulent flow yn starry night a rhai o paintings erill van gogh nath o neud pan oedd mental health fo mwya drwg

D: *Deian is typing*

A: so basically mar ffor mae o di peintio gola pan odd on mynd trw mental illness efo luminance yn dilyn predictions mathematician ma oedd yn existio 60 years ar ol van gogh a ma paintings on dangos concept physics complicated af mewn painting heb sylwi fod on neud o. syn ffocin amazing ngl

D: *Deian is typing*

A: ond man complicated ia a dwi ddim efo mynadd i trio dalld o i gyd obvs ond man interesting a gobeithio fod hynnan neud mwy o sens i chdi

D: Waw diolch!! ma hynna'n neud sens rwan, dwin meddwl haha! :) Doedda chdi ddim di gorfod neud gymaint a hynna o ymchwil, diolch!!!

A: np. a mae o genuinely yn interesting eniwe!

31

Deian

Ma Mam yn y coleg a dwi ddim isio deffro Lowri. Ond dwi'n gorfod gorfod gorfod ffeindio nhw cyn mynd i'r ysgol.

Dwi'n gorfod (gorfod gorfod gorfod). Achos

achos fedra i ddim (na na na). Fedra i ddim mynd i'r ysgol hebddyn nhw

pathetig gwan ffag sensitif tawel gwahanol boring plentynnaidd diwerth rhyfedd drwg anghwrtais hunanol llwfrgi gwirion afiach gwallgo anghyfrifol

bag ysgol

Na

pocedi jîns
pocedi côt
droria desg

Na na na

cwpwrdd stafell molchi
bwrdd wrth y gwely

o dan y gwely
sìl ffenest

Na na na na

yn y bin
ar ben y drôrs

Lowri

Mae sŵn rhywbeth yn chwalu yn ei deffro hi.

Ar ôl iddi agor drws ei hystafell i'r coridor, mae Lowri'n sylweddoli
fod y sŵn wedi dod o ystafell Deian. Mae hi'n cnocio ar ei ddrws. Dim
ateb. Yn cnocio eto. Efallai ei bod hi wedi breuddwydio'r sŵn. Mae
hi'n barod i droi'n ôl i gyfeiriad ei gwely pan mae hi'n gweld y golau'n
llifo o dan waelod y drws ac yn gorchuddio bysedd ei thraed.

Closia Lowri at y pren. 'Tisio dod i gal brecwast?'

Eto, dim ateb.

Mae hi'n agor y drws yn araf, yn cau ei llygaid yn dynn wrth i olau'r
lamp a'r bwlb ar y to eu llosgi. Ar ôl ychydig eiliadau mae hi'n agor ei
llygaid. Ac yna mae hi'n gweld.

'Be ffwc...? Be sy 'di digwydd?'

Edrycha Lowri o amgylch yr ystafell; mae cadair y ddesg yn gorwedd ar ei hochr, cynnwys y bin papur wedi'i wasgaru ar hyd y llawr, beiros a llyfrau'n amgylchynu bag ysgol gwag a darluniau anorffenedig ar bapur crychlyd o dan ei thraed. Mae Lowri'n gweld paent melyn yn treiddio trwy gefn un o'r papurau hynny. Gwna hynny iddi feddwl, am eiliad, am weld yr haul yn gwthio trwy'r cymylau ar ddiwrnod llwyd. Cofia fwyta creision efo Deian ar y traeth yn ddiweddar; roedd yr haul yn debyg i'r paent melyn y diwrnod hwnnw.

'Dos o 'ma.'

Mae Lowri'n rhewi.

Siarada Deian rhwng ei ddannedd; mae bron yn ysgyrnygu arni. Dydi Lowri ddim yn cofio'i glywed yn siarad fel hyn erioed o'r blaen a byddai wedi bod yn well ganddi hi petai o wedi gweiddi.

'Plis,' meddai Deian, 'dos o 'ma.' Mae'n eistedd ar y llawr â'i ben yn ei ddwylo, wedi'i amgylchynu gan ddarnau o baent sych a edrychai fel esgyrn enfys.

'Be sy 'di digwydd?' meddai Lowri eto. Mae hi'n dechrau cerdded at Deian, ond yn neidio'n ôl wrth i rywbeth bigo'i sawdl. Craffa ar y ryg; darn o blastig caled. Edrycha o'i chwmpas eto ac yna gwêl hi'r chwaraewr recordiau – hen beiriant ei thad – y tu ôl i'r bin sbwriel. Mae'r peiriant ei hun yn gyfan rhywsut, ond mae'r caead plastig yn deilchion. 'Be ti 'di neud?' meddai gan geisio peidio gadael i ormod o ddicter finio'i llais.

'Dwi methu ffeindio nw.'

Mae Lowri'n camu'n nes, yn fwy gofalus y tro hwn, i'w glywed. 'Ffeindio be?'

'Tabledi. Dwi methu mynd – dwi'm isio mynd i'r ysgol hebdda nw.'

Mae Lowri'n anadlu. Yn llyncu'r dagrau. Yn cau ei llygaid am un, dau, tri eiliad. Wedyn mae hi'n eistedd ar y llawr wrth ymyl Deian. Mae hi'n ystyried gofyn fydd o'n trafod hyn efo'r therapydd, ond yn penderfynu peidio; mi fydd adegau gwell i'r cwestiwn hwnnw.

Gosoda Lowri ei llaw ar ei ysgwydd. 'Tisio —'

Heb edrych arni mae Deian yn gafael yn ei garddwrn a'i gwthio i ffwrdd. Dydi o ddim yn gwthio'n galed, ond mae'n teimlo i Lowri fel petai o wedi rhwygo'i llaw o'i braich a'i thaflu i ochr arall yr ystafell. Mae hi'n anadlu'n ddwfn drwy ei thrwyn (mae arni hi ofn agor ei cheg rhag ofn i eiriau llosg ddianc) ac yn barod i godi pan mae Deian yn dechrau crio.

Mae hi wedi ei weld o'n crio o'r blaen, ond nid fel hyn ers blynyddoedd. Yr unig adeg arall iddi ei gofio'n crio'n debyg i hyn oedd pan oedd Lowri'n naw oed ac aeth y tri ohonyn nhw – hi a Deian a'u mam – i'r parc am y diwrnod. Lowri dorrodd ei braich wrth iddi drio dringo coeden, ond Deian oedd yn crio yn y car ar y ffordd i'r ysbyty, yn yr ystafell aros, a thrwy'r nos tan iddo syrthio i gysgu am ddau o'r gloch y bore, pan oedd y tri ohonyn nhw'n rhannu gwely.

Wrth i Lowri afael ynddo, mae Deian yn trio gwthio ei breichiau i ffwrdd eto ond ar ôl ychydig eiliadau o wrthsefyll mae'n ildio. Gall

Lowri deimlo'i asennau trwy ddefnydd ei grys-t, yn symud wrth iddo anadlu fel canghennau noeth mewn storm.

'Ti angen byta mwy o fisgedi *salted caramel*,' meddai hi, ac mae hi'n meddwl ei bod hi'n teimlo'r cyhyrau ar wyneb Deian yn symud wrth iddo wenu.

32

Deian

Dwi

Dwi'n gorfod

If they remain shut away or in the dark, the colours will pay for it.

Dwi'n gorfod ei orffen o.

Dwi'n gwthio'r wardrob i'r ochr ac yn sefyll lle oedd y coesa pren eiliada'n ôl. Be nath van Gogh ddeud am y canfas gwag?

You don't know how paralysing that is, that stare of a blank canvas, which says to the painter: you can't do a thing... Many painters are afraid in front of the blank canvas, but the blank canvas is afraid of the real, passionate painter who dares and who has broken the spell of 'you can't' once and for all.

Os dwi'n peintio ar y wal fydda i'n methu'i guddio'n gyflym os ma Mam neu Lowri'n cerdded i fewn heb nocio. Fydda i'n methu gwasgu'r darlun yn fy nwrn. Fydda i'n methu'i daflu yn y bin ailgylchu.

Ac ella,

ella fydda i'n methu deud fedra i ddim.

Ma bysedd yr haul yn hir ac yn cario chwerthin Mam a Lowri drwy'r ffenest, drwy'r llenni.

primary colours seem hard, cold and lifeless beside them

Digon o ola i fi weld smotia gwyn y sêr ar y to. Dwi'n nôl fy ffôn a'i glicio mlaen i weld yr amser: bron yn ddeg o'r gloch.

Ma un o olwynion y gadair wrth fy nesg dal yn gam ers i fi ei thaflu ddoe.

Ddoe.

Rhyfadd rhyfadd rhyfadd ma'n rhyfadd sut oedd ddoe mor fyw nes ei fod o'n ein hamgylchynu ni a 'dan ni'n nofio ynddo fo ond rŵan, yn sydyn, dydi o ddim yn bodoli o gwbwl. 'Dan ni ddim yn gallu ei *weld* o hyd yn oed. Mae o rywle y tu ôl i ni, mor mor bell dwi methu cofio (byth byth yn cofio) be gesh i i frecwast na be oedd enw'r ffilm nath neud i Lowri chwerthin.

diwerth rhyfedd drwg anghwrtais hunanol llwfrgi gwirion afiach gwallgo anghyfrifol pathetig gwan ffag sensitif tawel gwahanol boring plentynnaidd

(stopia.)

Anadlu fewn. Allan. Ara, ara. Mam a Lowri 'na i fynd allan at Mam a Lowri 'na i fynd allan.

Trio anghofio

pathetig gwan ffag sensitif tawel gwahanol boring plentynnaidd diwerth rhyfedd drwg anghwrtais hunanol llwfrgi gwirion afiach gwallgo anghyfrifol

anghofio anghofio *anghofio.*

Dwi'n sbio ar fy sana wrth gerdded i'r gegin achos dwi ddim

dwi ddim isio gweld eu chwerthin nhw'n llyfu'r walia fel paent. Fedra i

fedra i ddim.

> *This house is also too good for me.*

Dwi'n sbio trwy'r ffenest yn ffrynt y tŷ, a dwi'n gallu'u gweld nhw – Mam a Lowri, a'r ci bach newydd yn neidio rhyngddyn nhw fel pêl. Nid lab ydi hi fel Begw, ond ci defaid efo blew du a gwyn. Dwi'n meddwl (dwi'n meddwl) fod Mam isio'i galw hi'n Wini, isio enw arall o *Te yn y Grug.*

Dwi'n gafael yn nolen y drws. Ma Lowri'n ista ar y gwair, Mam yn chwerthin eto wrth i'r ci neidio i fyny ar ei choesa ôl a llyfu trwyn Lowri. Ma hi'n chwerthin eto, hefyd

hunanol llwfrgi gwirion afiach gwallgo anghyfrifol pathetig gwan ffag sensitif tawel gwahanol boring plentynnaidd diwerth rhyfedd drwg anghwrtais

a dwi'n gwbod dwi'n gwbod *dwi'n gwbod* fedra i ddim (na na na),

> *I wish above all I were less of a burden to you.*

fedra i ddim taflu cysgod dros eu lliwia nhw fedra i ddim fedra i ddim

(paid. stopia.)

so dwi'n tynnu fy llaw o'r metel oer a mynd yn ôl

('nôl 'nôl 'nôl),

'nôl at gysgodion y tŷ.

Lowri

Caiff Lowri ei deffro gan ei mam wrth iddi gnocio ar ddrws ei hystafell.

'Low? Ti 'di gweld Deian?'

Mae Lowri'n gwthio ei llygaid â chledrau ei dwylo. 'Ysgol?'

'Ma'n ddy' Sadwrn.'

Mae Lowri'n eistedd i fyny ac yn gorffwys ar ei pheneliniau.

'Efo Anest?' Gwrandawa ar sodlau rwber sliperi ei mam yn clecian ar y llawr pren wrth iddi hi droi a cherdded i ffwrdd. Mae Lowri'n codi'n araf cyn ei dilyn i'r gegin.

Dydi Lowri ddim yn sicr ai hi neu ei mam sy'n sylwi ar y papur yn gyntaf, ond ei mam sy'n nesáu at y bwrdd ac yn codi'r pot halen sydd wedi'i osod arno. Pot clai oren wedi'i beintio â chylchoedd bychain amryliw. Cofia ei mam yn dweud wrthi ei bod wedi prynu'r set halen a phupur mewn marchnad leol pan oedd Lowri'n dair oed, ond mae'r potyn pupur wedi malu ers blynyddoedd; cofia Lowri weld y clai'n deilchion ar y llawr pan wnaeth Begw neidio ar ei choesau ôl i drio dwyn bwyd o'r bwrdd.

Mae ei mam yn codi'r pot a gafael ynddo ag un llaw – y papur yn ei llaw arall. Dros ysgwydd ei mam mae Lowri'n gallu gweld enwau'r ddwy ohonyn nhw mewn priflythrennau pwyllog ac mae ei thalcen yn rhychu. Mae ei lawysgrifen yn flêr fel arfer, fel petai'n ofni i'r meddyliau bylu cyn iddo gael digon o amser i'w rhoi ar bapur.

Ac er bod Lowri ddim yn gallu darllen gweddill yr ysgrifen o ble mae hi'n sefyll, mae hi'n gweld ei mam yn disgyn

ac wrth i'w stumog rwygo o'i chorff,

mae hi'n gwybod.

33

Anest

nath practisys steddfod ysgol ddechra heddiw a ma pawb yn buzzin achos da nin cal colli lesyn bob dydd i gal practis. dwi ddim yn ifyn cofio enw ty fi o pan nath gwyneth ddeutha fi ia. dwim yn cerio am y shit ma eniwe, odda nim ifyn efo steddfod yn ysgol hen fi. a deffo ddim yn y mood i neud ffwl on hun o flaen ysgol ia, o flaen pobol sy dal fatha streinjyrs i fi.

stret pan ma lesyn steddfod gynta yn dechra dwin cerddad trw pawb wrth i nw chwerthin a siarad yn ecsaited i gyd fatha pryfid yn fflio dros i gilydd yn trio mynd at cachu ffresh neu rwbath a ddim yn stopio cerddad tan dwin cyrradd y cae ffwtbol tu ol i ysgol. ma na sgwod masif o blwyddyn 9 neu 10 yn hannar cuddiad tu ol i bushes yn smocio rwbath a ma nwn sbio arna fi am chydig wrth fi orwedd lawr ar cefyn fi reit yn ganol y cae. wedyn ma nwn troi nol at i gilydd i pasio lighters rownd.

dwin gorwedd am chydig a sbio fyny ar yr haul syn boeth a pwsho lawr am ben fi fatha ma bren fin neud lot. wedyn dwin gal sunglasses fi o bag a rhoi nw ar, rhai mawr coch o disneyland efo logo mickey mouse ar y dau lens so dwi methu gweld lot trwydda nw, a tynnu jympyr ysgol i rhoi o o dan pen fi fatha pilow. dyla fi di dod a un o pilows fi o adra ia. pam ffwc sa well genna fi swetian mewn dosbarth yn grando ar captins ty fi yn gweiddi ar conts bach blwyddyn 7 i sefyll yn dawel yn cor, yn lle gorwedd fama am awr?

dwin gallu gweld deian yn cystadlu yn steddfod ysgol tho, ddim ar llwyfan ma siwr ond efo petha gwaith cartra fathar gadar a shit fela. ella man chwara bass i band ty fo fyd. dwisio gofyn wrtha fo ia ond dwi heb di gweld o yn ysgol ers dy llun a di o heb di agor snaps fi. mae o ar ghost mode ar snapmap fyd ffs so dwi methu stalkio fo.

swn in gallu ffonio mam fo ia, ma siwr fod gin mam nymbyr hi achos ma genna mam nymbyr pawb, ond dwim isio swndion despret. a eniwe, ella ma di sylwi at last faint mor shit dwi fatha person a misio bod yn ffrindia im mwy ond rhy polite i admitio hynna wrtha fi. idk.

dwin clwad ffon fin pingio a tynnu fo allan mor ffast man slipio allan o dulo fi a fflio bron hannar ffor dros y cae. dwin goro codi i nol o (mynadd) a ma calon fin mynd yn ffastach na gloch ysgol.

MAIL
New Look: only 12 hours left to receive a 25% discount off all online purchases!

ffs.

man heitio fi yndi. tbf pwy sa ddim ar ol yr holl shit dwi di deutha fo. dwim yn bleimio fo ia.

*

dwin gal adra a cau drws rwm fi stret ywe ond dwi bron yn cal hartan pan dwin troi rownd achos ma mamadad yn ista ar gwely fin sterio.

'ffoc!' medda fi. ma calon fi lyjit yn brifo. pam di nw ddim yn gwaith? ers faint ma nw di bod yn disgwl amdana fi? 'be da chin neud?'

dwin lluchio bag ysgol ar lawr. a ma nw jyst yn sbio arna fi. mam yn edrach fatha di heb di ifyn sylwi fod dwi newy rhegi o flaen hi. ma mam yn gofyn wrtha fi ista lawr ar gwely efo nw. dwin ignorio hi. dwin ista ar pilow ar lawr.

a hynna

hynna pryd

hynna pryd ma nwn deutha fi.

RHAN 3

I know for certain that something would awaken in you in your own studio which you don't know of now – a huge, hidden force of working and creating.

And once it's awake, it's awake for good.

*

But when shall I ever get round to doing the starry sky, that picture which is always in my mind?

*

The sky was of an inexpressibly delicate lilac-white… with a single small break through which the blue gleamed.

Vincent van Gogh

34

Anest

thing cynta dwi neud di chwerthin achos sa fo fatha

na

sa fo heb di

jyst

jyst *na*.

dwin gwbod. sa fo byth.

ma mam yn codi fyny a trio hygio fi a dwi fatha ffoc off a ma hi dal yn edrych fatha dwi heb di rhegi at all sy neud fi mor flin dwi di rhegi arna chdi mam wtf pam tim yn gweiddi arna fi a ma hin deud nath mam fo ffonio bora ma a dwi dal fatha nanana sa fo heb di da chim yn dalld ia sa fo di siarad efo fi dwin gwbod sa fo di deutha fi a ma mam yn twtsiad braich fi a dwi fatha ffoc off eto ond fwy ychal, mor ychal ma gwddw fin llosgi a dwin slamio drws fi ar agor a sbrintio trw drws a lawr grisia a gal goriad car fi allan o pocad fi a allan trw drws ffrynt a no.2 a dreifio dreifio dreifio a sut ffwc dwin cofio sut i dreifio ond dwi dal di cyrradd dre di cyrradd y lon di cyrradd y coed di cyrradd y giat a allan o car dwi clwad enw fi rwla tu ol i fi ond rhy bell i ffwr fatha siarad trw dwr a dwi reit yn gwulod dwr a pawb arall tu allan yn yr haul ar y tywod a dwi yma dwi yma dwi yma a dwin slamio drws ar agor a gafal yn y cwpan te a lluchio fo at wal a sgrechian clwydda clwydda clwydda freezio mewn amser i gyd yn clwydda a dwin pwsho bwr drosodd a man disgyn yn y lle lle nath llwch gal i symud genna fi a rashmi a ma llwch fyny trwyn fi ond dwi methu ogla fo trw snot afiach afiach a dwin tynnu y papur wal lawr lle ma di dechra pilio off achos clwydda clwydda ffwcia chdi ty deud clwydda ffwcia chdi a dwin teimlo breichian gafal yna fi a mam yn deud geiria yn clustia fi be main ddeud dwim yn gwbod dwim yn cerio a dwisio gallu dwisio gallu gweld bob dim tu fewn i fi ar lawr yn y llwch yn y mess newydd sbon efor teimlo ar gwaed i gyd allan fyd yn gadal fi am byth am byth am byth a

i gyd dwin gallu meddwl amdan misio meddwl mond gallu meddwl

nananana

sut fydd awyr yn las a gwair yn green a miwsic dal yn swndio fatha miwsic

stopstopstop

(heb rhywun fatha fo yn y byd.)

35

Anest

ma gwasanaeth dydd iau yn lle dydd gwenar a dwi methu consyntretio ar be ma headtitshyr yn deud ifyn os swn i isio ond mond un mond un gair dwin clwad.

commitio

wtf wtf

fatha man criminal. fatha ma against the law i gal bren ti methu controlio. dwin rhoi pen fi lawr a cau llgada. dwisio chwdu dwisio chwdu ffoc dwisio chwdu. hefyd dwim isio sbio ar y llun sy di gal i projectio ar y bwr gwyn im mwy achos man llun o cyn i fi nabod o, yn edrych yn fwy ifanc efo gogls ar pen fo. gogls sgio ella idk. on im yn gwbod odd o di sgio o blaen sut ffwc on im yn gwbod. tbh dwi methu imajinio fon sgio ia. at all. a ifyn tho dwi meddwl man gwenu yn y llun ia, di om yn edrych yn *hapus*. sut ffwc di nw methu deud fod di om yn edrych yn hapus?

ma headtitshyr yn deud gweddi a ma pawb yn joinio efo pen lawr. dwim yn ifyn gwbod os odd on credu yn duw a stwff fela ia. nesh im ifyn gofyn. bitsh selffish selffish siarad gormod byth yn gofyn im byd byth yn gofyn im byd pwysig mond bwlshit fatha gofyn os di ser yn siarad efo ni. ffrind shit shit shit shittinshittinshittinshit yn diwadd ma headtitshyr yn deud fod na dwrnod dillad yn hunan dydd gwener nesa a da ni gyd fod i ddod a punt at charity mental health neu rwbath. punt. ffs. as if ma nwn cerio go wir. i gyd ma titshyrs yn cerio amdan di regretio y dwrnod pan natha nw dysaidio bod yn titshyr.

thing ola cyn i pawb dechra gweiddi a rhedag allan o neuadd ma hedtitshyr yn deud fod steddfod ysgol di canslo.

*

dwi bron di cyrradd giat i gadal iard ysgol way rhy gynnar achos sam pwynt aros wan ia sam pwynt pan dwin clwad llais hogyn 6.2.

'odd on masif ffag tho oedd. swn in ffocin lladd yn hun fyd os swn i fela ia.'

a man chwerthin.

no

ffocin

way.

dwin troi rownd i sbio arna fo. yn leanio ar wal neuadd efo sigaret rhwng bysidd fo. a dwin gweld fod pwyna, jac a gwion, heina odd fod yn *ffrindia* i deian o blaen yna. yn grando. yn sefyll efo tri hogyn 6.2. a dwin disgwl idda nw ddeud rwbath *rwbath* ond ma nw jyst yn sefyll yna. deud fuck all. fuck. all.

na. nananana.

dwin hanner cerddad hanner rhedag ata nw, ej notebook yn bag fin brifo cefyn fi wrth iddar bag bownsio fyny a lawr a dwin sbio reit ar gwion. neu jac. no idea pa un di pa un tbh. a dwin deud 'haia.'

'ym, hai?' medda fo. sbio ar mets fo. chwerthin. *chwerthin*. swn in gallu. dwi run mor dal a fo. swn in gallu. swn i ffocin *gallu*.

so dwi yn.

dwin tynnu braich fi nol a pynsho fo reit yn ganol gwynab fo. ar trwyn fo. man gweiddi 'ffoc' a ma ffrindia fon gweiddi a dwisio gweiddi achos ma llaw fin *lladd* ia ond dwi heb di gorffan eto. dwin troi at y gwionneujac arall a ma rhy siocd efor gwaed dros trwyn a ceg a dulo ffrind fo i notisio be dwi neud cyn fi neud o cyn fi hitio fo yn bols fo a am y tro cynta yn bywyd fi

dwin *prowd* fod genna fi coesa hir.

*

dwi fama.

offis gwyneth. neb yn deud im byd. mond cloc yn tician ar wal tu nol i fi dwin gallu clwad, hynna ac ice pack ar llaw fin craclo fatha fireworks crap.

ffs genna fim mynadd i hyn ia. be sy rong efo fi?

ma hin siarad. gwyneth. amdan stop meddwl neud a traffic lights wtf. dwin sbio arna hi. ar eyeliner hi di smyjo a ceg lipstic hin symud. ma hin gallu deud fod dwim yn grando, dwi meddwl, a ma hin leanio dros desg coc a bols hi ata fi tan ma hi mor agos dwin *goro* grando.

'does nar un sefyllfa yn cyfiawnhau taro disgybl arall, anest. tin deall?'

'disgyblion,' medda fi.

ma hin codi eyebrows pencilled hi. 'be?'

'disgybl*ion*,' medda fi eto. 'nesh i hitio dau ohona nw.'

ma hin clirio gwddw hi. leanio nol yn cadar hi. sythu blazer hi. bitsh im licio cal i cywiro nadi. wedyn ma hin gwenu. edrych fatha man brifo hi i neud.

'be bynnag, dwin deall fod y cyfnod yma yn – yn rhwystredig iawn i chdi, anest, ond –'

'rhwystredig?' medda fi. 'rhwystredig…' dwisio deud y gair eto a eto a eto so fod o ddim yn feddwl im byd im mwy ond dwin sylwi fod o ddim yn feddwl im byd yn barod. ar ol fi deud o mond dau waith. gair shit ia.

ma gwyneth yn dechra malu cachu eto am policies ysgol am violence a shit a hynna pryd dwin dysaidio dwi di gal ffocin digon.

dim *mynadd* dealio fo hyn im mwy.

'ffoc off,' medda fi.

ma gwyneth yn sbio arna fi fatha

wel, fatha dwi newy ddeud ffoc off wrtha hi tbh a dwin cerddad allan, gwaed yn pen fin dyrnu ar sgyl fi fatha dwi newy rhedag deg lap rownd yr ysgol.

dwin dreifio at y layby cyn cofio dwi di chwalur ty so dwi jyst yn istan car tan man dywyll allan a mynd nol adra.

*

dwi nol yn ysgol dydd llun achos dwi heb di gal suspension (sut ffwc) a da ni gyd di gal pamfflet nhs signs for suicide in teenagers i fynd adra efo ni. fatha pawb yn cal bag parti i fynd adra efo chdi ar ol partis penblwydd pan odda chdin ysgol bach. dwin rhoi on bin heb sbio achos neith o neud fi deimlo ifyn fwy shit bo fi heb di sylwi ar petha dyla fi di sylwi ar dyla fi di siarad di gofyn *pam nath om siarad pam nath om ffocin siarad. be ffwc syn rong efo fi?*

hynna pryd dwin gweld pamfflet union run fath ar ffrij. rhieni di gal rhai yn post fyd. *shit.* mam di sticio un hi fyny efo magnet tenerife so dwin goro goro goro gweld

sleep disturbance withdrawing from friends feeling hopeless or having no purpose sudden change in appearance feeling isol—

a dwi methu briddio methu briddio methu ffocin briddio achos

342

fatha sut ffwc on i ddim yn gwbod? sut ffwc nesh i ddim gofyn im byd? sut ffwc natha ni ddim siarad amdana fo?

wtf. be sy rong efo fi?

36

Anest

'anest? tin dod boi?'

dwin clwad drws rwm fin neud twrw a dad yn agor on slo. wedyn ma traed fon tapio ar y carpad a headboard fin nocio ar wal wrth idda fo ista lawr ar gwely fi.

'tyd, ani. dwin meddwl neith o helpu chdi sti.'

pam ffwc ma mamadad yn mynd? natha nwm ifyn siarad efo fo. byth. byth di meetio fo nam byd. mam mond di siarad efo mam fo ar ffon fatha dau waith a ffoc mond wan dwin sylwi odda nwm yn nabod fo so mond mam fo lowri ella dad fo a fi odd yn nabod fo *go wir*. mond pedwar person yn y byd i gyd syn cofio pwy odd o go wir go wir go wir a dwim digon da i fod yn un o pedwar person yn y byd syn cofio pwy odd rhywun go wir. pwy odd y fo. *ffoc* na.

dwin ista fyny yn gwely. ma dad yn sbio arna fin gwenu yn y ffor dypresing ma titshyrs i gyd yn neud wan, fo fuck all yn llgada nw.

'oh my god,' medda fi. dwin sbio ar chest fo.

man sbio lawr yn ffast. 'e? be sy?'

'tei chdin disgysting.' man gwisgo tei orinj. bright orinj. wtf ma dad yn troi ffwr i gwenu a tynnu sbectols o i rwbio llgada fo.

'mar teis erill dwi efon rhy dywyll. da nin goro gwisgo lliwia sti, nid du.'

dwin gorwedd nol lawr a ma dad yn rhoi llaw am ben coes fi trwr dwfe a genna fi ddim digon o mynadd i pwsho fo off.

'tin dod efo ni?' medda fo eto. dwin ysgwyd pen ar pilow fi. sbio ar braich fi, jympyr yn cuddiad scars i gyd. heb ddim bloda i neud fi edrych fatha person gwell na ydw i. bitch attention seeking. odd genod yn gig i gyd yn deud y gwir. ofiysli.

ma dad yn briddio fewn ac allan yn hir cyn idda fo godi fynyn neud swn fatha hen ddyn. dwin clwad sgidia fon stopio wrth y drws. sbio arna fi ma siwr. meddwl deud rwbath arall idk. ond man cau drws ar ol fo a dwi ben yn hun eto.

37

Anest

stiwpid pussy average shit

dwi jyst yn

mond fatha

tinshittinshittinshit dwin gwbod dwin gwbod

a methu
methu
bod digon da
tinshittinshittinshit
dim digon da
methu helpu
methu
helpu
neb
neb
neb

neb

*

'samaritans, how can I help you?'

help.

briddio. methu siarad mond briddio. streinjyr. methu *siarad*.

'can you tell me your name?'

na. os dwin deud enw fydda fin berson fatha pawb arall a di pobol fatha pawb arall im i fod i fod isio neud shit felma i nw u hunan.

'hello?'

help. methu. *methu*.

so dwin pwsho coch.

*

m

ma

ma paracetamol mewn cwpwr yn y bathrwm bach drws nesa i gegin. grisia. lawr grisia.

wedyn

llynia perfect afiach.

wedyn

wedyn

wedyn

gegin.

ond

ond ma

ma rhywun

osa rhywun?

ma rhywun yn gegin. dwin clwad. ia. ma rhywun yn gegin.

a dwin smelio dwin smelio rwbath be di o dwin smelio

bwyd?

cerddad i gegin a dad dwin gweld dad ma dad yn gegin fama yn gegin fama na na na di o ddim *i fod* adra mond fi dwi ddim ben yn hun na na na gafal mewn spatula sbio ar ffon fo am recipe ia a rwbath yn padall yn ffrio a pancakes di o pancakes efo chocolate stars yndda fo hynna di fave fi wtf pam pam a dwin cerddad stop stop haeddu haeddu tim yn haeddu a ma dad yn gweld fi a sbio fyny a deud on in meddwl sa chdi isio bwyd a dwin deud rwbath fatha

dwi meddwl

dwi meddwl

dwisio

dwi

isio

(ffoc)

a hynna pryd

hynna pryd ma dad yn gafal yndda fi fatha da ni mynd i fod yn styc efon gilydd am byth a dwin gafal yn dad a dwim isio gadal fynd yndda fo byth byth *byth* dwisio bod yn styc efo dad am byth byth byth *plis* ga i fod yn styc efo fo am byth plis plis plis plis *plis* sori dwi sori sori sori

so dwin gafal tan ma ogla pancakes yn llosgin hymian gormod i ni dealio efo fo im mwy a ma dad yn goro gadal fynd yndda fi i rhoi pancake di llosgin bin.

38

Anest

dwin ista ar soffa rhwng mam a dad. mam di fforsio alys mynd i rwm hi. ma hin gafal yn y pamfflet nhs nath ysgol sendio.

ar ol chydig ma dad yn gadal yn wisbro rwbath amdan dechra neud te a dwi ben yn hun. efo mam. ma hin rhoi braich hi rownda fi. ma mysyls fi gyd yn mynd yn galad ond dwim yn pwsho hi off. dwin gadal hi neud.

'nawn ni fynd i gp fory ia?' ma hin siarad yn fwy distaw na dwi di clwad hin neud o blaen efyr.

dwim yn nodio. im yn deud iawn. jyst deud y gwir jyst deud, 'dwi jyst – dwi ar goll.'

a ffoc. dwi methu helpu fo. dwin rhoi pen fi ar ysgwydd mam a dechra crio fatha babi (pussy pussy pussy) fatha dwi heb di neud ers mil blwyddyn a dwisio deud sori am bob dim sori am bren fi am ddim fod adra am ddim siarad efo nw amdan deian am ffocin bren fi bren fi bren fi ond dwi methu siarad.

methu siarad.

'hei paid iawn, paid a rhoi bai arna chdi dy hun am ddim byd.' fatha sa hin darllan meddwl fi. ella ma teulu fin gallu mind readio after all. 'a withia ia, withia man well bod ar goll na gwbod yn union lle ti fod eniwe dydi, esbesiyli oed chdi. gei di iwsio dy fywyd di gyd i drio ffeindio lle ti fod, iawn? bywyd i gyd jyst i chwilio.' ma hin briddio fewn. dwin teimlo chest hin ysgwyd odana fi. ella ma hin crio fyd.

'ym, ok.' medda fi, llais fi llawn snot. cwilydd cwilydd cwilydd. 'ok professor.'

'professor?' ma mam yn chwerthin chydig bach. 'trio helpu dwi.' ma hin sbio lawr ar y pamfflet yn llaw hi. 'trio helpu.'

'dwin gwbod,' medda fi. di o ddim hynna drwg be ma hin ddeud fp. man neud chydig bach o sens, dwin meddwl. dwin dalld. dwin codi pen fi off ysgwydd hi. rwbior crio off llgada fi. a deud diolch.

*

dwin disgysting yn meddwl hyn ia ond dwi isio bod efo canser. cal cemo. gwallt yn disgyn off. achos wedyn fydd pawb yn gallu gweld fod na rwbath yn rong efo fi heb fi goro deud im byd. pawb yn teimlo bechod drosta fi mewn ffor go wir sy ddim yn patronising fatha tin ffecio fo neu rwbath. dim titshyrs yn siarad efo chdi fatha tin pedwar eto a dad yn gwenu mewn ffor dypresing af wrth i fo dreifio fi i therapi (on i isio neud fy hun ond odd o isio neud fatha 'emotional support'), fatha fod bob dwrnod yn dwrnod ola idda fo weld fi a ma mam union run fath a alys yn codi un bys arna fi llai fatha ma hin ofn a ma hi ar ffon hi llai pan dwi run rwm efo fi i actually siarad efo fi am shit a dwin sterio allan o ffenast car dad im yn gwbod be i neud be i ddeud be i neud.

be sy rong efo fi?

39

Lowri

Mae hi'n croesi trothwy'r ystafell. Yn chwilio. Chwilio am reswm. Am y pam.

Am y pam ac am y sut. Am sut y byddai'n dweud wrth ei thad pan

os

os bydd yn ffonio.

Mae hi'n edrych heb gyffwrdd â dim byd, heb agor y llenni hyd yn oed; petai hi'n codi pensil o'r llawr a'i roi yn ôl yn y pot pensiliau ar y ddesg mi fyddai hi'n gwneud hynny hebddo ac mi fyddai'r byd yn symud yn bellach oddi wrtho – hyd pensil yn bellach.

Penderfyna Lowri mai dim ond pethau sydd yma rŵan, nid eiddo. Pethau na fyddant yn berchen ar yr ymdeimlad o berthyn a phwrpas byth eto. Pethau sydd rŵan fel sêr, sêr sy'n rhy bell i ffwrdd i'r golau gyrraedd ei llygaid.

Deffrodd hi'n gynnar heddiw, felly mae'r ystafell yn rhy dywyll iddi hi weld unrhyw beth efo'r llenni ar gau. Mae'n rhaid iddi ddefnyddio'r switsh ar y wal i oleuo'r ystafell ac er bod y bwlb yn fwy pŵl nag y mae hi'n ei gofio, dydi hynny ddim yn ei rhwystro rhag gweld y siapiau ar y wal wrth y switsh.

Adar. Rhes o adar. Rhes o adar wedi'u peintio'n hedfan i ffwrdd o'r switsh golau ac at y cysgodion y tu ôl i'r wardrob, adar bach brown â boliau melyn balch. Dydi hi ddim yn cofio sylwi arnyn nhw o'r blaen.

Tynna Lowri ei ffôn o'i phoced i ddefnyddio'r tortsh. Hyd yn oed efo'r golau o'i ffôn, mae'n amhosib gweld i ble mae'r adar yn hedfan y tu ôl i'r pren. Mae hi'n rhegi'n dawel;

mi fydd rhaid iddi symud y wardrob.

Ar ôl sefyll am rai munudau yn wynebu'r dodrefnyn ac anadlu'n galed i'w dwylo, mae hi'n gwthio'r wardrob o'r wal. Gorffwysa ei phen ar gefn y pren, llwch yn glynu i'r chwys ar ei thalcen. Mae hi'n fyr ei hanadl, ond nid oherwydd yr ymdrech gorfforol.

Ac ar ôl anadlu'n ddyfnach nag y mae hi wedi gwneud ers dyddiau, mae hi'n agor ei llygaid ac yn troi i edrych ar y wal.

Anest

dwi newy gerddad trw giat ysgol pan ma ffon fin mynd off. dwim yn nabod y nymbyr.

'helo?' medda fi a stopio i leanio ar benches pren tu allan i ysgol. ma nw rhy lyb i ista ar.

'haia, ym, lowri sy ma, chwaer… ym, chwaer deian? ym, odda chin – odda chin ffrindia oddach? nesh i gal nymbyr chdi o ffon fo, gobeithio tim yn meindio?'

dwin teimlo fatha ma gwddw fi newy shrinkio i seis bys bach fi a dwi methu briddio digon i siarad.

'ym, sori ffonio chdi ganol dwrnod ysgol.' ma llais hin deep a neis i rando arna fo, ond sa fatha, im byd yndda fo. im byd sy dal yn fyw, im byd syn symud. fatha os sar mor di stopio rhoi tonna allan.

dwin goro deud rwbath shitshitshit dwin goro yndw so dwin briddio fewn yn hir hir.

'na, odd genna fi free lesson wan eniwe,' medda fi (genna fi ddim).

'o, iawn. ym, dwi jyst isio – os tin gallu, dwin meddwl dylsa chdi ddod yma? ma na rwbath dwisio dangos i chdi, os… os ma hynnan ok?'

dangos rwbath? shit. no way dwi methu dwi methu mynd nol i ty fo hebdda fo ffoc na na na hynnan rong mor rong rong rong rong. dwi methu.

dwi *methu*.

ma na seagull yn landio ar bocs o siop kebabs reit o flaen fi a chydig o chips efo spots du di smwsio at i gilydd yn disgyn allan.

'ym,' medda fi. ffoc. dwin goro deud mwy na hynna shitshitshit. 'dwmbo?'

ffs.

dwin gallu clwad hin briddio drwr ffon, fewn a allan yn slo. ia, fatha tonna.

'paid a poeni os tim isio. dwi... dwin dalld. paid a poeni, onestli. tim yn goro dod.'

shit. dwi di neud hi deimlon ddrwg wan do. idiyt.

'ym... na. man ok. na i ddod.' be. be ffwc dwi neud

'tin siwr? tim yn goro sti,' medda hi eto.

'na, dwisio,' medda fi. dwi ddim.

ma hin briddio allan yn hir. 'iawn. tin gwbod lle mar ty?'

ffoc.

'yndw. diolch.'

dwi meddwl ma hin deud gweld chdi wedyn neu rwbath cyn end call ond dwi methu clwad dros y seagull yn ytacior bocs kebabs ifyn tho mar chips i gyd di disgyn allan yn barod.

idiyt.

*

pan dwin gweld melyn o bell i ffwrdd dwin sbio lawr ar lon, ar y gwair sy di cal i ladd gan teiars so bo fim yn sbio arna fo am hirach na dwi goro.

nanana

ffoc.

dwin gal allan o car. sbio lawr. ar lon. ar bushes ochor arall y lon. ar bloda bach piws yn ganol y gwair.

'anest?' dwin troi rownd mor slo dwin gallu heb edrych yn wiyd a trio edrych arna hi a ddim y ty, which sy ddim yn anodd i neud achos ma hin edrych fatha sa graffiti bob lliw yn edrych fatha os sa fo mewn capal. genna hi piercings ar trwyn hi a un ar lips hi a gwallt efo highlights pinc syn edrych fatha candyfloss di meltio dros pen hi a sgwydda hi. a ma hin edrych fatha di heb di cysgu ers cant blwyddyn.

'haia,' medda fi.

'haia,' medda hi. ma llgada hin gwaedu. ifyn pan ma hin gwenu arna fi ma llgada hin gwaedu.

*

smel.

ma smel y ty exactly fatha dwin cofio fo. fatha lan mor a coed tan a gwair glyb ffresh yn bora. ella san ok heb y smel ia achos wedyn sa fin gallu cau llgada a bod rwla arall. ond mar smel yn gafal yndda fi a taio fi lawr so dwi methu trio imajinio bod rwla arall.

ond di o ddim yn edrych exactly fatha dwin cofio fo achos ma na bocsys bob man ar bwr ar lawr yn y coridor a sa ddim llynia ar y walia im mwy a mar llyfra ar pilows ar y soffa i gyd di mynd.

'sori am y mess,' medda lowri wrth fi gerddad dros bocs ar ol hi yn y coridor, 'da nin symud. mam di mynd i aros efo anti ni yn barod.' ma hin stopio mor ffast dwi bron yn bangio fewn idda hi a ifyn tho di him yn deud im byd arall, dwin gallu gweld a teimlo a smelio a *clwad* y dau gair yn yr awyr rhwnga ni.

anti ni. anti *ni.*

'dwim yn cerio,' medda fin ffast ffast, 'am y mess.'

ma lowrin gwenu heb sbio yn llgada fi a troi doorknob rwm deian. dwin teimlo bob dim yn chest fin dechra sgwosho at i gilydd fatha sa calon a lyngs fin trio dianc trw cefyn fi. nw syn neud y thing iawn ia. trio dianc.

'iawn?' medda hi a sbio fyny arna fi a dwin sylwi fod hin ifyn fwy bach na deian.

dwin nodion slo slo a ma hin agor y drws. dwin cau llgada. trio deud i fy hun i briddio. hyn yn stiwpid jyst sbia jyst sbia jyst sbia stiwpid pussy *stiwpid.*

dwin agor llgada a sbio ar cefn gwallt lowri wrth i hi agor drws. ma hin cerddad fewn yn rili gofalus fatha ma hi ofn twtsiad rwbath. chydig fatha fi yn y ty hen cyn i fi chwalu fo.

sa neb di dechra pacio fyny rwm fo eto. bron bob dim run fath heblaw amdan y record player achos ma hwnna am ben y chest y drors a nid o dan gwely, a ma na llun o coedan ar y desg sy bron di gorffan, y dail ar y top heb di lliwio fewn fatha sar coedan di colli crown fo. hynna a mar wordrob di symud i ganol stafall.

'ym, hyn on i isio dangos i chdi,' medda lowrin pointio ar y wal lle odd y wardrob. 'ella tin gwbod be di o… neu, os oes na hannar arall iddo fo?' dwin ffolowio be ma bys hin pointio at.

a hynna lle dwin gweld nw. lein o adar bach bach yn fflio stret ar ol i gilydd i ffwr or switsh gola ar y wal. a wedyn ma nwn joinio efo llwythi o adar bach mewn fatha blanced masif o adar, seis fatha pedwar llaw un am ben y llall, ond mar adar ma nwn joinio efo yn llwythi o lliwia gwahanol. fatha, di nw ddim yn lliwia ma adar cymru fod. sam un ohona nwn brown a du a llwyd a gwyn. sa run ohona nwn mond un lliw chwaith, ond ma bob un yn lliwgar efo plu nw gyd yn lliwia gwahanol fatha gwyrdd a glas a oren a melyn a piws a pinc. dwim yn meddwl dwin cofio gweld rwbath mor lliwgar mor agos ata fi o blaen, reit o flaen fi felma a dwi methu stopio fy hun gwenu a cwilydd cwilydd cwilydd ffoc na na na ma *ffoc na* ma dagran llgada fin (ffoc) neud ir lliwia i gyd sgwosho at i gilydd yn un mess hiwj.

ond be syn wiyd ia ydi ma nw i gyd yn fflio *at* rwbath a dwim yn gwbod be achos ma diwadd y blanced masif o adar yn cytio off mewn lein stret drwydda nw fatha sa rhywun di torri trwydda nw fo siswrn, nw a whatever ma nwn fflio at.

'dwim yn gwbod be di o,' medda fi. sychu llgada efo slif yn ffast cwilydd cwilydd. 'man ymeising, ond dwim yn gwbod pam man cytio off fela. sori.'

ma hin nodio a gwenu eto ond di ddim yn sbio yn llgada fi a dwin gallu deud bod hin disypointed. shit.

cyn fi gerddad allan dwin sbio fyny fyny fyny am y tro ola, ar yr awyr nos a dydd run pryd ar y to.

'ym – anest?'

dwin troi rownd.

'dwim yn meddwl…' ma hin sbio lawr. union fatha odd deian yn neud a ma gwddw fin shrinkio i run seis a bys bach fi eto. 'dwim isio llwyddo. yn im byd.'

'be ti feddwl?' medda fi. pam ma hin deud hynna wrtha fi pam?

ma hin cau llgada hi a llyncu. man edrych fatha ma hin byta gwydyr di chwalu.

'achos fydda i methu deutha fo a dwin meddwl sa gwbod hynna yn – yn brifo mwy na ffeilio bob dim.'

pam pam pam ma hin deud hyn *wrtha fi*?

'ym… paid a meddwl fela?' be ffwc dwi fod i ddeud? 'ym, dwin meddwl… dwin meddwl sa fom isio chdi ffeilio ia… a mam chdi, deffo.' dwin trio gwenu chydig bach. 'a fi.'

'ia,' medda hi. sbio lawr ar sana hi eto. ma un efo skulls hyd y fo ar un arall efo logo adidas. 'ella.'

dwin agor ceg fi i ddeud diolch pan ma hin pwsho heibio fin ffast.

'dwi bron di anghofio…' ma hin beisycli rhedag ir gegin, a dod nol efo bag plastic aldi efo rwbath du fflat yndda fo. 'ym, geiria di nw, rhan fwya, ella geiria caneuon i… i caneuon chdi ia? dwin cofio fon deud fod o di sgwennu geiria i chdi o blaen. so, ym…'

dwin gafal rownda fo a ifyn trwr plastic dwin gallu deud na sketchbook di o. ella yr un un odd genna fo yn hosbitol. ella yr un un nath o iwsio i sgriblo syniada can fi yndda fo.

'ym,' medda fi a symud bysadd fi hyd y bag plastic. dwin gallu teimlor cyfyr du calad ar pages tew efo bysidd fi. 'tin siwr?' dwi methu cymyd llgada fi off y fo ond o cornal llgada dwin gweld lowrin nodio pen. dwin deud diolch a ma hin gofyn os dwisio panad a dwin deud dim diolch a deud tra a gadal. wrth fi gerddad at y car dwin gafal y bag plastic ata fi, misio rhoi on bag ysgol eto. man wiyd a jyst imajinio dwi ia a man stiwpid, ond ma fatha dwin gallu teimlor geirian symud drwr bag plastic a cyfyr y llyfr, yn ysgwyd fatha di nw methu disgwl gal u iwsio.

stiwpid.

*

pan dwi di parcio yn driveway adra dwin aros yn car a nol y sketchbook o bag aldi. bysidd yn ysgwyd. agor o. cau llgada. briddio.

a dwin gweld. dwin gweld sgwennu fo. sgwennun rhedag i ffwr

or llinella ar diwedd bob brawddeg fatha sa geiria fon trio fflio i ffwr, yn trio troi fewn i adar a fela mar notebook *i gyd*! geiria, llwythi a llwythi a llwythi o geiria. dwim yn ifyn gwbod os na i caneuon ma nw fod, neu jyst poems. ond ma rhai efo odli yndda nw a sa nwn gwithio

sa nwn gwithio i caneuon fi.

40

Anest

dwi di dysaidio fod self confidence chdi fatha person di meddwi. ffocd off pen fo. pissed. achos thing ydi ia, man hawdd gal o i disgyn drosodd yndi, ond lot lot fwy anodd codi fo nol fyny heb help rhywun arall. help rhywun arall fatha mam a dad a therapists. a meds.

idk. hynna dwi di dysaidio eniwe.

ma enwa nwn swndio fatha odd y doctors yn tripio bols pan natha nw infentio nw, ond ddim mewn ffor ffyni. mewn ffor wiyd a annoying syn stopio fi gofio be di nw a stopio fi gallu deud nw. cymyd drygs dwi methu ifyn deud. hynna bach yn fucked up ia.

ond thing ydi ia, dwin dechra teimlo chest fin *codi* fatha ma genna fo wings withia a dwin goro stopio be dwin neud stret ywe achos dwi methu teimlor dead body im mwy a dwin gallu gwatsiad ffilms world war one ar netflix efo mam a dad a alys a grando ar titshyrs (ffs) a withia withia dwin sbio yn mirror a gweld person, nid jyst fi. nid jyst dead body. person go wir efo personality syn gallu chwara here comes the sun a caneuon ei hun ar uke a nid jyst shit i asesmynt cerdd ond sgwennu caneuon fy hun *jyst i fi*. dwi heb di dechra mynd i gym eto tho, ffoc na. deffo ddim *fanna* eto.

dwim yn gwbod tho. dwim yn gwbod os neith dead body fynd

i gyd ia, achos ma na llwythi ohona fo a withia dwi dal yn teimlo fatha ma di neud canol esgyrn fin dywyll i gyd so dwi byth yn gallu gal o i gyd allan, ond ma deffon mynd yn llai.

deffo. achos withia wan dwin teimlo fatha *fi*, fi go wir, am y tro cynta ers fatha, idk.

hir.

*

dwin agor laptop fi a searchio website nhs amdan y meds.

man deud fod meds fin gwithio mewn fatha hannar y pobol syn cymyd nw. hannar. mond hannar. fatha 50%. *hannar*. a dwin meddwl ma nwn dechra gwithio yndda fi.

a am y tro cynta ers hir hir, dwin teimlon *lwcus*.

Stryd Samuel Ogden, Manceinion

Mae'n gosod y ffôn yn ôl ar y wal cyn ailafael ynddo, a'i ailosod. Cenfigenna wrth y modd mae'r plastig trwm yn ffitio'n berffaith yn ôl yn ei ddaliwr.

Galw tacsi – dyna a wnâi. Tacsi i'r orsaf drên. Ond yn gyntaf rhaid troi ei gefn arnyn Nhw a gosod sodlau ei esgidiau ar hyd y coridor,

un ar ôl y llall,

un deilsen i bob cam.

Dydi hi ddim yn glawio, ond agora sip ei gôt a chuddio'r llyfr o dan y leinin fflanel beth bynnag, rhag ofn.

The day passed like a dream, I had been so immersed in that heart-rending music all day that I had literally forgotten to eat & drink.

Ydyn Nhw…

Ydyn Nhw'n edrych arno?

Mae'r llyfr yn gwasgu trwy ddefnydd ei gôt, a theimla'r pedwar cornel pigog yn bygwth tywallt geiriau dau artist ar hyd y concrit craciedig.

In the end, we… will want to live – more musically.

Mae'n cerddad heibio theatr. Tri dyn mewn siacedi *high-vis*. McDonald's. Y llyfrgell.

Ydyn Nhw…

Ydyn Nhw'n ei ddilyn?

What we have read has, in the end, become a small part of us.

Mae gwynt yn croesi'r ffin ac yn cario halen môr i'w dafod. Caea ei lygaid a sawru'r blas cyn eu hagor eto. Mae'n gweld tacsi'n gwawrio'r gornel, ac mae'n codi ei fraich.

41

Anest

dwin cerddad yn ffast allan o neuadd. pen fyny. im yn sbio ar gwyneba sy efo enwa dwi methu cofio.

exam cerdd di gorffan. un ola fi blwyddyn yma. dwi meddwl dwi di ffwcio hanner o fyny ngl ond dwim yn cerio achos dwin meddwl dwi di neud digon i pasio a dwi efo 'extenuating circumstances' eniwe so mots. be sy ots go wir tho ydi

dwi *hannar ffor* trw amsar fi yn y shithole ma.

nesh i gyrradd ysgol yn hwyr heddiw so di goro parcio yn cefyn so i gal at car fi dwin goro cerddad trw coridor celf a d&t. which dwi di bod yn yfoidio. dwin pwsho trw chydig o hogia blwyddyn 11 mewn hwdis leavers a efo un troed allan o coridor pan dwin clwad enw fi.

'hei, anest ia?'

dwin troi rownd at syr celf, dal yn gafal yn y drws. man gwenu arna fi fatha odd dad yn neud cyn mynd i ffiwnyryl. ffs.

dwin nodio.

'ti meindio os dwin siarad efo chdi am funud boi?' ma dal yn gwenu a tbh, dwin gweld wan ia fod di o ddim yn gwenun ffec fathar titshyrs erill i gyd. man gwenu mewn ffor dwin gallu *teimlo*. fatha haul trw ffenast pan man oer tu fewn yn ty.

'ok?' medda fi a tynnu llaw fi off drws yn slo.

ngl, dwin gal bach o paedo vibes gan syr celf. mond chydig bach. ella y beard di o, idk. ond ma rest ohona fon ok. ish. man gwisgo waistcoat dros tshirt avengers syn edrych rhy fach idda fo. probybli di dechra rhoi pwysa ar ar ol prynur tshirt.

'nice one, ti meindio dod efo fi? os ti ddim ar ffor i rwla.'

'ym, na,' medda fi, 'ddim ar ffor i rwla.'

'iawn, yn fama mae o li…' man troi rownd a mynd at pen arall y coridor lle mar grisia. dwin dilyn on slo a gwatsiad fon tynnu tua mil o goriada allan o pocad fo a ffindio un i agor y cwpwr dan grisia. edrych fatha lle sa serial killer yn cadw bodies victims nw. man weifio arna fi i fynd yn fwy agos ata fo so dwin sefyll drws nesa idda fo a man agor drws y cwpwr dan grisia a nol papur masif di rolio fyny fatha maps tin gweld genna pirates mewn ffilms. man rhoi y papur dan armpit fo i cloi y drws.

man dechra rolio y papur masif (a3? a2? idk, dwim yn expert ar papur na) allan ar y wal o flaen ni, dros final piece gcses rhywun o 2011, un llaw fon gafal yn top a llall yn gwulod. ma ogla paent yn dod ata fi fatha wow a dwi fatha

ffoc.

ma llaw fi isio fflio at ceg fi ond dwi methu symud chos hynna faint mor ymeising di o.

man llun di peintio o hanner gwynab hogan fatha sa hin dechra troi rownd neu dechra sbio ffwr a o flaen hi ma na awyr glas glas fatha ganol rha yn sbaen. ond be syn wiyd ydi mar mor o dan yr awyr yn fatha coch a orinj fatha sunset, fatha ma awyr bora a ganol dydd a dechra nos yn y llun i gyd efoi gilydd. ella ma awyr ganol nos tu nol i ni achos dwin meddwl dwin gallu gweld ser yn refflecshyn yn top gwallt shaini yr hogan.

ond be sy mwya ymeising di rest or gwallt. ma gwallt hin dechra yn dywyll a normal yn top pen hi (heblaw amdan y ser) ond wedyn pan man tyfun fwy hir man troi fewn i lot o adar. adar bob lliw di fflio o rwla syn existio heibior papur. a dwi fatha *ffoc* achos dwi di gweld yr adar na o blaen! ohmygodohmygodohmygod

'hwn odd final piece deian blwyddyn yma. nath o orffan o...' man chwerthin chydig bach wrth i fo sbio ar y llun rhwng dulo fo, '... tua mis cyn y deadline dwin meddwl? man ymeising yndi...' man ysgwyd pen fo a ma gwen fon disappeario am chydig cyn idda fo ddod nol mor ffast ma fatha fod o heb di stopio gwenu at all. 'chdi di hi ia, yr hogan?'

dwin twtsiad y papur efo un bys, jyst ochor y papur. mar paent di neud on lot mwy trwm. 'ym, dwim yn gwbod.'

man dechra rolior papur fyny a dwin tynnu bys fi nol cofn fi gal paper cut. man rwbio beard fo. clirio gwddw. 'dwin gwbod dylsa fi ddim busnesu ond os tim yn meindio fin gofyn ia, odda chi – odda chin mynd allan?'

dwin rhy siocd i chwerthin. 'na. na, ddim at all.' dwin sbio lawr ar bys fi. yr un nath dwtsiad y papur. 'ym, odda ni fatha… ffrindia? dwi meddwl? dwim yn gwbod. dwim yn gwbod be odda ni go wir.'

tbh, dwim yn gwbod sut odda nin ffrindia at all ia, achos odda fi a fo fatha odda nin rhedag ar hyd cae yn ganol ras mabolgampa, ddim yn rhedag yn y leins fatha pawb arall ond jyst yn sbrintio ffor hollol rong. dau o nin sbrintio mewn directions completely gwahanol fyd, ofiysli. so jyst random odd o, lwc, fod ni di crasho fewn in gilydd.

man chwerthin, yn nyrfys i gyd wan bechod.

'o, iawn then. sori.' man sbio nol lawr ar y papur sy di rolio fynyn dulo fo. 'eniwe, mynd allan neu ddim, dwin meddwl odda chdin meddwl lot idda fo sti.'

'ym. ok,' medda fi. be ffwc arall dwi fod i ddeud?

'a eniwe,' medda fo, dal yn sbio ar y papur, 'dyma pam on i isio siarad efo chdi, isio rhoi hwn i chdi on i li.' man rhoir papur allan ata fi.

wtf

'da chin siwr? dach im isio fo i ysgol?' dwin nodio pen fi at y cwpwr dan grisia.

ma llgada fon dilyn fi.

'di om i fod yn fama nadi,' medda fo a chwerthin eto, 'adar na angen fflio i rwla.'

ych. ella di syr celf ddim exactly fatha rhai o titshyrs erill ond ma dal yn crinj af bechod. a dwisio deud di fflio o rwla fyd ond i gyd dwin neud di nodio. wedyn sbio lawr ar dulo fin gafal yn y papur di rolio fyny.

'diolch,' medda fi. dwin sbio fyny arna fo a man syliwtio fi yn lle deud tra a mynd nol fewn i dosbarth. wiyd. dwin clwad sgrechian a chwerthin plant bach wrth idda fo agor drws. ma isio mynadd dysgu blwyddyn 7 ia.

dwin rhoi y llun dan armpit fi fatha nath syr celf a rhedag lawr rest y coridor ond dwin slofi stret ywe achos dwi ar period fi finally a ma bwbs fin lladd

a dwin rhedag (mwy fatha cerddad yn ffast wan tho) trw drws celf a d&t. trw coridor maths. trw drws a lawr grisia fewn i coridor computers ar ground floor. a wtf dwi heb di bod yn im un or rwms ma o blaen so dwin agor drws dosbarth syn llawn a rhedag at ffenast a cleimio ben y radiator sy ffwl blast ifyn tho ma bron yn rha a ma titshyr yn gweiddi a plant yn chwerthin ond dwim yn cerio dwim yn cerio a dwin agor ffenast a jympio allan so dwin y cae yn cefyn ysgol. mar sgwod blwyddyn 9 neu 10 yma yn smocio eto, agos o lle dwi di jympio a dwim yn aros i sbio arna nw ond dwin meddwl fod un yn clapio arna fi a dwi ddim yn stopio jogio tan dwi trwr giat ochor arall i cae a bron yn crasho fewn i no. 2, yn codi y llun uwch ben pen fi so fod y papur ddim yn malu.

ma gloch amser cinion mynd a dwin sbio tu nol i fi, ar rhai or plant yn rhedag at cantin i gal bod yn ffrynt ciw, rhai fwy hen yn cerddad yn ffast a trio dangos bod nw rhy mature i rhedag ifyn tho tu fewn ma nwn marw isio cal chips a sosej rol cyn plant bach i gyd, ar pobol sixth form syn cerddad yn chill mewn un sgwod masif, yn gwbod bo nwn cal stwffio heibio pawb arall.

dwi mynd i fethu hyn? ella mewn fatha deg blwyddyn. mewn un blwyddyn. mewn wsos. ella ifyn fory. ond rwan, rwan na. rwan dwi deffo ddim.

*

dwin mynd am sbins tan ma haul yn dechra mynd lawr, all the way i dre i gal petrol a nol ffor hir reit rownd lle mar mynyddodd yn teimlo fatha ma nwn cau rownda fi fatha dwfe masif llwyd a brown a gwyrdd.

wedyn adra.

di car mam ddim yma a dwin clwad fod teli ar yn living room. dad yn gwatsiad news. dwin cleimio fyny grisia yn slo ar tiptoes fi tan dwin gweld fod drws alys di cau so dwin mynd heibio rwm hin ffast a fewn i un fi a cau o mor ddistaw dwin gallu

fatha

fatha nath deian neud yn hosbitol cyn idda fo adal rwm fi

a dwin rhoi uke fi mewn bag plastic a tynnu bob dim allan o bag ysgol fi a rhoi llyfr deian yndda fo a chydig o dillad. dwim angen lot na achos fydd na llwythi o siopa yna i fi prynu bob dim dwi methu pacio wan. wedyn dwin lluchio tri pilow o llawr rwm fi mewn bin bag a

wedyn

dwin mynd nol lawr grisia ar tiptoes a gadal trw drws ddim yn ifyn sbio nol a dwin rhoi llyfr geiria caneuon deian drws nesa ir llun di rolio fyny yn cefyn car a lluchior binbag efo pilows yna fyd a rhoi uke fi yn ffrynt efo seatbelt drosta fo achos man haeddu hynna ia. di bod trw lot efo fi do bechod. mor wiyd o thing i neud ond dwim yn cerio. dwim yn ffocin cerio ia achos man teimlon iawn i neud. idk.

wedyn

dwin sendio messages i mam a dad a alys. deutha nw dwin saff a fydda i nol mewn chydig, ddim yn gwbod pryd, ond mewn chydig. a

a caru chi. ych. crinj ond dwin goro wan achos dwin gwbod ma mam a dad angen fi i ddeud hynna. a tbh dwim isio neud nw poeni mwy ia bechod.

wedyn dwin gadal. gadal gadal gadal. dreifio nol heibio ysgol. allan o pentra. trw dre. ngl ma bach yn sgeri mynd lawr lon ma yn nos ia ond man well fod dwi methu gweld dwin meddwl. methu gweld y mor methu gweld y ty melyn methu gweld y papur yn dulo fi wrth fi rhedag allan o car efo injan dal ar achos man dechra bwrw a pan dwin cyrradd y drws dwin rolior llun allan a dwin gallu gweld rhai or lliwia ifyn yn y twllwch a dwin nol ffon fi allan a rhoi fflash ar i gal llun ohona fo, ond wedyn dwin gweld o trw viewfinder ffon fi, ddim quite mewn focus a lliwia ddim fatha ma nw go wir a bysidd fin cuddiad un deryn yn gornal a drops o dwr glaw yn disgyn am ben fo, so dwin rhoi ffon fi nol yn pocad heb gal im un llun.

withia ma lot gwell i chdi trio cofio petha fel odda nw go wir yndi, y smel ar teimlad a bob dim. nid jyst memyri ffec ar ffon chdi.

dwin rolior llun fyny eto i neud on fach fach so dwin gallu rhoi on ofalus ofalus trw blwch post. gobeithio di heb di symud allan eto. gobeithio neith hi ddim cerddad arna fo. gobeithio neith him meddwl na junk mail di o. gobeithio neith hi *weld*.

neith. neith hi weld. rhaid i hi weld. neith hi weld.

wrth fi dreifion ffast hyd y main road, dwin rhoi pen fi allan o ffenast car a gweiddi a dwin meddwl na ci on in past life fi a dwi methu disgwl. dwi methu disgwl bod lawr fannan ganol y pobol i gyd achos withia pan ti ganol llwythi o bobol tin sylwi bo chdi ddim yn ganol y byd fatha tin meddwl. ti ar yr ej, bron yn cal dy pwsho ffwr ond ddim quite. ar yr ej am byth. ej y byd a ej y pobol mar byd yn llawn o. a pan tin sylwi hynna man overwhelming yndi, meddwl fod na gymaint o *bywyd* yn mynd ar bob dydd bob man rownda chdi a bell i ffwr, gymaint o brens gwahanol yn meetio a ddim yn meetio a mynd rownd i gilydd a dros i gilydd a fewn iw gilydd a dan i gilydd tan mar byd i gyd yn troi fewn i biliyns o webs o letric brens pawb yn croesi, mor gymaint o croesi ti methu gweld llinellar webs ben u hunan. ti mond yn gallu gweld un thing mawr o gola.

a ma hynnan ymeising. a *dwi methu disgwl.*

dwin rhoi pen fi nol fewn wrth fi slofi at roundabout achos dwim isio gal crash tbh a dwim yn stopio dreifio tan dwi di pasior sein syn deud bo fi di gadal gwynedd a di ffeindior layby gynta dwin gweld.

dwin tynnu ar y handbrake a dechra gwenu fatha idiyt a chwerthin fatha nytar ond sa neb yma i weld fi so dwin dechra chwerthin yn fwy ychal achos dwin *gallu* a dwi heb di teimlo felma ers *mor ffocin hir* a dwin rhoi gwynab yn dulo fi a chwerthin tan dwin dechra crio (ffs), crio a chwerthin run pryd tan ma mysyls bocha fin lladd a dwin teimlo fatha ma bob dim sy tu nol i fi a bob dim o flaen fi yn rowlio efoi gilydd yndda fi fatha llwythi o lliwia gwahanol yn micsio foi gilydd, lliwia hapus a lliwia trist a lliwia sy ddim yn feddwl im byd i neud rwbath newydd yndda fi, rwbath dwim yn ifyn gwbod be eto. rwbath sy ddim ifyn efo enw.

hynna pryd dwin rhoid llaw yn pocad cot fi i gal twtsiad fo. y daisy chain di malu, di wiltio i gyd wan. be di o yn gymraeg? daisy? rwbath dydd? llygad y dydd ia. ciwt. dwin tynnu fo allan o pocad fi a hangio fo dros rearview mirror fi tu nol ir coedan melyn syn trio neud i car fi ddim hymian o maccies.

na i snapchatio hi pan dwi di cyrradd. gweld be neith hi ddeud. os neith hi atab fi ar ol fi ddim atab hi am mor hir. ma hin person gwell na fi eniwe, so ella neith hi atab. ella neith hi forgivio fi. whatever neith ddigwydd, forgivio fi neu ddim, gynta pan dwin cyrradd dwisio mynd i ikea.

Dwi heb 'di bod i Ikea o'r blaen.

Rhifau ffôn pwysig

Ffoniwch 999 mewn argyfwng pan mae eich bywyd chi neu fywyd unrhyw un arall dan fygythiad.

CALM:
Llinell gymorth ar gyfer dynion ifanc dros 15 oed.
0800 58 58 58 (5yh–12yh)

Childline Cymru:
Darparu cymorth i blant a phobl ifanc o dan 19 oed.
0800 1111 (9yb–12yh)

Meic Cymru:
Llinell gymorth ar gyfer plant a phobl ifanc hyd at 25 oed yng Nghymru.
080880 23456 (ffôn): 84001 (tecst) (8yb–12yh)

PAPYRUS:
Cymdeithas atal hunanladdiad ymysg pobl ifanc.
0800 068 4141
(10yb–5yh a 7yh–10yh o ddydd Llun i ddydd Gwener; 2yh–5yh ar y penwythnos)

Samariaid, llinell Gymraeg:
Cefnogaeth gyfrinachol i unrhyw un sy'n dioddef.
0808 163 0123 (7yh–11yh)

Samaritans, llinell Saesneg:
116 123 (llinell gymorth 24 awr, am ddim)

Shout:
Cymorth trwy decst i unrhyw un mewn argyfwng.
Shout i 85258 (Gwasanaeth tecstio 24 awr, am ddim)

Gwefannau pwysig

Anxiety UK:
Elusen sy'n cynnig cymorth i rai sy'n byw â chyflyrau gorbryder, straen a ffobiâu.
www.anxietyuk.org.uk

Blurt:
Gwefan sy'n cynnig cymorth, gwrandawiad a chefnogaeth i rai sy'n cael eu heffeithio gan iselder.
www.blurtitout.org

Centre for Clinical Interventions:
Canolfan sy'n darparu pamffledi a gwerslyfrau ar-lein am ddim i helpu unrhyw un sy'n byw ag ystod eang o gyflyrau iechyd meddwl.
www.cci.health.wa.gov.au/Resources/Looking-After-Yourself

Diverse Cymru:
Elusen Gymreig sy'n ymroi i gefnogi a gwarchod iechyd meddwl pobl sy'n wynebu anghydraddoldeb ac arwahaniaeth o ganlyniad i: oedran, anabledd, ailgyfeirio rhyw, partneriaeth sifil neu briodas, beichiogrwydd a mamolaeth, hil, crefydd neu gred, rhyw a hunaniaeth rhywedd.
www.diversecymru.org.uk

Harmless:
Mudiad sy'n darparu ystod o wasanaethau am hunananafu ac atal hunanladdiad.
www.harmless.org.uk

Hearing Voices Network Cymru:
Gwefan sy'n cynnig gwybodaeth, cefnogaeth a dealltwriaeth i'r rhai sy'n clywed lleisiau a'r rheiny sy'n eu cefnogi.
www.hearing-voices.org/

meddwl.org:
Gwefan gyfrwng Cymraeg sy'n cynnig cefnogaeth, addysg, profiadau a gwybodaeth am gyflyrau iechyd meddwl.

Mind:
Elusen sy'n darparu cyngor a chefnogaeth i unrhyw un sy'n profi problem iechyd meddwl.
www.mind.org.uk

MindOut:
Elusen sy'n darparu gwasanaethau ar gyfer aelodau o'r gymuned LHDT+.
www.mindout.org.uk

National Self Harm Network:
Fforwm i gefnogi unigolion sy'n hunananafu.
www.nshn.co.uk/

No Panic:
Elusen sy'n cynnig cymorth i rai sy'n dioddef pyliau o banig, ffobiâu, OCD a chyflyrau gorbryder cyffelyb.
https://nopanic.org.uk

Project 13:
Cymuned ar-lein sy'n cynnig cefnogaeth a chymorth i bobl ifanc sy'n delio â galar a cholled.
http://projectthirteen.cymru/cy

Rethink Mental Illness:
Mudiad sy'n ymdrechu i wella bywydau'r rheiny sy'n cael eu heffeithio'n ddifrifol gan salwch meddwl dwys.
www.rethink.org

Self Injury Support:
Gwefan i gefnogi merched sy'n hunananafu.
www.selfinjurysupport.org.uk

YoungMinds:
Gwefan sy'n darparu gwybodaeth am iechyd meddwl plant a phobl ifanc a gwasanaethau ar gyfer rhieni.
https://youngminds.org.uk/

Diolchiadau

Diolch i Nel Rhisiart am ei gwaith celf ar gyfer y clawr; peth ofnadwy o ffodus yw cael artist mor ddawnus ymysg fy ffrindiau gorau, ac roedd cydweithio yn y cyd-destun hwn yn brofiad annisgrifiadwy o hyfryd. Hoffwn ddiolch hefyd i Steffan Dafydd am ei waith dylunio cyffrous; fyddwn i ddim wedi gallu dymuno cael clawr â naws mwy perffaith.

Diolch i Carwyn Hughes am sicrhau fod fy ngwaith Maths i'n gywir, ac i'm ffrindiau eraill i gyd: mae'n anrhydedd cael criw o ffrindiau sydd yn feddylgar a dwys ond ar yr un pryd yn wyllt o frwdfrydig. Diolch am eich amser, am eich cyngor ac am ddarllen penodau cywilyddus o gynnar. Dwi wedi fy llorio gan eich cefnogaeth.

Diolch o galon i holl staff Tŷ Newydd – am groeso braf sawl gwaith yn ystod y flwyddyn ddiwethaf ac am gynnal rhai o wythnosau gorau fy mywyd. Fedra i ddim dychmygu gweithio â thiwtoriaid mwy gonest, caredig a dibynadwy na Manon Steffan Ros a Bethan Gwanas; diolch i chi'ch dwy am eich gwaith gwych yn arwain cwrs ysgrifennu ar gyfer oedolion ifanc ac i Manon yn benodol am gynnig dyfyniadau mor hael i'w rhoi ar y clawr. Profiad anhygoel oedd mynychu gweithdai ysgrifennu wedi'u harwain gan Llwyd Owen; diolch o galon iddo hefyd am y cyffro cynnes a'r sylwadau amhrisiadwy.

Diolch hefyd i Lenyddiaeth Cymru am wneud y nofel hon yn bosib gyda chymorth Ysgoloriaeth Awdur Newydd Llenyddiaeth

Cymru a gaiff ei hariannu gan y Loteri Genedlaethol drwy Gyngor Celfyddydau Cymru. Mae'n bleser diolch i Nia Roberts hefyd am ei hanogaeth a'i chefnogaeth; fyddwn i ddim wedi mynychu unrhyw gwrs yn Nhŷ Newydd nac ymgeisio am ysgoloriaeth hebddi hi.

Diolch hefyd i athrawon a chyn-athrawon Ysgol Dyffryn Nantlle, yn enwedig Lowri Ifan, Eleri Wyn Owen ac Enid Price Huws; roeddwn i'n ffodus iawn i gael tair athrawes mor arbennig a oedd yn gwneud cymaint i'm hannog yn barhaus i ysgrifennu, i gystadlu ac i ddatblygu.

Diolch o waelod calon i holl staff y Lolfa ac i Meinir Wyn Edwards yn enwedig am ei chyngor doeth, ei golygu craff a'i hymrwymiad diflino.

Ac yn olaf, hoffwn ddiolch i'm teulu am eu caredigrwydd wrth ddarllen ac ymateb i'r drafft cynharaf. Diolch am fy nghynnal drwy bob cam o'r broses ac am gynnal fy angerdd dros ysgrifennu ar hyd y blynyddoedd. Diolch am eich amynedd wrth wrando arnaf yn parablu ymlaen am fy straeon i. Diolch am fy nghysuro a'm hannog pan nad oedd gen i'r hyder i barhau. Dwi'n gwybod na fyddwn i wedi ysgrifennu gair hebddoch chi.

Hefyd o'r Lolfa:

£8.99

LLECHI

Manon Steffan Ros

£6.99

Holwch am bris argraffu!
www.ylolfa.com